人的資源管理論

花岡正夫【著】
Hanaoka Masao

Human Resource Management

東京 白桃書房 神田

はじめに

労務管理，人事管理という用語が人的資源管理という表現に変ってきている．このことは，経営における人的要素の考え方，管理の方法に大きな変化が生じていることを意味している．

本書は，わが国における人的資源管理（Human Resource Management, HRM）についての入門書としての役割りを果すよう，その概要をまとめたものである．

HRMは，企業環境変化，企業独自の企業文化構築，そして，その場の状況に応じたシステム対応がなされなければならない．企業競争に勝つための人材面から見た企業行動においては，戦略的HRMがHRMトータル・システムを先導しなければならない点が強調されている．特に，戦略の方向を誘導する企業文化が，個別企業独自のHRMシステムの構築・育成に欠くことのできない中核的な経営システムとなっている．本書は，以上のような視点のもとにHRMのシステム概念と管理システムについてまとめたものである．

筆者は，大学卒業後，㈱明電舎人事部に初任配属になったことが契機となり，「企業と人」についての専門家としての道を歩むことになった．経営学を自己の専門領域とするようになってから，既に40年を超えている．この間，㈶日本生産性本部（現㈶社会経済生産性本部）の経営コンサルタントとして，経営実践システムを肌で感ずることができた．また，大学の教員として，23年間にわたり理論について研究する機会に恵まれた．特に，大東文化大学から研究助成として，特別研究費を数度にわたって受けることができた．実証研究を継続的に遂行できたことは，本書の記述構成の基本をなしており，大東文化大学の研究に対する助成に深く感謝する次第である．

本書をまとめるにあたって，私の研究室出身のDarren McDonald君（本学専任講師），林　琍玲さん（本学大学院後期課程在学中）の執筆協力を得たことも，研究者として幸せなことであった．

本書が成るまで，多くの方々にご指導，ご鞭撻をいただいた．大東文化大学経営学部の大河内暁男，天笠美知夫，鈴木一道，そして本年3月に定年退職された山之内昭夫諸先生のご指導に対し，また多くの先輩・同僚の諸先生に対し心から感謝する．

なお，㈶日本生産性本部時代から，いくつかの本の共著者として，また友人として親交を結んでいただいた向　擎先生にお礼を申し上げなければならない．

筆者が，1967年に初めての出版を白桃書房にお世話になって以来，10冊を超える著書を同出版社から出すことができた．これはひとえに，長い年月の間，筆者に対し叱咤激励をいただいた白桃書房の大矢順一郎社長，照井規夫相談役のご支援の賜物と感じている．ここに紙上をもってお礼を申し上げる．

2001年4月

花岡　正夫

目　次

第Ⅰ章

HRMの体系

第Ⅱ章では，労務管理から人的資源管理（Human Resource Management, HRM）への移行について考察するが，本章では，労務管理，人事管理の差異，そして，HRMシステムの概要について記述し，本書の導入部分とすることにする．

1　労務管理と人事管理

企業経営を人的側面からみるとき，それを労務管理とか人事管理もしくは人事・労務管理と呼んでいる．本書においては，2つの労務管理，人事管理という表現が，人的資源管理に移行するとし，第Ⅱ章で，人的資源管理（Human Resource Management, HRM）の登場を詳述している．しかし，岩出博が述べるように[1)]，「また最近では，企業における経営資源として従業員を重視する理念的内容をもつ"Human Resource Management (HRM)"を『人的資源管理』と訳出し，これを人事労務の包括的な用語として使用する動きが広まっています．この用語は1970年代のアメリカで生まれたもので，1970年代後半以降，学術世界で急速な拡がりを見せ始め，さらに1980年代になると産業界では従来の『人事部』(personnel department)から『人的資源部』(human resource department）へと，職制名を変更する企業も出てきます．

しかし日本の場合，一部の外資系企業のように，『人事部』を『人間室』に変更するといった数少ない事例はあるのですが，概して『人事部』を『人的資源部』とするような職制上の名称変更の動きは見られません．この用語の拡がりは，いまのところ人事労務のコンサルタント業界を含んだ学術・研究世界を中心にしたものであって，実務界で定着するかどうかを見極めるにはいましばらく時間が必要のようです.」

HRMが実務レベルで一般用語として使用されるのはこれから先のことであろう．労務管理と人事管理の２つの言葉の間には明確な差異があるのであるが，実務社会においては，労務管理も人事管理も，あるいは労務も人事も，ほとんど同義語に用いられている．労務関係の所轄担当組織にあっては，労務，勤労，労政，労働，人事，雇用などの組織名が用いられ，機能の内容を必ずしも正しく表さずに使用されているのが見受けられる．実務社会における担当部署で区分してみると，通常は，労務部，人事部に２大別される．労務部は，労働組合との関係を主として担当する部門であったり，企業によっては，古い身分制度としての職員，工員区分のうち，工員系列職の労務管理を担当する部門であったり，その管理対象はまちまちである．これに対し，人事部は，職員系列職種の労務管理を担当する部門であったり，また，管理職層の人事管理を行う部門であったり，企業によってこれもまちまちである．実務社会においては，以上のように労務と人事の使用については，明確な区分がなくあいまいな点が多いが，実務的には，どちらを用いようが支障はないようである．本書においては，基本的には，HRMを用いるのであるが，HRMの前身である労務管理と人事管理の語義を明確にしておきたい．

企業経営を人的側面から管理するとき，個別組織成員の管理，組織自体の管理，労働組合に対する管理の3つに大きく区分することができるが，広義に労務管理をとらえると，この3つのすべてを含むものであり，狭義の労務管理は，労使秩序の確立維持を目的とする労働組合，従業員組合に対する管理を扱うものである．また，人事管理は，広義の労務管理から狭義の労務管理をマイナスした残りの部分，すなわち，個人および組織集団に対する管理を扱うものである．

デール･ヨーダーは,「労使関係(industrial relations),雇用管理（employment relations),労働関係管理(labor relations),労働力管理(manpower management),人事管理（personnel management）などの用語は，実際にはすべて同義語に取り扱われている.」[2)]としながらも，各言葉の間の間違いについて触れているが，あまり明確な区分はしていない．しかし，industrial relationsが広義であり，この中にpersonnel managementとlabor relationsその他のものを含む広義で総括的な内容を持っているとしている．

森　五郎は,「労務管理という言葉を，狭義の人事管理と狭義の労務管理と包括する広義の労務管理」に区分している[3]．

いずれをみても，労務管理が人事管理より広義である点については共通したものである．

2　経営管理とHRM

(1)　サブ・システムとしてのHRM

経営資源としての，人，物，金，技術，そして情報の5つの要素を活用することによって企業経営が行われる．この資源の活用を経営組織として行うために目的に応じた経営機能がしくまれる．経営機能は，一般的には統合機能（経営政策，経営戦略，経営組織，経営計画，対境関係，経営評価），直接機能（研究・開発，販売，生産），間接機能（HRM，会計・資金，総務・庶務）のごとく，統合，直接，間接の3つに大別される．HRM機能は，この中で間接機能の一部を担っている．

経営機能のしくみは，製造業，卸売業，小売業，サービス業など産業別に異なることは当然であるし，同じ製造業であっても，業種や製品・市場分野などの違いによっても異なるものである．しかし，どのような業種・業態であっても，そこで人が働くかぎり，補助機能としてのHRM機能を欠くことは決してない．

HRMシステムは，経営管理システムのサブ・システムの1つである．ここでいうシステムとは,「ある目的を達成するために個別的に識別でき相互に関連を持っている構成要素が組み合わされ，ある機能を演ずるものである[4]．」

システムをこのように定義した場合，目的達成のための組織体を個別企業とすれば，個別企業をトータル・システムと呼ぶことができる．HRMシステムは，トータル・システムのサブ・システムとして，他のサブ・システムと相互に関連しあって，機能を発揮することができるのであり，決して独立して成り立つものではない．

(2) HRMと経営理念

組織体としての経営システムが，ある目的を達成しようと活動するとき，組織の行動を独自の目的と目標に集中させることが必要である．この基本になる目的・方針が経営理念である．

企業体における経営理念とは，目的達成にあたっての価値基準であって，その内容は，①企業の社会における存在を明らかにする「経営目的」と，②企業の性格づけと姿勢を明らかにする「基本方針」の2つによって構成される[5)]．

経営目的は，①企業の存続・成長，②企業の利益追求，③企業の社会的責任の3つにつき，社会システムのサブ・システムとしての企業の存在理由を明確にするものである．また，基本方針は，①企業の具体的な役割・使命，②企業成長に対する姿勢，③経営管理のルール，④環境構成メンバーなどへの対応などの点から，企業の性格づけと姿勢を明らかにするものである．

経営目的にあっては，企業の存続性，収益性，社会性の3つの要素につき，満足する目的の明確化を行わなければならないが，組織成員に対する働きがいの追求，生活の安定など，HRMの基本理念がこの3つの要素に関わっている．

基本方針にあっては，直接HRMシステムに影響する基本方針が明らかにされることになる．

HRMの目的は，経営資源の1つである人間を有効に活用するための管理システムを設計し，運営し，経営目的を達成することにあるとするならば，他の経営管理機能と異なり，個人としての意思，人格を持つ人間を管理対象とし，企業目的を達成する点に特異性がある．それゆえ，組織成員としての人間をどのように考えるか，といった人間についての基本理念によってHRMシステムの性格がかたちづくられるのである．特に，経営を人間の面から管理するだけに，他の経営管理機能の研究・開発，生産，販売および財務などより，HRMは，経営理念の影響を強く受けるともいえる．

(3) HRMと経営戦略

経営戦略とは，「経営理念（経営目的，基本方針）の実現をめざして，企業の長期的な存続・成長をはかるため，内外の環境変化に適応・挑戦しながら経営構造を主体的に革新していくことである.」[6] とされる．すなわち，経営戦略とは，個別企業の持っている企業能力とこれを取り囲む企業環境の中で，企業業績を伸長させるためにとるべき個別課題，個別計画をさしている．

企業経営にとって，経営戦略は，最も重要な企業行動である．経営管理がどのように効果的であっても，経営戦略が外部環境に即応しえないとき，もしくは，経営戦略が策定，展開されないときには，企業経営の存続すらあやぶまれるのである．また，経営戦略を推進するためには，各経営管理機能が連繫作動し，戦略展開を支援し，実現しなければならない．HRMも，管理機能の1つとして，経営戦略を支持する機能として働かねばならないといえる．本書にあっては，第Ⅲ章「企業文化･経営環境とHRM」の中で，経営戦略とHRMとの関係の重要性につき詳述している．

3　HRM体系

HRMがどのように体系化されているかは，換言すれば，どのようにシステム化されているかということにもなる．前述のごとく，システムを「ある目的を達成するために個別的に識別でき相互に関連を持っている構成要素が組み合わされ，ある機能を演ずるものである.」と定義すると，HRMシステムとは,「経営活動に対し，企業文化形成のもとに，企業目的達成のために戦略的にマン・パワー供給を適切に行うために，種々のサブ・システムを統合化するトータル・システムをいう.」とすることができる．

経営活動は，経営目的･経営基本方針を達成するためのものである．HRMは，この経営活動に対して，合理的，効率的なマン・パワー供給を行うことを機能としている．経営活動に対し，マン・パワー供給を行うためには，人的能力の確保システム，能力開発システム，職務開発システム，人的コスト管理システムなど，いくつものサブ・システムが機能しなければならない．HRM体系は，このようなシステムの内容および関連性を明らかにすることによって明確化することができる．

森　五郎は，労務管理体系につき「労務管理の体系とは，労務管理の諸機能が，一定の原理を基準として編成されたものであって，それは労務管理組織を通して実践されるものであるから，諸職能の担当者との関連において編成される.」[7] としており，職能とそれを編成する原理，そして担当組織の3つによって労務管理の体系化を行っている．また，森は,「この場合の編成の原理となるものは，労務管理の本質的課題をどうとらえるか，ということと，労務管理の諸機能の発達・分化の程度によって，歴史的に異なってくるといえよう.」とし，歴史的，文化的に労務管理体系が変遷することを強調している．

岩出　博は，以上の森の考え方を受け継ぎながら,「現代人事労務管理とは何か」の章で，次の4点から説明している[8]．

① 人事労務管理は誰が行うのかといった主体論

② 人事労務管理の目的は何かといった目的論

③ 人事労務管理の対象は何かといった対象論

④ 人事労務管理はどのような制度内容をもつのかといった制度論

本書において，HRM体系をどのように取り上げているか図示すると，図表Ⅰ-1「HRM体系」のごとくである．この図表は，岩出の図表Ⅱ-2「現代人事労務管理の体系」とは，表現のしかたが大きく異なっている．

特に本書では，岩出の体系に含まれている労使関係，福利厚生の2つのHRM課題に触れていない点は，著者も不満とするところである．この理由は筆者がこれらの課題に研究者としての分析，考察を過去に行っていないという単純な理由である．労使関係は，特に，日本型労働組合といってよい企業別労働組合の特質研究が大切である．筆者はこの課題については，企業別労働組合として簡単に記述したものがあるので参照されたい[9]．

福利厚生については，マン・パワーの保全として，次のようにまとめている[10]．

企業で働く人間は，労働力としての側面と一人間としての側面の両側面を持っている．今日のごとく，人間が地球上で生活するための手段としての発達した高度経済時代にあっては，ほとんどの者が企業に参加し，組織成員として何らかの役割を演じなければならない．そして，また，経済的欲求以外の欲求を経営組織の中で満足しようという望みを個々人が持っていることも

図表Ⅰ-1　HRM体系

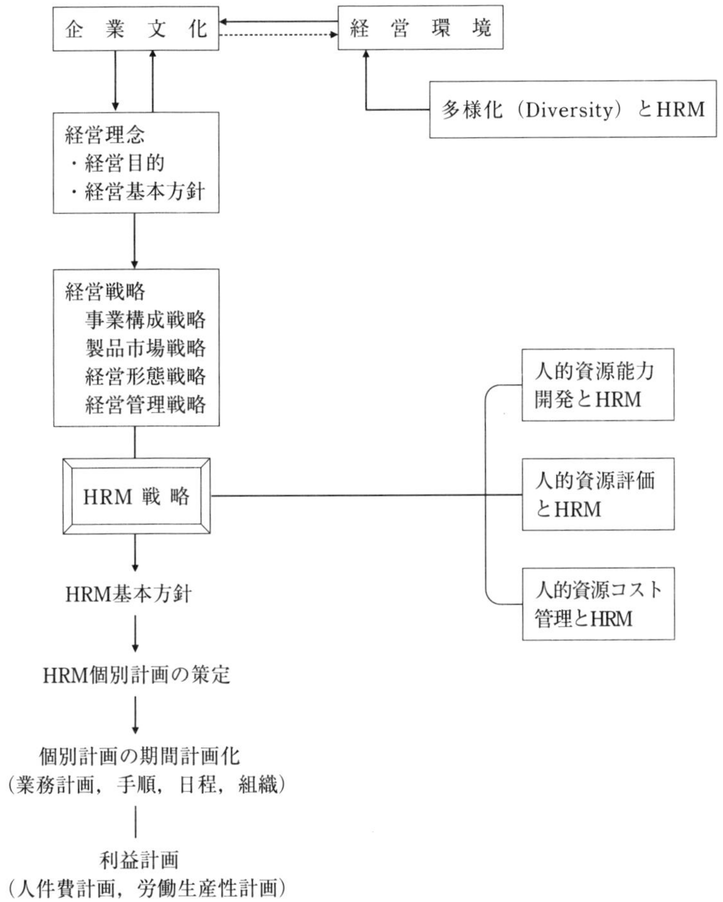

認識することが必要である．このような問題をマン・パワー保全としてくくっている．

従来，マン・パワーの保全としてとられていた主たる施策は，安全と健康管理の2つである．個人の欲求が安全・安定の欲求のあたりに留まっていた時期から，より高い自己実現欲求を目指し始めた今日，人間が欲することは，時間をいかに，自己の満足のいくように有効に過ごしていくかである．そこで，HRM上重視しなければならないことは時間管理である．就業時間を週

図表Ⅰ-2　現代人事労務管理の体系

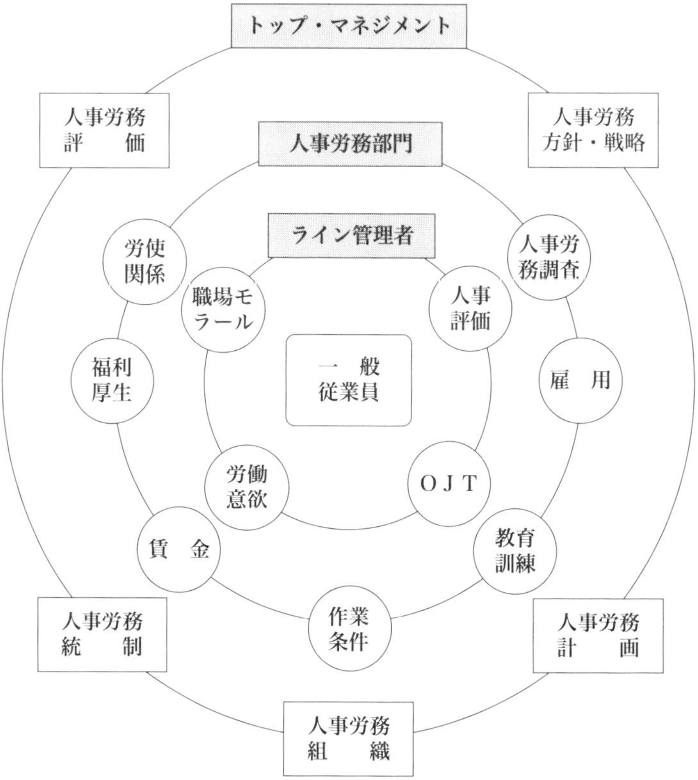

出所：岩出　博『LECTURE 人事労務管理〔新版〕』泉文堂，2000年，p.32.

平均して短縮する方向は，ILOの勧告もあり，短縮化の方向をとることは世の趨勢として間違いないものであるが，1日の労働時間を短縮するほうがよいのか，あるいは，1日の労働時間は長くしても，休日を多くしたほうがよいのか，職務の性格，余暇の利用なども考慮し決定しなければならない課題である．また，余暇の活用として，レジャー，勉学などの個人の生活の面まで，マン・パワーの保全として，企業側が個人に援助の手をさしのべなければならない時期になってきている．

なお，時間管理の問題としては，1日，週の時間管理以外に，高年齢下での定年問題がある．

定年制問題は，老人対策問題ともからんで，定年延期として取り上げられている．人間の平均寿命の伸び，核家族化の浸透などによって，老後の生活をどう維持していくのか．社会保障の問題として企業がまったく関知しなくてすむことでもないようである．58歳，60歳の定年後に，立派な労働力として，働きのなかに生きがいを見出せるような体質を，個人個人が若いうちから計画的に身につけられるような施策を企業が制度として確立することが，わが国においては必要である．特に，企業における職能開発の中で，引退後の老後の生活設計を考慮した職能開発計画が必要になってくる．

また，マン・パワーの保全の1つとして福利厚生問題がある．福利厚生施策としては，例えば，社宅，寮，文化活動，共済制度，家族慰安の催物など数多くのものがあるが，これらの管理システムは従業員に対する恩恵的なものとしての色彩が大変強かったが，今日では，報酬の付加厚生給付（fringe benefit）としての年金，健康保険などの所得としての意味合いが大きなものとなってきている．

福利厚生施策は，次の2つの意味を持っていると従来からいわれている．その1つは，労働の対価としての報酬のみでは福祉が十分に図れない生活実態からくるものである．疾病，失業，老齢，多子など，収入不足と生活の不安定に対し，経済的な援助を与えることによってこれを解決しようというものであり，第2の目的は，経営側で経済的な負担を負うことによって従業員からの代償としての利益を考えることである．すなわち，福利厚生に力を入れることによって組織効率向上を期待しようというものである．例えば，住宅施設の安価な提供による定着率の向上，また，集団住宅にともなう生活指導による健康管理，出勤率向上，家族ぐるみの生活規律の維持なども期待しているのである．

しかし，これからの企業環境，特に従業員意識の変化は，福利厚生の充実よりも，労働提供の反対給付としては，その基本的部分を占める報酬の向上を望み，特に職務能力に見合ったものを期待してきている．

以上，記述したとおり，本書にあっては，労使関係，福利厚生については論述していない．

本書でのHRM体系は，図表Ⅰ‐1に示した．第Ⅱ章では，労務管理からHRMへの移行がなぜ行われたか．特に，人間の考え方，戦略，企業文化の関係式の中で，HRM戦略の方向が決定されることを記述し，HRMでの企業文化，企業戦略の重要性を強調している．

第Ⅲ章では，第Ⅱ章で記述した企業文化，経営環境が，企業戦略，HRM戦略に与える重要性を指摘している．特に，環境のとらえ方，適応の方向について考察している．第Ⅳ章，多様化（Diversity）の環境因子としての重要性を取り上げ，組織，雇用形態に与える影響について，実証研究を含めて研究した．第Ⅴ章では，人的資源開発につき，職能開発の方法に触れ，新しい課題となっているコンピテンシー管理などについて検討を加えている．

第Ⅵ章では，HRMで評価をどう考え処理していったらよいかの課題につき論じている．従来から日本の組織特質とされる年功序列，年功評価から業績中心の評価への移行につき主張している．

第Ⅶ章では，人的資源コスト管理につき，雇用量戦略とHRコスト戦略につき考察している．

以上，第Ⅱ章から第Ⅶ章まで記述した内容は，図表Ⅰ‐1「HRM体系」に図示した体系の説明である．

第Ⅷ章では，HRM体系の内容とはならないが，日本の経営システムの特質といわれる「日本型経営」について，人的側面からみた生涯雇用慣行，年功序列などについての文化論による論述を否定し，収斂論を主張した．グローバル化の中で，企業の個性化形成が，企業競争に勝つための必要不可欠の条件であるとの観点に立って，収斂論を展開した．収斂論は状況適応論であり，この意味でHRMシステムも当然のことながら，コンティンジェンシー理論の説明下にあるのである[11]．

【注】

1）岩出　博著『LECTURE 人事労務管理〔新版〕』泉文堂，2000年，p.5.
2）D. ヨーダー著『労務管理（Ⅰ）』アメリカ経営学全書（Dale Yoder, *Personnel Management and Industrial Relations*, Fourth Edition），日本生産性本部，1968年，p.4.
3）森　五郎著『新訂 労務管理概論』泉文堂，1977年，p.4.
4）向　摯・花岡正夫共著『戦略的企業行動』白桃書房，1977年，p.125.
5）同上書，p.268.
6）同上書，p.82.
7）森　五郎著，前掲書，p.80.
8）岩出　博著，前掲書，pp.14-32参照.
9）花岡正夫著『日本の労務管理　2訂版』白桃書房，1987年，pp.137-146.
10）同上書，pp.57-59.
11）コンティンジェンシー理論については，加護野忠男著『組織認識論』千倉書房，1988年，pp.20-28に，要点が記述されている．

第Ⅱ章

労務管理（Personnel Management & Labor Relations）から人的資源管理（Human Resource Management）へ

はじめに

わが国で日本的経営といわれる経営用語が一般化して以来，既に20年の歳月が過ぎようとしている．1970年代に日本的経営の優秀性について，日本の文化特性と経営特性とを結びつけることによって多くの説明がなされていた．しかし，今日わが国経済の不況といわれる現象には多くの歪みが見られ，日本的といわれる経営特性について修正の必要性が叫ばれており，学界，実務界ともこの流れの中に置かれていると見ることができる．

本書の主要課題である人事労務管理について考えてみても，日本的経営讃美の中で唱えられた優れた日本的人事労務管理の特質が薄れ，わが国人事労務管理についても再評価の時期にあると見ることができる．このような時期にあって，人事労務管理からHuman Resource Management（人的資源管理，以下本論文ではHRMと記述する．）への移行と何らかの関係にあるのであろうか．なぜ，欧米にあって人事労務管理（Personnel Management and Labor Relations，以下，PMという．）からHRM移行への変革が起きたのか，この移行の基本的動因は何であったのか，HRMとPMとの相違点は何にあるのか，といういくつかの課題について本章で考察することにする．

1　PMからHRMへの移行

(1)　米国における推移

米国におけるHRM歴史の特徴は，以下のとおりである．

① 1800年後半

PMという機能が米国に登場し始めたのは1800年代半ばのことであり，これは機械工場における熟練，非熟練労働者についての人事問題課題処理のためであったようである．成長する企業の管理機能として，初めてPM部門がNational Cash Register（NCR）にできたということは一般に知られていることである．National Industrial Conference Boardから発表されたものによると，1920，30，40年代と次第にPM部門の機能設置が各企業に見られるようになった．人事部門が労働組合化を助けるためにできたともいわれている．それは1870年の終盤から1890年代のことであるが，この時期人事部門はそれ程重要ではなかった．

② 第一次，第二次世界大戦中

第一次世界大戦の後で組合化の第二段階があり，1935年のWagner Act施行の後が第三段階である．この第二，第三段階で人事部門は重要な役割を演じた．この間には，人事部門はいわゆる「福祉実施」，長期雇用を促進し，労組化の努力を押さえること，そして，年金計画や健康管理対策を実施することにあった．そして，ある例では，従業員の苦情に対処するために企業内労働組合を形成する企業も出た．第二次大戦の終わりまで，組織，技術，労組化や政府規制などの複合効果が生じ，いわゆる官僚統制体制あるいは官僚的雇用管理処遇が，ほとんどの企業にはびこるもととなった．

③ 1945－1950年代

1950年代の人事実践では，職務設計，等級分類制度，評価制度，年金福祉，企業情報そして人事計画などが目につく．他の多くの実践的なことが広く人事部門に普及した．

④ 1960－1970年代

1960年代，1970年代には，人事部門は従業員を正当に処理・手続きする管理手法を持った．1964年Civil Rights Actは，広告，採用，選考，昇進そして解雇手続き等を変えた．そして，EEO（Equal Employment Opportunity Law）とかADA（Age Discrimination Act of 1969）のような法規制が，会社の人事システムの正当なプロセスの必要性を強く要請している．

⑤ 1980年代

今日では，HR管理者は特に高い熟達した仕事をしなければならず専門性の高い能力を要求されている．HR管理の権限は実際に増加している．この理由はHRMの中に，経営計画や企業戦略が含まれてくるからである．HRMに対し，より強く戦略的アプローチをとることが，1980年代の初期の段階から最重要事項として聞かれている．そして，現在でも依然としてトップ・ランキングの1つの重要な管理項目として取り上げられている．今まで以上に，HRの高いレベルのものが，企業全体の戦略計画サイクルに結びつくことが必要である．

以上のごとく，L.F. Moore，P.D. Jenningsは，米国における人事・労務管理の変遷を整理し，その中で，なぜPMからHRMに変化したのかについては，明確に記述していない．しかしながら，1970年代からの人事部門の権限強化，そして1980年にはいってからの人事においての戦略性の不可欠性といった史的経過により，HRMが一般化したと見ることができる．L.F. Mooreと筆者との質疑では，筆者の「何故北米でPM部門がHRM部門に名前を皆が変えているのか？」に対し「人間尊重主義を強く出すことによって良いイメージを示し，戦略性をも協調しようとする動きで，一つのファッションではないか．」という回答を返してきた[1)]．

(2) 英国における推移

英国におけるHRM歴史の特徴は，以下のとおりである．

① 1800年後半

福祉の考え方が登場してきた．この当時は，失業問題，疾病，家賃補助などの問題であった．このような案件は第二次世界大戦まで続き，今日まで残っている．

② 第一次，第二次世界大戦中

企業規模の拡大にともない，採用，規制，時間管理，賃金等の支給，訓練，人事記録などの基礎的な人事システムが問題となる．

③ 1945－1950年代

給与管理，基礎訓練，労組関係（industrial relations）など，戦術的面が中心で戦略レベルのことは少なかった．この時期は，人事管理の中で，インダストリアル・リレイションズの専門家が目立った.

④ 1960－1970年代

雇用に関する法規制が多くなり，人事スタッフを多く必要とするようになってきた．1970年代の初期まで，常用労働雇用についての採用，選抜，訓練，賃金支払いシステムなどの人事の実践面の課題が多くなった．この時期に，人事の専門家としての教育訓練者を置くようになった．そして，performance appraisal（MBO）やmanpower planningが開発されてきた．行動科学の知識が活用され，また労組の交渉力も強まった.

⑤ 1980年代

人事管理は，企業的側面（entrepreneurial phase）に入った．それは，人事管理と市場経済や企業文化との関係が強くなってきたということを意味する．企業内では，人事のトップ・スタッフが企業の未来の方向，現企業の目的（理念と基本方針）の普及や改善などへの意見参加を行うことが当たり前になってきた．これは，経営の変化の先取りを必要とする時代であったということができる．企業文化の適正化，いわゆる環境への適応努力がなされ，いわゆる日本的労使関係の導入（単一労組，QC，TQCなど）が経済の低迷期になされ，労組の役割を変えることになりストライキは効果的ではなくなってきた．企業の組織は，生産性を上げ雇用量を減らすために仕事の実践面で変化を求めた．J. W. Hunt.（1984）[2)]は，PMの根本的な変化の兆しが出たとしている．すなわち，Huntは1980年代に人事管理の現場にHRMへの注視がなされたとしているのである.

⑥ 1990年代

1990年の初めには，人事管理からHRMへの局面的変化が証拠立てられている．個人主義への傾斜や1980年の不公正の貪欲さに対する反作用は，同意の精神やチームワークの価値を産み出した．組織に対する強いコミットメントが要求される核になる労働力（core worker）に関することが課題として登場してきた．仕事の面では，職務記述書をはみ出して職務を行うことが期待される柔軟性が望まれた．賃金も労組との交渉により，市場賃率を反映することに重点が置かれてきた．そして，パートタイマーや期間契約労働者への雇用比率が増加してきた．企業組織が成功するために，戦略的アプローチの重要性がHRMに望まれ，人事管理の将来を考慮することを必要条件とするようになった[3)].

(3) 日本におけるHRM

わが国にあっては，労務管理，人事・労務管理，人事管理などの用語が一般的専門用語として用いられ，それぞれにつき概念規定がなされている[4)].本項では，HRM，人的資源管理についてのわが国における文献につき出版年度を調べ，日本にHRMに関する研究が生起した過程を考察する．ただし，この検索は，HRMの内容を検証してリスト・アップしたものでなく，ただ単にHRMあるいは人的資源管理を論文，著書のタイトルに組み込んでいるものに対し検索入力したものである．

①大原社研論文検索によると，論文，著書，書評は1982年に出されている石田英夫の論文が最初である[5)]．この論文で，石田は「近年，アメリカの文献では従来の人事管理という用語にかえてヒューマン・リソース・マネジメント（以下，HRMと略称）という言葉がよく用いられるようになった.」としHRMについて触れている．しかし，この論文は，HRM概念について深く論議をしたものではない．その後，84年１編，85年１編，87年５編，88年2編，89年２編，90年２編，91年５編，92年３編，93年６編，94年３編，95年４編，96年13編，97年11編であり，1996年以降にHRM議論が多く出ている．ちょうどこの時期1996年６月の日本労務学会第26回全国大会の統一論題は，「HRMの課題と方法－新しい雇用システムを目指して－」であった．

②わが国において，HRMの歴史，概念等につき本格的に取り上げている文献は，岩出 博の２著のようである[6)]．『英国労務管理』の第七章では，「personnelにかわりhuman resource managementがアメリカで1970年代に開花し，その後英国に輸入され，1980年代には英国でも盛んに議論されるようになった.」としている．その後，中井節雄の「人的資源管理の生成と発展」[7)] 等多くの議論が沸き上がってきた．

2 HRMの概念

(1) 主要なHRM概念について

PMからHRMにどのように変化してきたのかを明らかにするために，HRMについての幾人かの先行研究につき検討を加える．

① R. Pieper[8)]

彼は，HRMが1950年後半から1960年代にかけての人間関係重視，C. Argyris & D. McGregorで代表される行動科学の中での組織内における人間尊重主義への移行，そして，R. Milesの "human resources" という専門用語が1965年に使われ，伝統的管理論モデル，人間関係モデル，人的資源モデルの3つの重要視点の変化を注目すべきものとして指摘している．Pieperは多くの見解をまとめ，HRMの概念と伝統的PM管理との違いの要点を以下のごとくまとめている．

・伝統的人事管理（配置，異動，報酬，ワーク・デザイン）

・能力開発

・労働力を組織の主要な資産としてしてみる特別な経営哲学，そして人間を成長・発展することができ，かつ，本人も望んでいるという人に対する価値観

・人事機能の戦略的管理への統合化

また，HRMの概念は，国際的に見ると各国の政治･経済システムそしてその国の文化によって，内容は変わってくるとしている．このことは，HRMの持つ戦略性は，多分にコンティンジェントなものであることを強調していることを意味する．

② J. Storey[9)]，D. Guest[10)]

GuestがHRM概念を，説明するためにとった2軸（SOFTとHARD，そしてTIGHTとLOOSE）による4象限の区分に対し，StoreyはSOFTとHARDはGuestと同じ軸の命名であるが，一方の軸はSTRONGとWEAKと違った名の軸にしている．彼は，Guestの見解と概ね同じ考え方に立ち，HRMの概念を規定している．SOFTは人間的側面の強調を示しており，HRMでも

図表Ⅱ－1　Guest & StoreyのHRM概念比較図

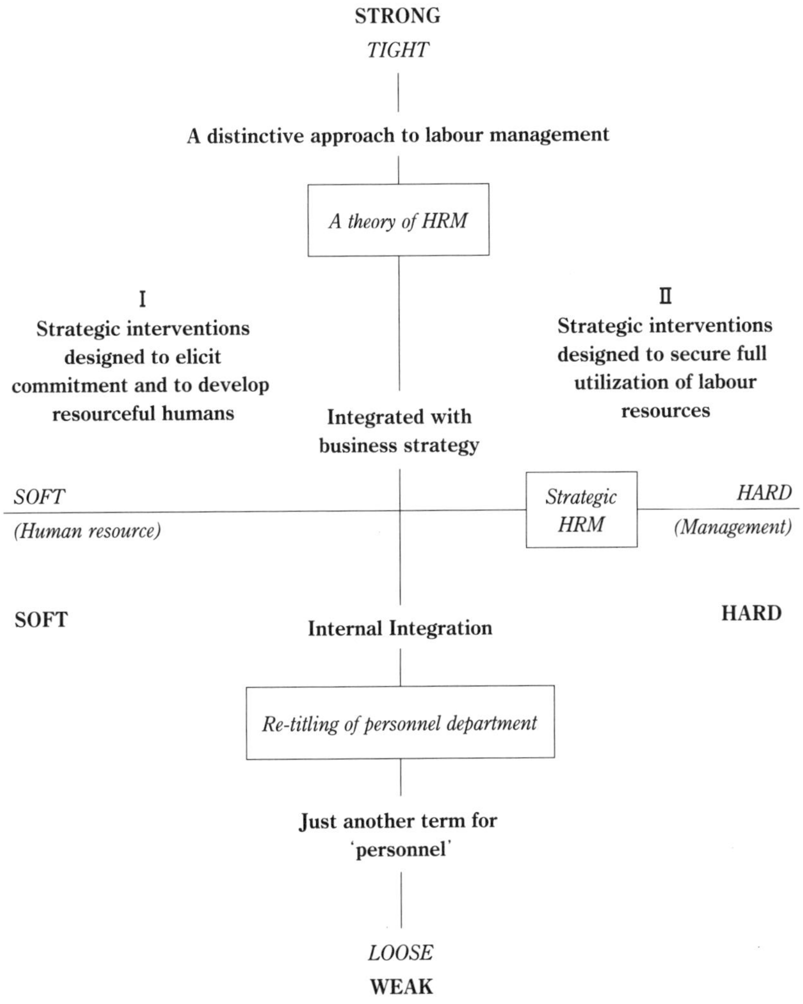

〔注〕：
Italic: Guest, D. (1989) "Personnel and HRM: Can you tell the Difference?" *Personnel Management*, January, p.48.
Bold: Storey, J. (1992) *Developments in the Management of Human Resources: An Analytical Review*, Oxford, U.K.: Blackwell Business, p.27. 以上，2著により筆者が合成作成した.

PMでもそれぞれのシステムの中にどの程度の人間重視の考え方を入れているかの軸である．いわゆる人間人間視の視点である．そして，Hardは労動力資源としての側面を強調しており，労働力の効率性追求をどの程度目指しているかの尺度である．この軸は，人間機械視の視点である．

そして，縦軸のSTRONGは経営戦略との統合化程度であり，よりHRMに近いことを示す軸である．WEAK軸は経営内部との統合化程度であり，よりPMに近いことを示す軸である．Storeyは，この象限図表の中で，次の4つの要点を指摘している．①人的能力や企業への参加意志は，企業の優秀性とそうでないことを区分する基準である．②人的資源に関する意思決定は，戦略的重要性を秘めた組織的事項である．③HRMは長期的視野と密接に結びつき，また組織の中心となる成果との関係は不可欠となる．④HRMは重要な事項を管理する体系的，かつ，不可欠なアプローチである．これらの事項は，例えば，組織への投入，目的のための明快なコミュニケーション，意図的に計画された人的資源の開発，成果の評価とそれに対する報酬などであり，これらはHRMアプローチを活発にする．HRMのHARDな観点からは，労働力の集団的見方よりは個人対象の見方に重点が置かれている．

Guestは，HRMについての理論の真の骨格を4つの構成要素で示している．① HRMの成果あるいはHRM政策目標の組み合わせ――戦略的統合化；コミットメント；柔軟性／適合性；品質，② HRM政策の組み合わせ――組織／職務設計；変化に対する管理；採用，選考／導入；評価，訓練，能力開発；報酬システム；コミュニケーション，③ システムの結びつき――リーダーシップ，文化，戦略，④組織成果――高い職務成果，問題解決，変化，技術革新，コスト効率，低い転職率，休暇・苦情．

③ Michael Armstrong[11)]

彼は，HRMが組織の最も価値ある資産，すなわち，そこで働いている人々，この人々は個人としまた集団とし，利点を持続しようとする目的達成に貢献できる人たちである．HRMは，こうした価値ある人的資産を管理する戦略的で一貫したアプローチであるとする広い定義を与えている．HRMの底辺に流れる哲学は，次の点にあるとしている．① 従業員は，継続的な競争的利点を達成する資産としての価値がある．② 組織効率は，統合化されたビジネス戦略と人的資産戦略，そして，組織文化の形成によって顕著に増加する．③ 人的資源の最適利用は，首尾一貫した政策を開発することによって達成される．この政策は，組織へのコミットメントを促進し隠れた創造性と，そこで働くエネルギーを引き出す．このことによって成果を高くする力になる．

Armstrongは，HRMの特性を次のように記述している．① トップ・マネジメントの動因，② ライン管理者のHRMに対する職務としての遂行，③ 企業戦略に対するHRMの戦略的適合，④雇用政策と実践とが一致するアプローチの保有，⑤強い文化，価値に対しての重要視，⑥ 従業員の姿勢，態度特性についての注力，⑦達成度，成果をあげる能力あるいは技能の違いによる報酬．Armstrongは成果を重要視点としてHRMの過程が，個人と組織レベルの双方に影響を与えるものであることに論点を置いている．

④ Eugene McKenna & Nic Beech[12)]

彼らは，PMからHRMへの発展は，PM機能の不適性が存在した場合これを管理職が認識すること，そして，人事専門実践担当者が経営意思決定の中に含まれることの認識も必要であるとしている．HRMは，従業員管理の基本的考え方や実践面での新しいアプローチである．人的資源が企業目的達成に貢献することに集中化することは，HRMの戦略的機能を本質的に強化するのである．HRMは，組織環境の変化に適合するように経済合理性を追求する．そして，このことは，労働力が鼓舞され，動機づけられるように人々が良い状態を保つことが必要である．HRMは，組織の分析，管理のためにシステム・アプローチをとらねばならないと主張している．さらに，彼らは，HRMシステムは，人的資源計画，採用・選考，評価，訓練・開発，報酬が含まれ，これらのシステムが統合化され，組織を同一方向に引っ張っていき，企業の全体目標に結びつく必要性を強調している．

⑤ P. B. Beaumont[13)]

彼は，HRM概念は，1980年代と1990年初めの間に，企業変化の現実をともなって進展してきた．製品市場の競争と諸機能の統合的性格の必要性が増し，環境の変化に適合的に即応できる能力のない伝統的PM機能は，PM

からHRMへの移行の主要な引き金であった．ここで生じる重点的課題は，企業戦略・計画とHRM戦略・計画との間の密接な相互関係を確立することである．彼は，当初この新しいアプローチに批判的であった．なぜなれば，現実に企業戦略とHRM戦略との間にこのような関係が存在する必要があるという考え方に対し，一般的には認識が欠けていると見たからである．彼は，製品市場において効率的に競争するために，組織の中に従業員管理のための諸関係をいかに築くかが大切であると認識している．そして，彼は1990年代には，国際的HRMが主要課題となり，ますます強くなる製品市場競争が競争戦略を刺激し，組織が世界の国々に組織連携を作り上げることになり，HRM機能の国際化が強まると主張している．

(2)　HRM概念の共通要素

前項において，主要なHRM概念に関するいくつかの主張を掲げたが，この中に横たわる共通要素を取り上げることによりHRM概念規定化へ結びつけることにする．図表Ⅱ - 2によって，次の要点を整理することができる．

① 組織の主要な資産としての人的資産，人間尊重の精神

② 組織文化形成，組織の環境適合，トータル・システムの統合化によるシステム・アプローチの必要性と組織成果の高揚

③ 長期的視野に立った企業戦略とHRM戦略との統合的連携

以上の3点が，HRM概念を考察するときに，欠かすことのできない要素であるといえる．①は人間性尊重に関する軸である．PieperがいうようにF.W.Taylorの時代の伝統的管理モデルからG.E.Mayo等の人間関係モデル，Argyris, McGregor等の行動科学の中での人間重視主義そして人的資本・人的資産という言葉の登場[14]によって労働力を人格の保有者としての人間としてみる見方の重要性が強調されてきた．しかし，この見方は筆者の思量するところでは，PMの段階から既に重要な視点として考えられていた軸である．確かに，この人間重視主義は，HRMの中では欠かすことのできない要素であることは，HRMの実践面をみても否定するものではない．といって，PMからHRMへの移行の必要条件であったとは理解しにくい．米国においてDiversity研究が普及していること，このDiversity研究の不可欠性が示すごと

図表Ⅱ - 2　HRM概念の共通要素

	Pieper	Storey & Guest	Armstrong	McKenna & Beech	Beaumont
①人間重視	●人間尊重の経営哲学	●人間尊重はHRM概念 Soft軸に位置づける ●人的能力や企業への参加意志	●競争的利点達成のための人的資産	●人的資源が企業目的達成に貢献することに集中化	●組織の中に従業員管理のための諸関係をいかに築くかが大切
②環境への適合，組織文化 組織・システムの統合化 意思決定・ラインにおけるHRM	●人事機能の戦略的管理へ統合化	●HRM政策の組み合わせによる統合化	●システム・アプローチの一貫性 ●統合化されたビジネス戦略と人的資源戦略，組織文化	●組織環境の変化への適合 ●組織分析・管理のためのシステム・アプローチ ●システムの統合化と組織方向の一致 ●HRMスタッフのトップ意思決定への参加	●環境変化への適合がPMからHRMへの引き金となった ●企業戦略・計画とHRM戦略の関係確立
③戦略性	●戦略性は多分にcontingentでなければならない	●HRMと長期的視野	●企業戦略とHRM戦略の戦略的適合	●人的資源が企業目的達成に貢献することに集中化 ●HRMの戦略的機能を本質的に強化する	●企業戦略・計画とHRM戦略・計画との間の密接な相互関係の確立

く，組織における人間構成の多様化と複雑性，このことによる組織管理の高い困難性など人間重視の配慮をどの程度，企業・組織効率追求の中で考えなければならないかは，HRMの中で重要な問題である．

②は企業文化[15]の軸である．トップマネジメントが企業文化を形成するために，経営環境と企業の持つ基本的体質・雰囲気を適合するよう，経営理念（経営目的・経営基本方針）を設定することが重要な経営意思決定・行動指針である．この経営理念によって，企業の進むべき方向が組織構成員に示され，かつ，外部に対して企業の存在価値と今後の社会的役割について明示することができる．この企業ベクトルを達成するために，企業システムが機能するのであるが，各サブ・システムが有機的に統合化することによりトータル・システムとしての効率追求がなされるのである．環境変化への適応性は，当然のことながらコンティンジェント，いわゆる，状況の変化に最適適応する動きが要請される．この企業文化軸は，企業の特性を決定する軸であるので個別企業の個性を構築する軸になる．

③企業戦略とHRM戦略との統合的連携は，HRMの概念規定に当たって一番重要な構成要素になる．戦略をどのように理解，規定化すれば良いかは，それ程容易なことではない．次項で，一応の規定化を検討することにする．本項で引用した全著者が，戦略性の不可欠性につき主張しており，HRMの中での戦略的システムの役割について考察することが必要となる．しかし，人的資源管理システムの戦略レベルとは実践面から見た場合，具体的にどのような管理行動であるのかについての著述は数多くみられない．以下の項でこの件については，検討を加えることにする．

(3) 戦略概念とHRM戦略

HRMがPMの発展過程として位置づけられる大きな要素に戦略がある．それでは，この戦略とはどのような概念であるのかをまず明らかにし，その後，HRM戦略の概念を明確化することにする．戦略という概念が，経営学の中に持ち込まれたのはA.D.Chandler, Jr.であろうと加護野も記述している[16]．

① A.D. Chandler, Jr.

彼の特徴は，戦略は基本的な長期目標と企業の目的の決定，そして，こうした目標を達成するための企業行動の方向決定と必要な資源の配分の意思決定であると定義している[17]．これに対し，戦術的決定は，配分された企業の資源を能率的に運用し，円滑な日常の経営活動を確保していく意思決定であるとしている．彼の定義では，経営の意思決定の面から戦略と戦術との区分を明確化し，特に経営資源の配分過程か，配分された資源の能率的活用かに区分している点に特徴がある．

② H.I. Ansoff

彼は，経営者によってなされる意思決定が，外部の環境によって影響を受けるかどうかに注目している．彼は，戦略的意思決定は基本的には企業の内部問題より，外部の問題により深く関わり合いを持つ，としている[18]．そして，意思決定を，3つに区分し，事業戦略，管理戦略，業務管理としている．事業戦略は，特には製品市場に関することが多いのではあるが環境との関係を良好に取り扱うことである．事業戦略は，企業の位置づけ，発展のために自然・即座に企業がとれる一般的方向を設定することである．Ansoffは，この著の中でさらに，戦略展開に関し次の2 点を述べている．①戦略的ポートフォリオ戦略――これは，地域的成長方向，競争上の利点，シナジーと戦略的柔軟性，②競争戦略――企業のとる他社と有意差のあるアプローチ．そして，意思決定を戦略的，管理的，業務的の3つに区分している．この3種類の意思決定につき，種々の検討を加え戦略と管理・業務の意思決定に対する経営の注力は，企業の環境によって決定される[19]．終章の第19章では，戦略経営の鍵となる前提として6 つの仮説を示している．それは，①コンティンジェンシー仮説，②環境依存仮説，③必要な多様性の仮説，④戦略――能力――パフォーマンス仮説，⑤多構成分子能力仮説，⑥能力バランス仮説．この6つの仮説は，企業の成功を最適化する企業行動に焦点を当てている[20]．

③ M.E. Porter[21]

彼の，戦略の特徴は競争概念を強調した点にある．企業競争の中で事業単位の競争利益をどのように創造するか，そして多様化する企業での事業単位の戦略競争優位が重要であると指摘している．また，他の1つの戦略の重要性は，事業単位それぞれの総和よりも各事業単位の相互関連による企業全体のトータルな総合力の向上にあるのである．彼の成功企業への鍵は，事業単位の競争戦略の成功にあると強く主張している点にある．彼は，戦略に関する多くの著書，論文を発表しているが，ダイヤモンド・ハーバード・ビジネス『戦略の本質 マイケル・E・ポーター』[22] で最新の戦略に対する考え方が掲載されている．この中で，永続する競争優位として，次の6点を指摘している．①自社独自の競争ポジション，②戦略に合わせた業務活動，③競争相手とは異なる明確なトレード・オフと選択，④競争優位の源泉は業務活動のフィット，⑤永続性の源泉は一部の業務活動ではなく，業務活動システム全体，⑥業務効率化は当然の前提．

④ 花岡の戦略定義

著者は，1977年の著書[23] の中で「経営戦略とは，経営理念（経営目的，基本方針）の実現をめざして，企業の長期的な存続・成長をはかるため，内外の環境変化に適応・挑戦しながら経営構造を主体的に革新していくことである.」と定義し，経営戦略の内容を ①事業構成戦略，②製品・市場戦略，③経営形態戦略，④経営管理戦略の4つによって説明している．

以上，Chandler，Ansoff，Porter，筆者の戦略概念につき簡単に要点を列挙してみた．以下，戦略を本論文でどのように概念づけ，この戦略概念をHRMの特徴である戦略として，どのように定義づけるか考察する．

戦略の要素として欠かせないものは，①基本的な長期目標と企業目的(経営理念，経営文化を含む.）の決定，②企業行動の方向決定と資源配分のための意思決定，③環境との状況的適合，④競争性の優位位置確保，⑤長期・永続的競争力保持のための業務活動全体のトータルな総合力向上 が注出できる．

以上の要点を考慮し，戦略的人的資源管理（Strategic Human Resource Management，SHRM）の概念規定を試みる．

SHRMは，「企業の長期的目的・目標達成のため内外の環境適合を図り，企業競争の長期的優位な位置を確保し，永続的競争力を持続するため，組織成員の人間性重視を前提とし，経営構造を革新するような人的資源活動のトータル・システムを設計・行動すること.」と定義することにする．

この概念を，図示したのが，図表Ⅱ-3「HRMの概念図」である．縦軸に戦略度合いをとり，横軸に人間性重視度合いをとる．両軸の強さの上限を円弧

図表Ⅱ-3　HRMの概念図

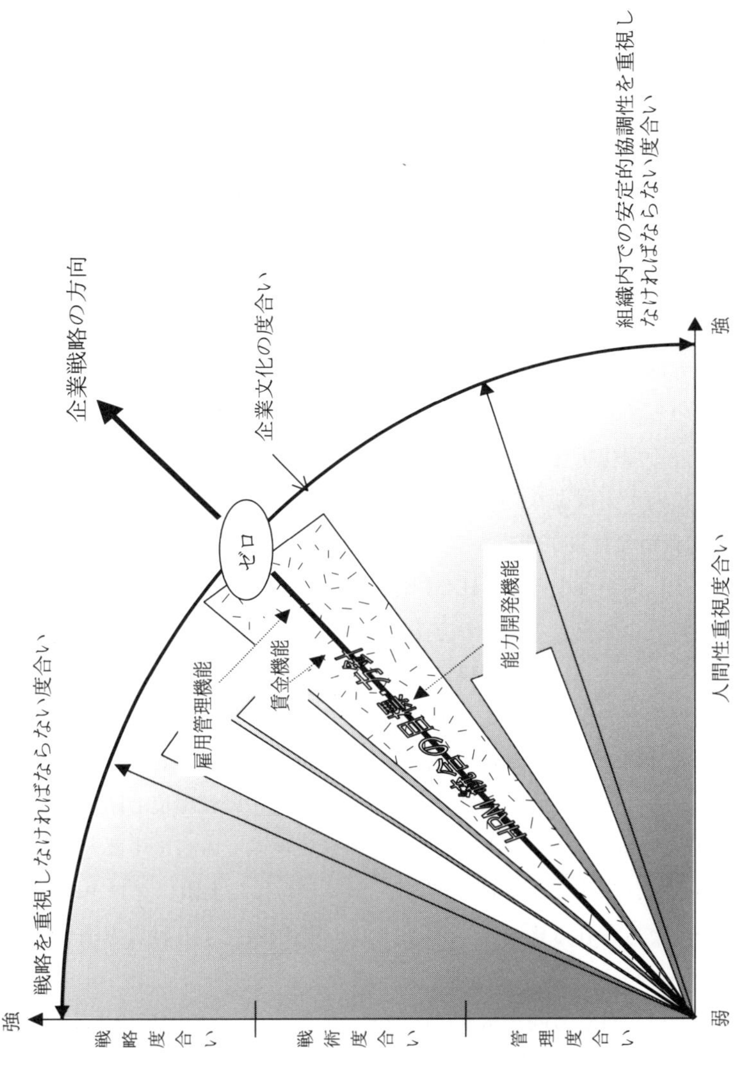
戦略を重視しなければならない度合い
企業戦略の方向
企業文化の度合い
組織内での安定的協調性を重視しなければならない度合い
ゼロ
雇用管理機能
賃金機能
能力開発機能
HRM統合の目標方向
強
戦略度合い
戦術度合い
管理度合い
弱
人間性重視度合い
強

としこの円弧を，企業文化の度合いとする．企業文化については，Beer & Spector, *et al.*[24] は，「組織文化は，価値，信条，経営姿勢とか組織構成員によって通常支えられている態度の集合である．文化は相互交流を通じて学習しそして肉付けされる．文化とその管理は，HRMの明白な姿を映し出す．トップによって説明された価値観は，人的資源について政策と実践を意味深く結びつける．このような観点から人に対する尊敬は，決定的なことである．何故なれば，尊敬なしに必要な忠誠心を作り上げることが可能なのであろうか？　誓約は相互過程でのものである．」として，企業・組織文化の重要性を強調している．企業文化の度合いは，戦略度合い軸と人間性重視度合い軸がつくる円弧の中点と原点と結んだ45度のHRM戦略の方向（ベクトル）をゼロ点とする．ゼロ位置を中心にして，企業戦略を重視する度合いの強い方向（左側），そして，この反対側に組織内での安定的協調性を重視する度合いの強い方向（右側）に分け，企業文化の特質をこの図では，2軸に限定して示している．個別企業のHRM戦略の方向は，企業，ビジネス・ユニットの置かれている環境状況に適合するように設定されるのである．ゼロ点から円弧上を左に向かえばより，ProactiveなDynamicな企業・事業戦略展開のための支援HRM戦略の特質が強くなる．これに対し，ゼロ点が，組織の安定性強化の軸の方法に向かうならば，HRM戦略ベクトルは安定と統合を狙いとする企業・組織特質を醸成するための方法論としての位置づけが強く出てくるのである．太いベクトルはHRMの戦略的方法（ベクトル）を決定すると同時にHRM諸機能の総合的システム化と企業戦略との統合を示している．当然のことながら企業戦略の方向は，長期的，かつ，コンティンジェントな環境適合を意味する．この部分については，次章「企業文化・経営環境とHRM」の図表Ⅲ-1「環境，企業文化とHRMとの関連概念モデル」の右後半部分に図示してある．企業，事業ごとのHRMサブ・システムは，上限（グローバル・スタンダードともされる普遍性の高い，いわゆる収斂化する特質方法を示す尺度の度合いをいう.）と下限（非グローバル・スタンダードであり，国の特殊性を強く受けた特質方向を示す尺度の度合いである.）の間で決まることにより，サブ・システムの特性が決定されると考えるのである．

例えば，雇用管理機能に例をとって説明すると，次のように雇用サブ・システムの特質を表現できる.

- ・戦略性の高い雇用政策をとるならば，core workerよりperipheral workerに重点を置き，SOHO（Small Office／Home Office）の就業形態，派遣社員の雇用などを採用の核システムにする.
- ・反対に組織の安定性に重点を置くならば，core worker，いわゆる総合職，一般職を正規学卒採用として雇用することを採用サブシステムの核とする.

上記の2つの対照的採用方針は，当該企業，ビジネス・ユニットの置かれている企業文化・環境によって定まってくるものであると主張したい.

この図表Ⅱ-3で能力開発機能がベクトルの右側にあり，雇用管理機能より小さな三角形で表現しているのは，この企業の能力開発機能の内容は，どちらからというと戦略的よりは，より組織間の協調性強化に置かれていることを示しているが雇用管理機能よりは，管理基準が低いことを三角形を小さくして表現している．賃金機能は戦略的で能力開発よりは，高い管理水準にあることを示している.

3　SHRM（Strategic Human Resource Management）展開の現状

HRMの戦略実践が具体的にどのように展開されているか，海外の事例と日本の事例について列挙する.

(1)　米国の事例[25)]

① AT＆T

規制解除という中で，AT＆Tは，すべての市場で強い競争関係にぶつかっている．競争に生き残るため，消費材事業はシンガポールへ海外生産として動いている．組織の合理化（スタッフのカット，管理階層を4段階に短縮，官僚制の廃止)，コスト管理と品質管理の徹底．HR計画は創造的変革を望んでいる．それは，リーダーシップに影響し，管理の変化が市場においても成功を収めるのである．トップ・ダウンの全社戦略がHRを強く刺激することによって，企業の競争性を強化する．1990年代のAT＆Tの

SHRMは，次の点に注力されている．

・リーダーシップ開発の促進を会社の事業変化の実践行動に集中させる．
・労働組合と新しい相互関係を作り上げる．これにより，品質の改善に結びつく創造的機会を探る．
・より多様化した働く場を築き上げ，働く者に多様化の中で競争利点を高める．
・人的資源の品質に注力する．
・国際経験を豊富にし，海外の人的資産を発展さす．
・より柔軟な報酬パッケージを用意し，異なる労働には異なる利益を給付する．
・核になるHRサービスを改善し，コスト効率をリエンジニアリングを行うことにより改善する．

② The U.S. Postal Service

企業文化の変化，参加経営，従業員の内部参加，経歴構築への注視，部下へのフィードバック，同僚同士の評価そして，新しい企業の価値システム確定などの種々のことが，10年前には見えなかったPostal Service の中に最優先に起きた．「企業文化の変化がわれわれの職場に起きている．」が，郵便総支配人Anthony Frankの言葉である．1990年代のSHRMは，次の3つである．

・職場環境の改善
・内部顧客に対するサービス改善
・HRの機能効率の改善

企業文化変化の主要な力点は，郵便労働環境に置かれた．このことが，参加経営と従業員，管理者，労働組合，経営者集団の同化を高めた．従業員関係／QWLの過程は，1982年から続いている．従業員たちが組織の成功を心から願うことができる環境を積極的に作るようにする．ワーク・チームや品質サークルが，文化形成の中心の流れになっている．

③ John Hancock

生命保険会社である当社は，「John Hancock をより敏感でやりがいのある働く場にする．」をHR戦略の目的にしている．会社は，従業員たちが仕事と家族との間の諸問題に関し必要なバランスをとれるよう環境と政策とを供給するよう努力する．家族のためのプログラムは，次のとおりである．

・従業員は，彼らの家の必要性に合うように日程を合わせる機会が与えられる．
・幼少，高年者の委託ケアや情報サービスは真に必要なときに家族に提供する．
・必要なとき自由に使える貸し出し勘定が，幼少・高齢者ケア費用として用意されている．
・無給休暇が，家族ケアのために用意されている．
・病気休暇が，家族用に用意されている．

④ Kaiser Permanente

カリフォルニアにある当社は，健康ケアを供給する企業である．事業拡張に応ずるHR計画を開発している．HR計画は，新設備がオープンする前の24から30カ月前に始まる．スタッフは，人事，ライン・マネジャー，その他によって編成され，必要な技能保持者の獲得を企業内外で探すことになっている．計画の中には，Kaiser Permanente学校での増加する教育システム，定員に満ちるのに大変な地域に対する積極的な教育投資，教育現場となる病院との提携そして高校の設立／専門学校卒業資格の取れるプログラムなどが用意されている．各新設設備の計画は，労働市場の状況に応じて，見直された上決定される．中央オフィスでのHRの新しい副社長の地位での仕事は，多地域を越えて調整をするようになっている．

(2)　日本の事例（実態）

わが国において，SHRMがどのような形で行われているか，以下，実施企業の実態を調べることによって考察する．

① 契約社員制度

契約社員制度の導入による労働力の社内流動化の促進が，多くの企業で採用されるようになってきた．契約社員制度導入率の推移を見ると1985年に8.4%が，1995年には，18.4%と高い率を示している[26]．契約社員は，期間の定めのある雇用形態であり個人別に企業と雇用契約を交わすフロー人材と考えられる．この点から終身雇用制の上に乗った固定的雇用から，より流動性の高い雇用管理への移行が現場企業において戦略的になされている．

② 社内人材公募制による組織活性化

効果的な人材発掘を狙って普及してきたこの制度は，事業発掘を狙った人材登用へと重点が移行していると見ることができる．

事業発掘型の特徴は，次の点にある．

・提案者による事業化運営

・トップ・マネジメント参加での審査と計画実施案の採用

・新会社への提案者の出資

人材発掘型の特徴は，次の点にある．

・仕事へのチャレンジによるモラール・アップ

・上長の権限範囲からの逸脱による人材発掘

以上のように，雇用管理に柔軟性を高めるため，社内人材の戦略的発掘を行うことにより，経済・経営環境に適応するための対策がとられている．

③ 組織のフラット化

意思決定の迅速化，市場動向への対応など環境の変化に即応するため，組織改革が4社に1社の割合でなされている[27]．こうした改革は，組織形態変化としては，部課制組織形態からチーム制・グループ制への移行として顕著である．組織の簡素化を行うことにより，意思決定の迅速な処理，優秀人材の多様的・流動的活用が可能になり組織の硬直化現象から脱する努力が行われている．

4　おわりに

HRM戦略の特徴は，現在の経営枠内で管理システムを改善し，これを効率的に運用することではなく，現在の枠をはずし，長期的観点に立ち，より広い視点から人的資源の未来のあり方を設計し，行動計画を立てることである．わが国のHRM戦略化の実態をみると，厳しい経営環境に影響され，受け身のSHRMとして変革対応しているのが一般的特徴ではなかろうか．もともと，

SHRMは，企業が主体的に計画・行動することが戦略要件であるので，現状の実態は真のSHRMとは言い難い．グローバル化，企業競争の激化など企業環境の多様化に対応するためには，企業外部との関係を視野に入れたHRMのネットワーク戦略も将来的な必要検討課題となる．企業内部の人的資源のみの改革では人的構造の戦略的革新を図ることは困難な面が多い．今後は，いわゆる内部資源活用のみでなく，外部資源を活用するといったような新しい視点に立ったSHRM戦略が望まれる．特に，外部とのシナジーを追求するために集団化システムをとること，すなわち，他企業との業務提携，協業化，系列化，合併・買収などの戦略手段をとることもSHRMの重要な機能となる．

【注】

1）L. F. Moore & P. D. Jennings (Eds.) (1995), "Human Resource Management in the United States", *Human Resource Management on the Pacific Rim*, New York: Walter de Gruyter, pp.317-326.
　上記頁につき，筆者が要点を注出した．

2）J. W. Hunt (1984), "The Drifting Focus of the Personnel Function", *Personnel Management*, February, pp.14-15.

3）E. McKenna and N. Beech (1995), *The Essence of Human Resource Management*, Hertfordshire, U.K.: Prentice Hall, pp.1-4 につき筆者が要点を注出した．

4）拙著『日本の労務管理』白桃書房，1987年，pp.3-4 に概念規定をしている．

5）石田英夫「日本型ヒューマン・リソース・マネジメント」『日本労働協会雑誌』第285号，1982年．

6）岩出　博『アメリカ労務管理論史』三嶺書房，1989年．
　同著『英国労務管理』有斐閣，1991年．

7）中井節雄「人的資源管理の生成と発展」『大阪商業大学論集第92号』1992年，大阪商業大学商経学会．

8）R. Pieper (ed.) (1990), *Human Resource Management : An International Comparison*, New York: Walter de Gruyter, pp.2-5.

9）J. Storey (1992), *Developments in the Management of Human Resources : An Analytical Review*, Oxford: Blackwell Business, pp.23-28.

10）D.E. Guest (1989), Personnel and HRM : can you tell the difference? *Personnel Management*, January, pp.48.-51.

11）M. Armstrong (1992), *Human Resource Management : Strategy & Action*, London, U.K.: Kogan Page Limited.

12）E. McKenna & N. Beech（1995）, *The Essence of Human Resource Management*, Hertfordshire, U.K.: Prentice Hall International（UK）Ltd.

13）P. B.Beaumont（1993）, *Human Resource Management : Key Concepts and Skills*, London, U.K. : SAGE Publications Ltd.

14）岩出　博著『アメリカ労務管理論史』三嶺書房，1993年，第二部第五章を参照のこと.

15）企業文化，経営理念，経営環境，経営戦略については，花岡共著『経営学総論』白桃書房，1990年，pp.39-44, pp.65-68を参照のこと.

16）加護野忠男「戦略の歴史に学ぶその定義と本質」『ダイヤモンド・ハーバード・ビジネス』1993年，3月号，ダイヤモンド社，p.59.

17）A.D.Chandler, Jr.（1962）, *Strategy and Structure－Chapters in the History of the Industrial Enterprise*, Cambridge: The MIT Press.

18）H.I. Ansoff（1988）, T*he New Corporate Sterategy*（*rev. ed.*）New York :John Wiley & Sons, Inc. pp.5-6.

19）*Ibid*., p.9.

20）同上書，黒田哲彦他訳『最新・戦略経営』産能大学出版部，1990年，pp.383-385.

21）M. E. Porter（1991）, From Competitive Advantage to Corporate Strategy in *Michel E. Porter on Competition and Strategy*, Boston , Massachusetts : Harvard Business School Press, pp.15-31.

22）M. E. Porter, *What is Strategy*「戦略の本質」『ダイヤモンド・ハーバード・ビジネス』3号，1997年，中辻萬治訳，pp.6-31.

23）花岡・向共著『戦略的企業行動』白桃書房，1977年，pp.82-113.

24）M. Beer, B.Spector, P.R. Lawrence, D.Q. Mills & R.E. Walton,（1984）*Managing Human Assets*, New York: The Free Press, pp.103-104.

25）J. Walker, *Human Resource Strategy*, New York : McGraw-Hill, pp. 64-68.

26）『労政時報』第3279号（96，11，8），p.3.

27）労務行政研究所で行った『人事労務管理諸制度実施状況調査（95年）』参照.

第Ⅲ章

企業文化・経営環境とHRM

企業文化，経営環境，そしてHRMシステムは，図表Ⅲ - 1のような関係にある．この図表で最も重要な部分は企業の最高意思決定過程とされる．①企業の目的，存在価値，②経営戦略，③HRM戦略の3つの企業の方向を決定する企業の基幹的意思決定部分である．そして，この企業の最高意思決定過程は，④企業文化によって基盤的に支えられ，強い影響力を受けている．図表Ⅲ-1は，このような①～④の戦略的構造部分が環境変化との関わり合いを保ちながらHRMシステム，HRMサブ・システムにそのときの状況に合わせて影響していることを示している．

1　企業の目的，存在価値

組織体としての経営システムが，ある目的を達成しようと活動するとき，組織の行動を独自の目的と目標に集中させることが必要である．この基本になる目的・方針が経営理念である．企業体における経営理念とは，目的達成にあたっての価値基準であって，その内容は，①企業の社会における存在を明らかにする「経営目的」と，②企業の性格づけと姿勢を明らかにする「基本方針」の2つによって構成される[1)]．

経営目的は，①企業の存続・成長，②企業の利益追求，③企業の社会的責任の3つにつき，社会システムのサブ・システムとしての企業の存在理由を明確にするものである．また，基本方針は，①企業の具体的な役割・使命，②企業成長に対する姿勢，③経営管理のルール，④環境構成メンバーなどへの対応などの点から，企業の性格づけと姿勢を明らかにするものである．

図表Ⅲ - 1　環境，企業文化とHRMとの関連概念モデル

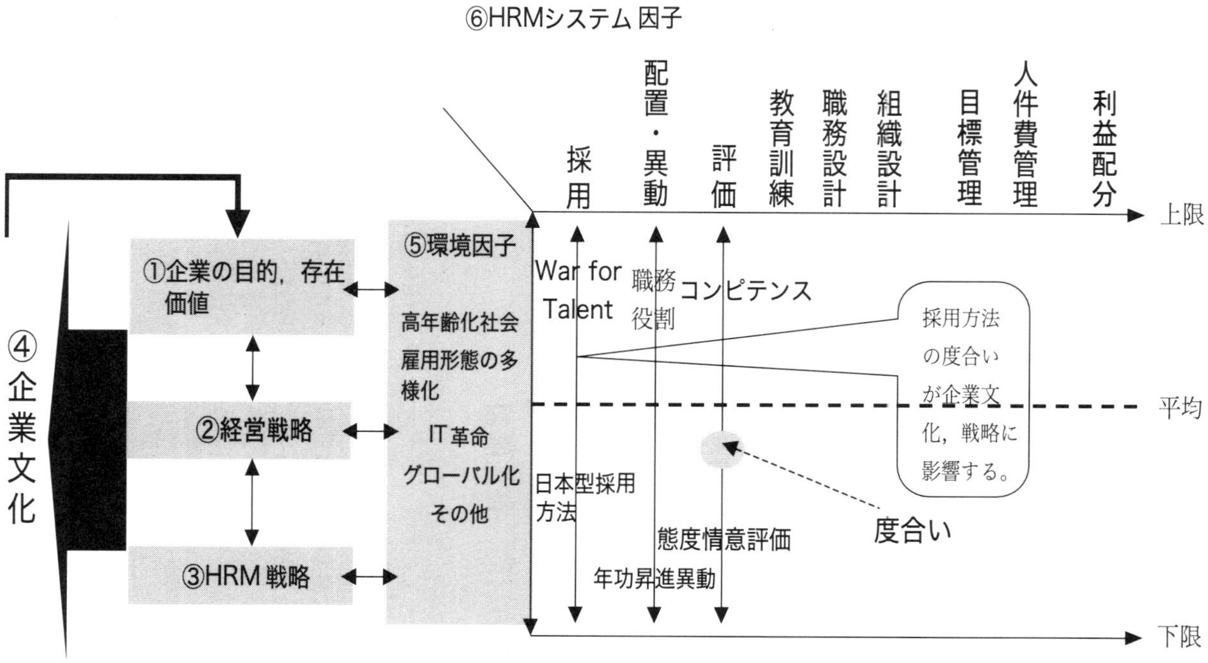

経営目的にあっては，企業の存続性，収益性，社会性の3つの要素につき，満足する目的の明確化を行わなければならないが，組織成員に対する働きがいの追求，生活の安定など，HRMの基本理念がこの3つの要素に関わっている．

基本方針にあっては，業績評価主義の徹底，コア・ワーカーに対する生涯雇用体制の維持，職能開発，コンピテンス開発の推進など，直接，HRMシステムに影響する基本方針が明らかにされることになる．

HRMの目的は，HRM戦略の策定･展開ならびに経営資源の1つである人間を有効に活用するためのHRMシステムを設計し，運営し，経営目的を達成することにあるとするならば，他の経営管理機能と異なり，個人としての意思，人格を持つ人間を管理対象とし，企業目的を達成する点に特異性がある．それゆえ，組織成員としての人間をどのように考えるか，といった人間についての基本理念によってHRMシステムの性格がかたちづくられるのである．特に，経営を人間の面から管理するだけに，他の経営管理機能の研究・開発，生産，販売および財務などから，HRMは，経営理念の影響を強く受けるともいえる．

この課題については，古い段階からその必要性が主張されていた．寺本・中西は，この企業の目的・存在価値をミッションとして取り上げ，組織成員を支えるミッションの重要性につき，指摘している．

まず，戦略的人事の中でミッションとビジョンが必要であるとし，次のように述べている[2)]．

「一つは企業のミッションという点である．2節のミッションは個人のミッション，あるいは部門のミッションという意味で用いたが，ここで言うのは会社のミッションである．それは一言でいえば，われわれは何のためにこの会社でやっているのかということである．高度成熟した工業社会を超え，知識社会へ向って企業が成長・発展するためには，自社のミッションが明確でなければならない．

ミッションを実現へと結びつけるためにクリアなビジョンが必要である．さらに，そのビジョンを具体的にするための戦略的な枠組み，あるいは方向付けが必要となる．」

そして，異能人材の必要性を強調する中で，ミッションの必要性を次に述べている[3)]．

「したがってさまざまな場面を通じて『ミッション』(mission) を明確にしておくことが不可欠である．企業の中での自分の目標，自分のミッションは何かを明確にしておかないと，極端に言えば暴走してしまう危険がある．こうした人材の暴走はミッションをきちんと明示しないから起こるのである．ここでいう目標とは，ミッションすなわち使命である．使命とは，文字どおり，命を使うということである．命を賭けてやることが，まさに使命なのである．この使命を先ず明確にしておくことが異能人材の方向設定につながる．」

この課題については，古い段階からその必要性が主張されていた．笛木正治は次のように述べ，経営理念の重要性につき強調している．「管理技術はこれに対応する経営理念の確立によってはじめて，その意義と効果を持つものであるといわなくてはならない．管理技術そのものが技術としていかなる目的にも仕えうることは事実であるが，その背景ないし基礎としての経営理念に対応しないとき，その意義も効果も十分ではありえないのである．……我が国の労務管理では，管理技術のみが重視され，その基礎にある経営理念ということが軽視或いは無視されてきた……」[4)]

笛木も，企業の方向性の指示ならびに人間に対する考え方の確立が管理技術に優先すべきである，としている．すなわち，HRMは，経営理念がどうあるかによって，その内容が決定されるのである．

2　経営戦略

「第Ⅱ章　労務管理から人的資源管理へ」3 (3)で記述している．

3　HRM戦略

「第Ⅱ章　労務管理から人的資源管理へ」3 (3)，4で記述している．

4　企業文化

企業が，他企業と競争し生き残っていくためには，企業独自の強さを保有しなければならない．すなわち，企業の個性の形成の問題となる．図表Ⅲ-5の第Ⅱ象限，企業文化の課題である．

大河内暁男は，『経営構想力』の中で，企業の総合力差異については，次のように述べている．

「企業経営体の行動の仕方は，同一業種，同一時点，同一地域の企業，つまり同じ経営環境のなかで行動する，経営条件が最も類似した企業の間においてさえ，少なからぬ差異がある．地域の隔たりを考慮するとこの差異がさらに複雑な様相を呈することは，すでに広く知られている事実であり，また，巨視的に見れば，企業経営行動のそうした地域的差異が，それぞれの地域の経済発展の過程に大きな影響を有し，そこに差異をもたらしている．また，時間概念を加えるならば，企業経営行動の差異について，二つの観点が持ちこまれることになる．その一つは，時間を隔てた場合に認められる経営行動の仕方の違いという，言わば静態的比較の観点である．これに対して，もう一つの観点は，言うなれば動態的比較の観点である．すなわち，ある一時点において存在した企業間の経営行動の差異が，その後個々の企業の歴史的展開の過程に大きな差異をもたらし，したがって逆に，ある一時点における企業の経営行動の差異は，過去におけるそれぞれの企業の経営行動の差異の歴史的展開としてもたらされたものだ，というものの見方である．」[5)]

ここでは，個別企業間の差異は，いわゆるコンティンジェンシー理論でいう“組織が異なる環境条件に効果的に対処するために，それぞれの環境条件のなかでどのような対処の違いを持たなければならないかということに，もっと光を当てようとする試み”を強調していると理解できる．また，大河内は同書の中で，企業文化形成を経営構想力の観点から，次のように企業者の経営構想力の役割を記述している．

「他方，経営構想力を無限の能力だという場合，その意味するところは，経営構想力が，現在の客観化されている経営条件と企業者の経験との上に立ちながら，既知ではない，かつて経験されたことのない，まったく新たな経営行為の形を創造しうる能力だということである．かかる経営構想力に導かれた企業の新たな経営行為の形は，旧来の慣行的な形から飛躍して，革新として登場し，経営環境の諸条件に影響を与えるのみか，時に，その発展傾向に方向規定的作用を及ぼしさえすることは，すでに歴史の示すところである．」[6)]とし，企業者能力による個別企業の戦略的企業文化形成を強調している．

また，ピーターとウォーターマンはその著『エクセレント・カンパニー』の中で企業の文化について，次のように記述している．

「超優良企業では，例外なく，その企業の文化が支配的で一貫している，という特徴が必ず見られる．そしてその文化が強いものであればあるほど，またそれが市場の方を向いていればいるほど，その企業では，方針の手引書，組織図，詳細な手順や規則といったものが必要でなくなる．……」[7)]

すなわち，どのような企業でも，その企業なりの文化が存在する．この文化は，企業が生存していくうえでの企業の論理にプラスする文化か，マイナスする文化かによって，発展段階にある企業か，衰退段階にある企業かの区分がなされる．ピーターとウォーターマンは，優れた企業は優れた文化を持っており，この文化が，経営組織に一貫した流れを醸し出しているといっているのである．

ここで文化についての概念規定を試みる．文化についてギアート・ホーフステッドは，次のように定義している[8)]．

「文化とは主としてシンボルを通じて習得され伝達される思考・感情・反応の形式である．文化は人間集団が作り出したすぐれた業績から構成されており，人間の手によって具体的な形を与えられたさまざまなものを含む．文化の中核は，伝統的（すなわち歴史的に継承された）観念と，とりわけこの伝統的観念に付随する価値からなりたっている．」

そして自己の定義を「1つの人間集団の成員を他の集団の成員から区別することができる人間心理の集合的プログラミング」としている．

また，ディールとケネディは，『コーポレート・カルチャーズ』の中で，企業文化の要素について，次の点を指摘している[9)]．

① 経営環境（Business Environment）

個々の企業は，製品，競争企業，顧客，技術，政府の影響などの要因によって市場でのあり方に差が出てくる．経営環境は，企業文化を形成する最も大きな影響要因である．

② 価値観（Values）

価値観は，組織の基本的考え方，信条であり，これによって企業文化の心ともいうべき中心を形成するものである．

③ 英雄（Heroes）

英雄たちの姿が，企業文化を擬人化し，この擬人化された文化が明確にわかるモデルとなって，組織成員がこれに従うことになる．強みの多い文化を持つ企業ほど多くの英雄を持っている．

④ 慣行と儀式（The Rites and Rituals）

日常，企業内で行われている仕事がきちんと計画的になされていることが，この慣行と儀式である．この慣行と儀式と呼んでいるものは，日常生活（仕事）の中で明らかにされているものであり，これによって組織成員が，どう振る舞ったらよいかの指針となるのである．

⑤ 組織網の文化（The Cultural Network）

組織におけるコミュニケーションの第1の手段として文化ネットワークは，企業価値観とかその企業の英雄に関する神話のはこびてとなる．

以上のピーターとウォーターマン，ディールとケネディの著『エクセレント・カンパニー』，『コーポレート・カルチャーズ』につき，志野は，次のように著述の中で述べている[10]．

「しかしながら，より企業文化のクリエイティブな側面を強調し始めたのは，『エクセレント・カンパニー』や『シンボリック・マネージャー』といった，企業文化の質的研究の数々であろう．

それは，企業内の様々なシンボル，例えば理念，英雄，儀礼や儀式，非公式の人間関係などの分析に焦点を当てている．これらの研究は，今となっては古典であり，的外れの部分もあるが，企業の創造的なシンボルの部分が，いかに企業の営みにとって重要であるかを認知させた点では，今なおその功績は大きい.」

そして，志野は，文化的要因を社会文化的要因と，企業文化的要因の2つに分け，いわゆる社会的文化要因とHRMとを結びつけた日本的経営文化論につき，次のように述べている．

「以上の様な，社会文化的要因とHRM慣行との関係は，イデオロギー論の趣があるのにも関わらず，支持され続けて来た．何故ならば，それは従来の日本的なHRM慣行を説明付けられる理論としては，最も説明力が高かったからである．

しかしながら現在，こうした社会文化的要因の説明力の低下が何故，生じるのかについて考えなければなるまい．その説は第一に，従業員の価値観の多様化によって社会文化的な価値観の影響力が低下したという考えである．しかしながら，この一般的によく言われる主張には，何の根拠も確かな証拠もない．第二に，社会文化が弱まるのは，歴史の必然であり，代わって新しい文化的価値に取って代わられるという考えである．

おそらく，その説が正しいのではないかと思われる．右肩上がりの成長の時期には，企業は個性など考える必要もなく，金太郎飴のような社会文化的な価値に流されていれば良かったであろうが，飽和状態になり，成長が滞ると，企業独自の文化を追求して，他社との差異化を計るのは自然の流れと思われる．満たされて，余裕が出来て始めて，自己実現を追及しようとするのは，人間も企業も同じなのではないだろうか．」[11)]

また，加護野は，組織文化と価値の共有について次のように述べている．

「組織文化の定義には二種類のものがある．一つは，目に見える行動様式や文化的な産物に注目した定義である．もう一つは，その背後にある観念に注目した定義である．観察可能性という観点からは前者が優れ，本来の意味での文化という観点からは，後者が優位を持っている．組織文化の研究者の間では，後者の立場が優位である．後者の立場からのさまざまな定義を総合すると，組織文化は『組織構成員によって共有された，価値，信念，規範のセット』ということになる．」[12)]

筆者は，加護野がいう組織文化は企業文化と同一の意味に解釈して差支えないと考えている．

そして，この「共有」につき，次のように記述している．

「人々はこのような制御原理をどのようにして習得し，共有するのだろうか．このような制御原理の獲得は，社会化のプロセスであるとみなせるだけでなく，技能の習得のプロセスと見ることも出来る．

以上の叙述をもとにすれば，人々に制御原理を習得させる重要な手段となっているのは，『しつけ』である．些細なことを口やかましく注意すること，技能を伝授する人の行動を観察させ，それを真似させることである．それを反復しているうちに『なぜか分からないが，いつの間にできてしまう』のである．」[13)]

彼は，むすびで「しつけ」につき，次のように結んでいる．

「欧米とくにアメリカの企業は，組織文化を浸透させるために，経営理念，企業ビジョン，行動規範を文書化し，それを社内のルールや行動規範として公式化している．

このような視点から見ると，組織文化を価値，信念，規範の集合体とみなすことにも意味はあるかもしれない．

アジアにおける松下電器は，これとは違った方法で組織文化の共有を図っていた．松下電器をはじめとした日本の企業でも，経営理念を文書化しているところが多い．しかし，日本の場合に，それが組織文化の共有の基本的な手段になっているとは考えにくい．松下電器では，「しつけ」ともいうべき方法が，組織文化の基本的な手段となっていた．このような意味での組織文化は，さまざまな状況で使うことができる行動のレパートリーとその使用を制御する原理とから構成されるものと考えた方がよいようである．」[14),15)]

企業文化（組織文化）の重要性については，誰も否定できない組織構成要素であろう．

「経営環境，企業文化，CI，VI，経営理念，経営戦略との関係は，図表Ⅲ - 2に示すとおりである．経営戦略は，経営システムの向う方向，すなわち，経営目的，経営基本方針に従い，戦略的企業行動を展開しているのである．そして，この経営理念は，前述のとおり，企業の持つ文化の影響を受けると同時に，企業文化に対する企業側の主体的な修正，すなわち，影響因子になっているのである．また，企業文化は外部環境からの影響を受けているのであるが，点線で示したごとく，企業文化が環境に働きかける作用もみ過ごせない現象である．また，経営戦略は，独立して存在するものではなく，経営理

図表Ⅲ-2　経営理念と経営戦略

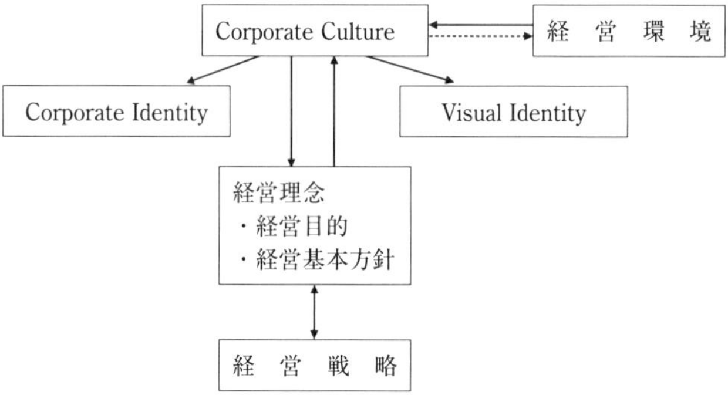

念等の上位システムとの相互依存関係にある.」[16]

企業文化は，個別企業が有している文化である．それは，個別企業の持つ価値観，基礎的特質であり，それが歴史的に形成され，次世代に継承される企業体質形成の核的要素であると理解できる.

とすると，経営理念は，企業文化の影響を受けると同時に，新しい企業文化形成の主たる影響要因であるといえる．この経営理念と関係する言葉にコーポレート・アイデンティティ（Corporate Identity）がある.

「CIが，日本の企業で騒がれ始めたのは1970年代に入ってからである．アイデンティティという意味は，（人物）の身元，素性，正体，独自性といった内容を示すものであり，よく使用されている言葉としてidentity card（身分証明書）などが知られている.

Corporate identityは，最初，VI（visual identity）とし，会社のロゴタイプ（logotype）いわゆる商標，意匠，あるいはシンボルマークといったデザインによる企業の視覚的イメージとして登場した．その後，企業の精神的アイデンティティ（mental identity）を強調することにより，VIプラスMIとし，これをCIというようになった.

以上のことについて，木下　昭は次のように述べている[17].

『80年代に入ると，CIはVI戦略（visual identity）から，さらにMI（mental identity）へと発展する．つまり，VIは企業の近代化，国際化のためのmake upないしはdress upであり，意識改革の表明であった．それ故に，真のCIの

図表Ⅲ-3　CIの構成図

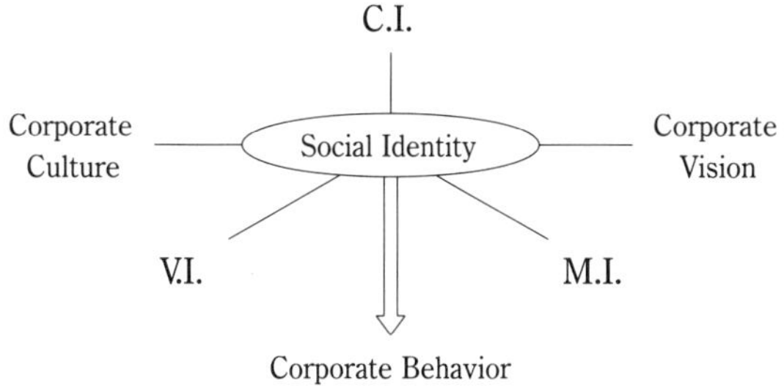

目的を達成するためには，新しい装いにふさわしい精神，体質づくりが必要となる．換言すれば，CIはVIとMIとのtotal conceptであり，それを実現させることによって，企業独自の企業文化corporate cultureを構築させることである（図表Ⅲ-2）．

それ故に，VIの導入に合わせて，多くの企業が，企業理念，組織，社規社則の改訂や，オフィスデザイン，ビジネス・フォーマットの合理化，集約化を実施している，QC運動や提案制度をMIの一環として位置づけ，社内的コンセンサスを図っている企業もある．

CIは，古くて新しいテーマである．かつての愛社精神，奉仕の精神が，集団に対する忠誠を強要したのに対して，CIは，個々の主体性を核として，自然発生的な合目的行動を期待するものである．そのための環境，イメージ造りがCI戦略なのである．』

CIは，企業のトータル・コンセプトを構築するための方法であるとすると，企業の方向性を決定していくものは，経営理念であるということができる．」[18)]

5　企業環境

企業経営と環境との関係を考えるとき，企業システムがオープン・システムである点に注視することが必要である．

オープン・システムは，そのシステムを取り囲む外界とシステムとが相互作用として影響し合うものである．企業もまた，オープン・システムであり，常に企業を取り囲む環境との関係にさらされている．一般的に経営環境とは，企業を取り囲む外界といわれているが，ここでは，次のように定義をしておく．

「あるシステムを明確にすること，すなわち，そのシステムとは何かを明らかにするには，システム自体の目的を明らかにし，システム本体とそのシステムを取り巻く周囲システムを区別しなければならない．この周囲システムを環境という．」

システム単体の周囲が環境である場合もあり，また，複数システムの複合体の周囲が環境である場合もある．1つの企業体をシステム単体と見ることもできるし，1つのビジネス・ユニットをシステム単体とみることもできる．このときのシステム単体の内部構造は，多くのサブ・システムによって構成されている．このような1つの組織内での相互関係による影響を内部環境(internal environment)[19] ということにする．

この内部環境に対し，企業システムの周囲システムは，外部環境（external environment）と区分する[20]．

(1)　内部環境

内部環境についての主要な環境因子の構成を考えてみると，次のように分類することができる．

図表Ⅲ - 4　内部環境因子構成

- 内部環境
  - 企業の価値観に基づく環境因子
    - ・統合機能を中心に形成される企業文化
  - 企業の経営管理システムの特質・水準に基づく環境因子
    - ・経営管理システムの質的レベルによる影響
    - ・経営管理システムの持つ企業特質
    - ・関連会社などの企業集団の構成組織の特質
  - 企業の人的関係に基づく環境因子
    - ・フォーマル，インフォーマルな人間関係

A　企業の価値観に基づく環境因子

各サブ・システムが必ず影響を受けるものとして次の機能がある．それは，企業システムの進むべき方向を決定する統合機能の働きによって形成される経営政策，経営戦略，経営組織，経営計画，対境関係などの諸機能である．これらの統合機能サブ・システムは，企業システムの方向，企業風土，企業文化といったいわゆる個別企業の価値観の形成に影響を与える機能である．統合機能は，他のサブ・システムを引っ張る役割をしているものであり，この点からいって，他のサブ・システムに影響を与えている環境因子でもある．例えば，トヨタ自動車工業の経営理念であるトヨタイズムは，その1つとして「研究と創造」「時流に先んずる」という心構えの精神が技術的な精神支柱となっている[21)]．

トヨタイズムが，オール・トヨタの傘下企業の経営理念に「研究と創造」重視の基本方針を産み出し植え付け，研究，創造中心の経営戦略計画が展開されているのである．

この企業の価値観は，企業文化，組織文化としても説明できる．最近，特にコーポレート・カルチャー（corporate culture）とか，組織文化（organization culture）といわれている概念もまた，統合機能により形成される企業価値観でもある．

B　企業の経営管理システムの特質・水準に基づく環境因子

直接活動サブ・システム，間接活動サブ・システムとしての，各管理サブ・システムの持つ特質と水準によって組織文化が形成されるのである．逆にいえば，組織文化の特質により経営管理システムの特質とレベルが定まってくるともいえる．

例えば，経営の方針で，従業員の能力開発に重点をおくことを示している企業では，HRMシステムのサブ・システムである能力開発関連の管理システムの充実を図る努力がなされているといった具合である．

また，今日のごとく，1つの企業の企業努力では発展に限界が出るような時代では，いくつかの企業の集団化による協力が大切になっている．多くの企業がグループ化を図り，分業による分担と協業による相乗効果（synergy,シナジー）の追求がなされている．この集団化のケースでも，グループ内での相互影響力が，大きな環境因子として働くのである．

C　企業の人的関係に基づく環境因子

いく人かの人間が集まってできる組織では，人と人との関係が生じている．人間関係は人間の感情や態度が，組織の中でつくられる状況の関係をいうのであるが，公式あるいは非公式に持たれる人間関係が，他のシステムに与える影響力も環境因子の働きによるものである．例えば，フォーマルな人間関係（human relations）についてみれば，部，課の持つ人的雰囲気が，管理システム運営によい結果をもたらすといった現象もそうである．また，インフォーマルな関係，例えば，飲み友達，趣味友達……等での人間関係が管理システムに与える影響も環境因子のもたらすものである．

また，今日のように情報ネットワークの発達した段階では，SOHO（Small Office / Home Office）の増加，インターネットによるコミュニケーションは，人の面対面の人間関係が欠落することになり，これが管理システムに与える影響は大きい．

(2)　外部環境

企業システムに影響を及ぼす外部の影響因子を外部環境という．この外部環境について企業が一層重視しなければならない大きな理由が生じている．それは，次のような4つの特質傾向が強くなってきており，環境要因に大きな影響因子となっている．

① 環境変化のスピードの加速化

② 環境変化の方向，内容の多様化

③ 環境変化の不連続的変化

④ 環境変化の連鎖化

外部環境要因は，無数の要因が企業環境に影響を与えているが，企業のHRMにとって次の4つの主要因を，日本のHRへの外部環境要因として掲げることができる．

① 雇用形態の多様化

② IT革命

③ グローバル化

④ 高年齢化社会

以下，それぞれにつき，各要因の特質と経営に与える影響につき記述する．

① 雇用形態の多様化（Workforce Diversity）

（特質）	（対応）
◎PeripheralとCore Worker	
・Peripheral労働者の増加	・企業文化の役割に多様化因子が組織の中でよい関係が保てるよう配慮する．
・仕事の進め方，仕事への考え方が多様化してくる．	・それぞれの個性的グループに合わせた管理システムを設計する．
・個人個人の企業への参加度，組織との関係が複雑化する．	・組織の使命，目標を明示し組織活動全体を戦略的に統合化する． ・組織の柔軟化，ネットワーキングにより組織活動のダイナミックさを保持する．
◎男女，少数派問題	
・日本社会での女性の地位の向上 ・企業での女性の地位，専門職業経歴の高度化 ・男女雇用均等法，労働者派遣法などの労働関係法の整備，施行	・男女差のない仕事への対応，システムの実施
・トップ・マネジメント，経営側からの積極的な外国人等少数派労働者への優遇政策導入	・環境変化に対応できるよう組織成員の職能開発を積極化する．

（コメント）

・多様的価値観の保有者の組織の中での協働が高まる．

・外部労働市場でのエンプロイアビリティを高める自己責任の認識が必要になる．

・労働の形態は単純でなく，そこで働く個人も複雑である．しかし，企業文化の魅力は，組織成員全員の個性を1つの方向に向かわせる．

② IT革命

（特質）	（対応）
◎従業員側	
・個人の保有能力の強化	・1つの組織内だけの能力開発でなく境界のない組織での訓練とネットワーキング訓練
・個人は1つの仕事のみにしばられず，いくつかの仕事に関係する．	・自立性尊重のボーダーレス・キャリア開発と相談制度
・創造性の強化	・創造性開発
◎労働市場	
・労働市場の公開	・契約中心雇用
・War for talentとしての労働者は，外部労働市場で自由な労働契約	・労働市場ベース報酬制度
・アウトソーシングの増加	・アウトソーシングのためのQC強化
・労働の流動化と内部労働市場活性化	・キャリア開発の促進
◎労働条件と組織	
・SOHO，移動オフィス，テレワーキングなど働く場所の多様化	・人間関係を円滑化するためのミーティング
・労働条件選択の自由の広がり	・テレワーキング，SOHOなどの労働環境下での意思決定方法の構築
・組織のフラット化と個人のコミュニケーションの直接化	・新しいコミュニケーション・システムづくり―直接苦情処理，スキップ・コミュニケーション，フラット組織コミュニケーション
・コミュニケーション方法の複雑化，例えば英語と日本語とのミックス	・役割中心の仕事管理，コンピテンシー・マネジメントの導入 ・英語の共通語化

（コメント）

・ITは単なるコミュニケーションの手段である．どのように情報技術のスピード化，情報伝達の手段が進んでも，情報の理解は受信者の人間が行う．人間対人間の情報伝達の大切さは，ますます重要視しなければならない．
・IT化の進展は，発信者と受信者の距離を無にしてしまう．同一組織で働くという観念が1つの場所の内で働くだけでなく，距離の遠い人たちとのグループ化が大切．
・ITは，単なる情報の伝達手段である．価値ある情報は，思考と創造の中から生まれることを忘れてはならない．

③ グローバル化

（特質）	（対応）
◎グローバルな競争	
・コスト・業績主義の強化	・業績に対応したインセンティブ，年俸，コンピテンス報酬システム
・人的資本への投資と積極的創造性による競争性の増大	・競争性強化のためHRMの評価システムは，業績と能力開発目的にシフトする必要あり．
◎グローバル・スタンダード ・財務，マーケティング，HRMなど管理機能のグローバル・スタンダードへのシフト	・職能分類制度は，コンピテンス，役割基準の分類制度へグローバル・スタンダード化 ・母国主義ベースの管理システムは，グローバル基準移行
◎合併・買収戦略的連繋	
・異なる企業経営システム，企業文化の融和	・合併買収計画の中に傘下企業のHRMのソフトとして打ち合わせ検討会議を，そして国と国の間の相互関係円滑のための教育訓練
◎グローバルな共通性	
・コミュニケーションのグローバル化，そして文化シナジーの追求	・新しい訓練方法の開発と文化シナジー追求のコミュニケーション

◎グローバル労働力

・外国労働力の増加

・他の文化への理解度を高めるため，グローバル組織メンバー相互の交流

・世界レベルでのタレント獲得

（コメント）

・グローバリゼーションは，経営管理システムの世界レベルの普遍化，共通化ではなく，個性ある企業文化の地球規模への発信

・民族意識の払拭と，人間は共通性の高い特質を共有できるという意識の深化

・国，民族の固有文化を尊重し，相互に受容し合うことがグローバライザーの必要条件

④ 高年齢化社会

（特質）	（対応）
◎労働市場	
・若年齢労働力の相対的不足	・若年齢労働力の中途採用
・高年齢労働力の相対的過剰	・高年齢者用職務の開発
・企業競争力強化のための高年齢者の労働コストのより柔軟化の必要性大	・報酬システムの改善
・高年齢者の報酬水準の低下の必要性大	・報酬システム・支払水準の改革
◎労働への適応	
・若年齢労働力の安定生涯雇用からパート，フリーター労働への傾斜	・Peripheral workerとCore workerのミックスィング
・高年齢者は，定年制を超えて労働したい希望を有する．	・特別な雇用延長システムの導入 ・個人別自由な退職選択
・高年齢者は，挑戦的，創造的仕事を望んでいる．	・職務充実により，創造的仕事を増やす． ・ベンチャービジネスが，退職者雇

用を行う.

◎価値観

・若年齢層はより自由度の高い仕事，私生活の自由さを望む.	・経営管理システムは，個人価値観重視
・若年齢層のライフスタイルの多様化が進む.	・労働条件は，個人のライフスタイルに合うようにする.
・高年齢層は，生きがいの1つに仕事を位置づけている.	・ライフプラン，キャリアプランの設計導入
・高・若年齢ともボランティア精神が増す.	・企業のボランティア援助組織の設置

（コメント）

・高年齢者は能力が低いわけでなく，担当する職務の要求能力水準と高年齢者の能力とのギャップが大きいだけである．適性の位置を考える必要性が大になる.

・職務遂行実績に見合った処遇システムにすれば，高年齢者も貴重な労働力となる.

・労働に定年はない．働く意欲と適職を選択すれば，高年齢者個々人向きのエンプロイアビリティがある.

(3)　環境，企業文化とHRM

環境ならびに企業文化がHRMシステムとどのような関わり合いにあるのかは，企業経営にとっては最重要な管理点である.

経営環境，企業文化とHRMシステムの関連をモデル化すると前出の図表Ⅲ‐1を作図することができる.

この図表は，2つの部分によって構成されている．①企業目的，存在価値から⑤環境因子までが1つの群であり，この前半部分は，本項の主題であり，以下の図表Ⅲ‐5によって説明される.

また，図表Ⅲ‐1の後半部分の内部環境因子であるHRMシステム因子は，HRMサブ・システムの構成とそれぞれのサブ・システムの特性が上限（グローバル・スタンダードともされる普遍性の高い，いわゆる収斂化する特質方向を示す尺度の度合いをいう.）と下限（非グローバル・スタンダードであり，国の特殊性を強く受けた特質方向を示す尺度の度合いである.）の間で決まる.平均値は，上限と下限の中心として考える尺度の度合いである.

例えば，採用方法が，新規学卒・終身雇用（コア・ワーカー）中心の採用方法であれば，下限に近い度合いの採用特質であると評価される．これに対し，IT革命に対応するためのITスタッフを外部から中途採用する採用方法（war for talentといわれ，huntingにより適材を確保する採用方法であり，労働市場は，世界的労働市場となる.）であれば，上限に近い度合いの採用特質であると評価される．このように，⑥HRMシステム因子は，①～⑤の前頭部のHRMシステムの影響を受けることにより，各サブ・システムの特質が決定され，サブ・システム群が統合的バランスをとることにより，HRMの管理システムが，状況適合的に環境に最適のサブ・システム群を構成することになる.

(4) 企業文化と経営環境変化とHRMとの関連概念モデルの検討

図表Ⅲ - 1の①～⑤の前半部分を図表Ⅲ - 5「企業文化とHRMとの関連概念モデル」として，4つの象限に分けて説明する.

独自性と従属性を縦軸に，収斂化と分散化を横軸にとると第Ⅰ象限から第Ⅳ象限まで4つのスペースに区分することができる.

① 第Ⅱ象限

この象限は，企業文化の独自性度，分散化度を表している場である．ここで，モデルとして例示しているA社，B社，C社の二等辺三角形は，三角形が大きい程その企業の企業文化の特質が個性的である度合いを示している．A社のほうが，B社，C社より企業文化特性が強いことを表している.

企業の独自性・分散度を強くするような企業文化の形成が，その企業のHRMシステムの進むべき方向（ベクトル）を決定する一変数となる.

② 第Ⅳ象限

この象限は，経営環境への適応度を表しており，環境への適応が強ければ，各企業の環境適応は収斂化の方向をとっているといえる．また，環境への適応度が高いということは，環境への従属性が高いということをも意味してい

図表Ⅲ-5　企業文化と経営環境変化とHRMとの関連概念モデル

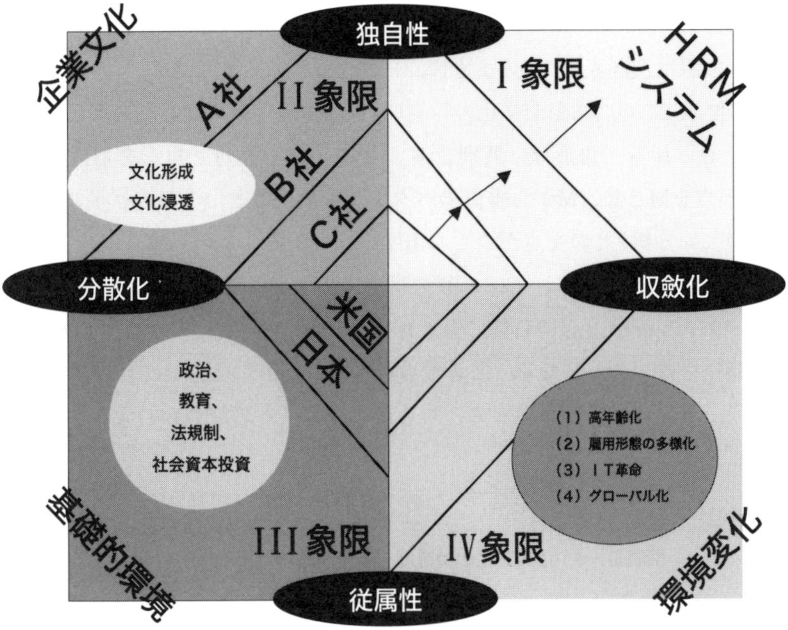

るといえる．第Ⅱ象限と同じように，A社，B社，C社の二等辺三角形によって同じことが示される．

③ 第Ⅲ象限

この象限は，国別の基礎的環境要因の特質の度合いを示す象限である．例えば，政治，教育，宗教，法規制，社会資本投資度など企業が属する国の諸状況は，企業にとって避けることのできない環境因子となる．横軸の分散化度は，これが大きければ，この象限の環境因子から企業が受ける影響度は大きくなる．縦軸の従属性は，各企業が，国の保持する環境因子から逃れられない度合いを示している．この象限で作成される三角形が大きい国ほど企業経営と環境との関係では，自由度が低く，企業の自由な活動が阻害されていることを示している．グローバル化の中では，最も強くWTO（World Trade

Organization）などから圧力のかかる象限である．

④ 第Ⅰ象限

第Ⅰ象限は，図表Ⅲ - 6のように詳細図を示すことができる．

この図表で，Q点は企業文化の特質度，P点は経営環境適応度を表している．OPQで造られる三角形は，個別企業ごとに異なる直角三角形を形成する．PQの中点をMとし，Mから垂直のベクトルmをとると，このベクトルmと$\angle$QOPの二等分線lとの交点がつくる角度をθとする．

この場合，理論的には，OQ＝OPの場合，θはゼロ度となる．OQ＞OPの場合はベクトルmは，l線の右側に偏りを持つ，逆にOP＞OQのときは，mはlの左に偏りを持つことになる．この双方の偏りは，θの大きさで，企業文化の個性度，環境適応への対応度のどちらかにウエイトの度合いの大きさを表している．

なお，このベクトルの中は，1つの企業体全部を一組織体として示してい

図表Ⅲ - 6　企業文化の特質度・環境適応度とHRMベクトル

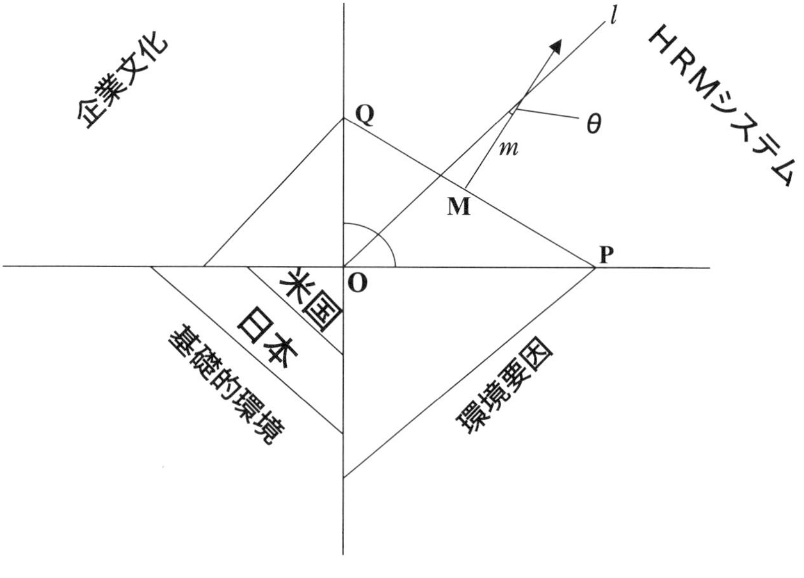

る場合もあるが，今日のように，1つの企業が複数多様化した事業体（business unit）によって，事業体の数だけのベクトルもしくは複数ベクトルの総和としてベクトルが構成されていることに注意しなければならない．このことは，ビジネス・ユニットごとに，企業文化と環境適応度は異なり，個別企業のベクトルは，こうした異なる特質を持つビジネス・ユニットの統合ベクトルなのである．

この両軸のバランスは，θがゼロのときが良いのか，どちらが大きいほうが良いのかなど，今後の実証研究が待たれる課題である．筆者の現在での理解は，両軸のバランスは，個別企業，ビジネス・ユニットごとの状況によって，異なる最適バランスが存在するのではないかと考えられる．

【注】

1）向摯・花岡正夫共著『戦略的企業行動』白桃書房，昭和52年，p.268参照．
2）寺本・中西共著『知識社会構築と人材革新』日科技連，2000年，p.121から一部引用．
3）同上書，p.115から一部引用．
4）笛木正治著『労務管理』同文舘出版，昭和45年，p.11から一部引用．
5）大河内暁男著『経営構想力』東京大学出版会，1979年，p.3から引用．
6）同上書，p.39.
7）Thomas J. Peters and Robert H. Waterman, Jr., *In Search of Excellence*, Harper & Row, Publishers, Inc., 1982, pp.75-76. 大前研一訳『エクセレント・カンパニー』講談社，p.142.
8）ギアート･ホーフステッド著，萬成博他訳『経営文化の国際比較』産能大出版部，1984年，p.12.
9）Terrence E. Deal and Allen A. Kennedy, *Corporate Cultures*, Addison-Wesley Publishing Co., Inc., 1982, pp.13-14.
10）志野澄人「コーポレートカルチャーと人的資源管理慣行」『三田商学研究』第39巻第5号，1996年，p.90.
11）同上論文，p.94から引用．
12）加護野忠男「日本企業における組織文化と価値の共有について」『組織科学』Vol.31 No.2, p.4.
13）同上，p.10.
14）同上，p.10.
15）組織文化の研究文献は，数多くのものが出版されつつある．河野豊弘・S.R.クレグは，訳書『経営戦略と企業文化』白桃書房，1999年で実態調査による国際比較を行っている．この本の最初に，企業文化について，次のような書き出しで始めている．

「われわれが『企業文化』という用語を用いるとき，一体，何について考えているのだろうか．本書では企業文化を，企業に参加する人々に共有されている価値観と，共通の（基本的仮定をふくむ）考え方，意思決定の仕方，および目に見える行動パターンの総和として概念化している．これらはそれぞれ，関係性と依存性と通じて組織化される社会のリアリティに関連している．共有された価値観はグループのもつ暗黙的な欲求或いは欲望であり，どのような意思決定や行動が望ましく，また望ましくないかを左右する．意思決定パターンは，情報の収集や伝達，アイデアの表現や評価の仕方を形つくる．上下間のパワーの隔たりは，コミュニケーションやアイデアの提案のパターンを形成する.」

この本の目的は，「どのようにして，企業文化を活性化するか」という点に目的を置き，実態分析に基づき理論構築する点を特徴とするとされている．

また，Neal M. Ash Kanasy, *et. al.*, edit. *Handbook of Organizational Culture & Climate*, Sage Publications, Inc.の中には，組織文化の測定など多くの論文を編集してあり，これからの企業（組織）文化の研究が多くの課題を抱えており，研究の継続が待たれている．

16）花岡・丸山『経営学総論』白桃書房，1990年，p.68.

17）木下　昭稿「コーポレート・アイデンティティ（C.I.）の現代的意義」『労働問題研究』第28号，近畿大学労働問題研究所刊，1988年，pp.91-92.

18）前掲，花岡・丸山『経営学総論』pp.67-68.

19）この内部環境internal environmentにつき，M. Armstrong（1999）のp.18でenvironmental factorsをinternalとexternalに区分し，組織効率は，組織内部の環境の中で，種々なシステムの多様な部分を統合化することにより，投入から産出への過程を経て得られる．もちろんこれは，外部環境へ適応をすることによって得られるとしている．

そして，internal environmentにつき，work groupが組織化され，生起するところでの相互過程としての社会システム（social system）を含むと同時に，製品やサービスを顧客に送り込む組織での活動，すなわち，技術システム（technical system）の2つを含んでいるとしている．

20）前掲M. Armstrongは，external environmentにつき，国内，ヨーロッパ，グローバルな中での競争による組織への影響としている．組織は，経済，社会の流れ，新技術の開発や政府の規制によって影響を受ける．外的環境因子は，常に変化し荒れ狂い，どちらかというと無秩序（chaotic）であると述べている．

21）佐藤義信著『トヨタグループの戦略と実証分析』白桃書房，1988年，第2章参照.

第Ⅳ章
多様化（Diversity）とHRM

はじめに

Diversityという言葉は，経営学の中ではいろいろな意味に使われている．多角化という使い方では，多種な事業への展開として，また，多様性という使い方では組織の多様性として，組織形態の多様化として研究もされている[1)]．異質性という意味では，独創性と異質性との関係を研究した論文などが発表されている[2)]．Diversityを多様性として使うか，異質性として使うか，英語からの訳は難しさがある．本書ではこの言葉の意味に加え経営の中で複雑性を抱えたDiversityを研究対象にしている．すなわち，Diversityを異質性という内容だけで概念規定をすることは，不十分であると思量する．その大きな理由は異質性が多様的であり，かつ，複雑性を含んだ内容になっているからである．異質性が複雑多岐な内容を含んでいるということは，異質性には，平等（equality），公平（fairness），公正（justice）といった管理要素をどのように扱うかという課題が避けることのできない管理点となっているからである．

本項では，このようなDiversityの概念規定を目的とすると同時に，Diversityの研究がわが国において今後どのようにあるべきか，特にHRMとの関係では，どのように研究目的・計画を考えるべきなのかについて考察する．そのためには，欧米においてDiversity研究がどのようになされ，また，いかなる状態にあるのかについて明らかにすることが有効である．

1　Diversity研究の足跡（欧米）

Joy Leach, *et al.* [3)] は，Diversity研究を4つの時代別特徴として，次のようにまとめている．

①1950年代の市民法（Civil Right Act）に基づく動きとして，1960年代に，実質的なパラダイム変化が起きた．1960年代に，社会，道徳の問題は，社会における最前線の問題になった．政治の公権を奪われている人々のグループ，特にアフリカ系アメリカ人や女性が社会制度に対し反対の声を上げ始めた．不信と怒りが，教育制度，家庭，組織，街々に現れた．Minorityの人々や女性は，支配されている文化によって押さえ込まれていることに反対することによって，自分たちのアイデンティティを探り始めた．1964年の市民法通過の結果，組織は，より多くの少数派や女性を採用し始め，EEO（Equal Employment Opportunity Low, 雇用機会均等法）が強調され，組織は，公平，公正について一層注目せざるを得ないようになった．より不平や反乱を避けようとして，「公平」な扱いは，人々を平等に扱うという意味に重点が置かれることとなった．

②1970年代は，Affirmative Action Act（雇用促進法）の時代であった．雇用機会の平等は，ただ単に人事問題だけでなく企業に積極性を呼び起こした．「逆差別」（差別取り消し）と同じように人種，性の差別の論争は法廷に持ち込まれた．組織は，過去と現在の不公正さに関する危機感を感じ始めた．多くの労働者は，もっと公正な処遇を望みたがり，そして，その逆に報復に恐れをなしていたという二面性を現していた．対立化は，法廷か，労働の場で，「差別」について何がなされ何がなされていないかを明確にするような行為として特徴づけられる．多くの人々が，他のグループとの相互関係に大きな注意を払う必要性を感じている時代であった．

③1980年代には，女性と少数派は，会社や組織の中に包括されるように種々の試みが為されている．アメリカの企業文化は，伝統的に白人によって発展され形成されてきた．そして，多くの女性と多様化したグループは，労働市場に入ったとき,この文化に同化し，適用しようとしていた．多くの

人々が，白人男性社会のイメージや価値観に次第に順応したともいえる．この適応は，非常に狭い限定された受容できる範囲のなかで行われていた．こうした適応努力をすることによって，女性と少数派の人々は，白人のビジネス・モデルをより強くすることになった．1960年代から1980年代の間において，管理職たちは，人々は男女，人種，文化などの点について違いがなく同じであると教えられていた．管理職で「差が見えない目がね」を付けているものは，人々を同じとして扱うことによって，仕事の成功と報酬を得ることになっていたともいうことができる．

④1990年代には，すべての差異を知覚し評価することは，当然のこととされている．このような状況は，組織における管理者の役割として，彼らの責任は広げられている．管理者たちには，すべての従業員が良く機能できる仕事をする場としての環境を創造し，かつ，組織システムの中で変化をしつつある労働力に対してどのように対処するかといった行動をとることが要求されている．管理者と従業員たちは，何でも真実を見つめなければならない状況に置かれ，相違点について認め，そして話し合い，Diversityのもたらす利点を利用することである．

2　Diversityの概念

Diversityとは，どのような意味内容であるのかを明らかにすることが，Diversity研究にとって必要なことである．本項では，この概念規定について外国での先行研究者の定義づけにつき検討し，本書での概念を規定することにする．

① R. Roosevelt Thomas, Jr.[4)]

彼は，次のように概念について記述している．

・Diversityは「差異」とは同意語ではなく，「差異」と「同質」との双方を含んだ言葉である．それゆえ，Diversityを管理職が管理するときには，差異あるいは同質のどちらかを扱うのではなく，同時に両方を扱うことになる．

・Diversityの検討は，人種，男女，性的指向，ならびに生産ライン，年齢，機能の専門性などの課題としての種類に限定すべきである．この限定を間違えるとまったく異なった議論になってしまう．いろいろいわれてはいるが，ごく基本的なセンスでは，Diversityは，自動的に「人種と男女について」を意味してはいない．

・Diversityは，与えられた種類に従い異質性と同質性の全体の混成として紹介されている．管理職が処理しているDiversityは，それゆえ，集合的混合に焦点を合わせている．例えば，管理者が取り扱っているDiversityは，黒人，白人，ヒスパニック，あるいは，アジア系アメリカ人等ではなく，それらの集合的混成なのである．

Rooseveltの強調していることは，Diversityの問題を考えるとき狭い範囲内に限定してものを処理すべきでないとしている．例えば，人種の問題を処理するときは，黒人問題のみに焦点を当てるのではなく，すべての人種に目を向けなければならないということである．男女問題，年齢問題についても同じであり，男女両性，すべての年齢層を対象にするということである．

② Rose Mary Wentling & Nilda Palma-Rivas[5)]

彼らは，共同研究の報告書の中で，Diversityの定義につき次のように記述している．

狭義の定義はEEO法を反映しがちであり，人種，男女，民族，年齢，国籍，宗教，障害に関するものである．

広義の定義は，性的傾向と指向，価値観，性格特性，教育，言語，肉体的特質，婚姻状態，ライフ・スタイル，信仰，出身地，背景特質，組織での在職期間，経済的地位に関するものである．この報告書の中で，Hayles[6)] の「我々が異なるものに対するあらゆる方法」といった定義を取り上げ，またASTD[7)] のいう，「diversity概念は，伝統的に皆が考えている人種，男女，障害のようなことに限定されるものではない.」についても，引用している．また，A. M. Morrison, L. B. Griggs, K. Tomervikの概念規定についても，彼らの報告書の中でも引用し，次のような特徴点を記述している．

A. M. Morrison[8)] は，4つのレベルにDiversityを分類している．①人種／

民族／性のバランス，②他の文化の理解，③文化的分散の価値観，④文化，下位の文化，個人等を広く含んだもの．

L. B. Griggs[9] は，Diversityを2つの次元に分類している．こうした人間の差異は，生まれつきかそうでないかは別として，初期の社会化に重要なインパクトを与えており，その後も人生を通じて影響し続けている．1次元には6つが含まれる．①年齢，②民族，③男女，④身体的特質，⑤人種，⑥性的特性．この6つは，変えることのできないものであるとし，これらは，われわれの基本的自己イメージを形成し，われわれが世の中をどのように見ていくかに大きく影響しているとしている．2次元のDiversityの構成要素は変えることができ，特に制限がないが，教育背景，出身地域，地位，収入，結婚の状態，軍隊経験，親の身分，宗教，職業経歴 などが含まれる．

K. Tomervik[10] は，Diversityの定義を4つに区分し説明している．①Diversity概念は，労働力の広い範囲の差異を含んでいる．それらは，年齢，障害，教育水準，民族，家族構成，何をしているか，地理的位置，人種，宗教，性的指向，スタイル，価値観など広いすべてを含んでいる．②Diversityの意味的様相は，個人と組織にどのように影響を与えるかにある．③広い定義は，組織の中での文化の変化をもたらすものであり，マネジメント・スタイル，HRシステム，ものの考え方，アプローチなどが含まれる．④Diversity概念についてコミュニケートすることに力点が置かれ，人種，男女，Affirmative Action，EEO等についての理解である．

K. TomervikはDiversityについて，これが普遍化した定義であるというようなものはないとしている．

⑤ J. R. Norton & R. E. Fox[11]

彼らの主張は，組織変化と従業員Diversityは固く結びついてはいるが，この2つは今日のようにスピードの速い経済下では，めったに統合化されない要素であるとしている（organizational plurality）．organizational pluralityは，Diversityが組織の4つの機能レベルで演じる役割を調べることによって明らかにすることができる．これらの4つのレベルは階層化されたものであり，次の4つである．

① 文化（使命，目標）

② 構造（システムズ，政策，実践）

③ 役割と責任（個人とチーム・メンバー）

④ 仕事に関する技術（個人間のレベルと個人と組織間のもの）

organizational pluralityは，環境を創造する働きをしている．この中では，各メンバーは組織に参加する権限を与えられており（empowered），これにより組織の目標を達成する働きをする．メンバーは特別のアイデンティティ・グループの一員として行動すると同時に，個人としての方向づけをしたりしている．

以上述べた幾人かの先見研究を参考にしDiversityの概念につきまとめてみると，次のとおりである．

「Diversityは，①差異あるいは同質のどちらかを扱うのではなく，同時に双方を扱うものである．②変えることのできない要素，年齢，民族，男女，身体的特質，人種，性的特性などは，狭義，或いは伝統的概念となる．③変えることができる要素，教育背景，出身地域，地位，収入，職業経歴，勤続年数，価値観，性格特性，ライフ・スタイル，経済的地位など，その時の状況に応じて対象となる要素が変わる広い概念となる．④組織変化と従業員Diversityは相互関係にありDiversityは，組織の中で個人と，組織の文化に何らかの影響力を与えるものである．」

3　DiversityとHRM

なぜDiversityが問題になり，経営学の中でも研究課題としなければならないのであろうか．組織構成要素の異質性が高いとされる欧米にあって，この課題が注視されてきたことは当然のことといえる．Taylor Cox, Jr.[12]は，1990年代に組織労動力と文化の異質性の度合いに関して幾つかの注目が集まったとしている．第一に，世界の国々の労働力はよりますます男女問題，人種問題，国籍などのレベルで多様化してきている．例えば，1990年代に米国の労働力として加わった45%は，大まかにいって非白人であり，3分の2が女性である．このような傾向は，米国のみでなく他国でも同じである．例えば，オランダ人口の5%，フランス人口の8−10%が少数民族で構成されている．

イタリア，ドイツでは，労働者の非白人化が目立っている．それ以上に，次の10年間に女性労働の増加は，ヨーロッパではより大きくなる．また，米国における公的学校での2000年の生徒数の多数派は，非白人となっている．日本では，移民を強く嫌っている状況であるので労働力の供給は，当然のこととして女子労働に頼らざるを得なくなる．

以上のような人口動態に加え，1990年代の組織に期待される機能は，複数機能の交叉した中での柔軟性を不可欠とされる組織運営である．組織の中では，異なる仕事機能と異なる文化を持つグループ・個人の構成の特質が強調されることになる．こうした組織に関する多様的複雑性の強調は，避けることのできないものとなってきている．例えば，マーケットのグローバル化の普遍化に即応するようHRMは，組織ならびに人間の行動への文化影響の問題に対処することが重要なこととして必要視されている．

Taylor Cox, Jr.は，Diversityと組織・個人との関係につき1つのモデルを提案している[13]．図表Ⅳ-1「個人経歴結果と組織効率へのDiversityインパクトの相互モデル」が，それである．以下，このモデルにつき要点を説明する．

この図表のうちDiversity climate[14] は，次のことを仮定している．それらは，4つの個人レベルの要素（個人のidentity構成，偏見，ステレオタイプ，個性)，3つのグループ相互間の要素（文化差異，民族中心主義，グループ間コンフリクト)，4つの組織連携要素（組織文化と文化変容の過程，構造的統合，非公式組織の統合，制度的バイアス）である．このdiversity climateは，2つの方法で組織における個人経歴の経験と成果に影響している．第一の感情的成果は，人々がどう仕事と雇用者を感じるかを示している．組織の中で働く多くの労働者のモラールと満足は，男女，人種民族などのようなidentity groupの特性に関係している．第二の成果達成は，職務遂行評価，報酬，昇進などHRMの管理システムによって統制されている．個人の現実の経歴と成果は，組織効率対策の諸要素，第一レベルの出席，異動，生産性，労働の質，採用の成功などへインパクトを与えると期待されている．

利益形成の組織にとって，これら第一レベルの対策は，利益とかマーケット・シェア，公式目標達成といった第二レベルの結果を呼び起こすのである．diversity climateの中でも特に，文化差異，構造的統合，非公式組織の統合は，

図表Ⅳ - 1　個人経歴成果と組織効率へのDiversityインパクトの相互モデル

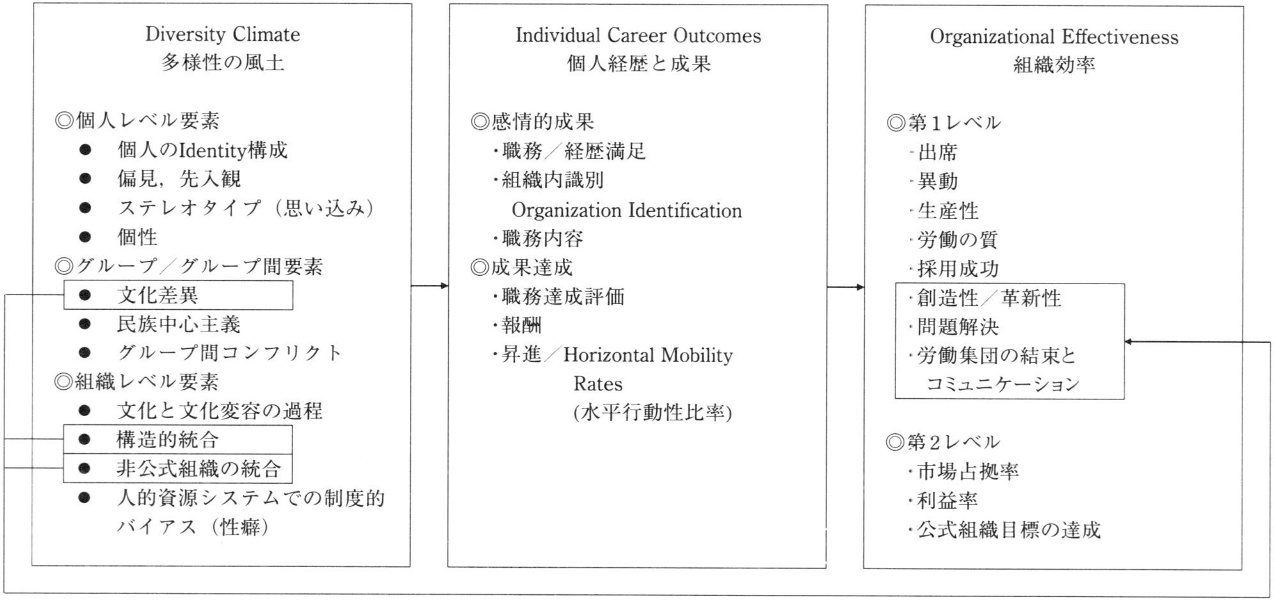
Diversity Climate
多様性の風土
◎個人レベル要素
● 個人のIdentity構成
● 偏見，先入観
● ステレオタイプ（思い込み）
● 個性
◎グループ／グループ間要素
● 文化差異
● 民族中心主義
● グループ間コンフリクト
◎組織レベル要素
● 文化と文化変容の過程
● 構造的統合
● 非公式組織の統合
● 人的資源システムでの制度的バイアス（性癖）
Individual Career Outcomes
個人経歴と成果
◎感情的成果
・職務／経歴満足
・組織内識別
Organization Identification
・職務内容
◎成果達成
・職務達成評価
・報酬
・昇進／Horizontal Mobility Rates
(水平行動性比率)
Organizational Effectiveness
組織効率
◎第1レベル
・出席
・異動
・生産性
・労働の質
・採用成功
・創造性／革新性
・問題解決
・労働集団の結束とコミュニケーション
◎第2レベル
・市場占拠率
・利益率
・公式組織目標の達成

組織達成に直接インパクトを与えていると考えられている．特に，創造性，問題解決，組織間コミュニケーションなどの要素にインパクトを与えるであろう．

以上のTaylor Cox, Jr.のモデルに依拠し，わが国におけるHRMシステムとDiversityとの関係を研究するときのモデルとし，図表Ⅳ‐2「HRMシステムにおけるDiversityの位置づけモデル」を仮説設定した．以下，このモデルにつき説明を加える．

組織もしくは企業の持つ経営文化は経営環境によって影響を受け，corporate identity , visual identityを形成し，さらに，経営理念，経営戦略に結びついている[15)]．この経営理念は，組織文化に強い影響力を与えており，組織文化は従業員Diversityによって相互影響の下にある．この一連の経営環境から組織文化形成までのトータル・システムは，組織のアイデンティティを確立する重要な過程である．HRMシステムは，以上の上位システムの影響下で設計・操作されることになる．

HRMシステムとDiversityとの関係を説明するには，①従業員Diversityの発生要因，②Diversityの風土，③個人経歴と成果，④組織効率化の４つの過程に分けてモデルを構築することが便利である．

① 従業員Diversityの発生要因

本項で概念規定したDiversityの中で変えることのできない要素としての年齢，民族，男女，身体的特徴，人種，性的特性など狭義の概念のうち，欧米で最重要である民族，人種は，わが国にあっては，現在あまり重要な要素とはいえない．筆者が考える日本で考慮しなければならない主要な要素は，①雇用形態によるもの，②年代層間ギャップによる価値観によるもの，③女子労働増加によるもの，④経営グローバル化によるもの，の４つを掲げることができる．

② Diversityの風土

３つの要素によって構成されるものとして，組織風土のDiversityを分析することができる．①個人レベルの要素（個人のidentity，偏見・ステレオタイプ，個性），②グループ／グループ間要素（文化差異，グループ間のコンフリクト），③組織レベル要素（文化と文化変容の過程，組織構造の統合

図表Ⅳ - 2　HRMシステムにおけるDiversityの位置づけモデル

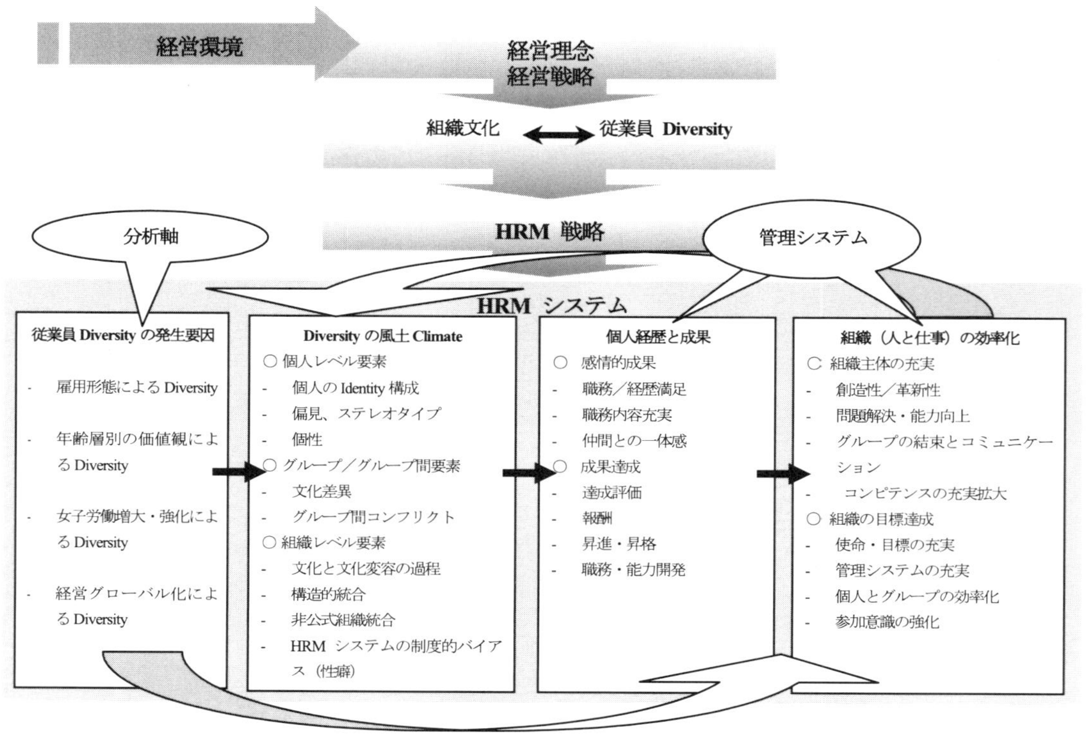
経営環境
経営理念
経営戦略
組織文化
従業員 Diversity
HRM 戦略
分析軸
管理システム
HRM システム
従業員 Diversity の発生要因
- 雇用形態による Diversity
- 年齢層別の価値観による Diversity
- 女子労働増大・強化による Diversity
- 経営グローバル化による Diversity
Diversity の風土 Climate
○ 個人レベル要素
- 個人の Identity 構成
- 偏見、ステレオタイプ
- 個性
○ グループ／グループ間要素
- 文化差異
- グループ間コンフリクト
○ 組織レベル要素
- 文化と文化変容の過程
- 構造的統合
- 非公式組織統合
- HRM システムの制度的バイアス（性癖）
個人経歴と成果
○ 感情的成果
- 職務／経歴満足
- 職務内容充実
- 仲間との一体感
○ 成果達成
- 達成評価
- 報酬
- 昇進・昇格
- 職務・能力開発
組織（人と仕事）の効率化
○ 組織主体の充実
- 創造性／革新性
- 問題解決・能力向上
- グループの結束とコミュニケーション
- コンピテンスの充実拡大
○ 組織の目標達成
- 使命・目標の充実
- 管理システムの充実
- 個人とグループの効率化
- 参加意識の強化

化，非公式組織の統合化，HRMシステムの制度的バイアス）.

③ 個人経歴と成果

2つの構成要素によって把握することができる．①感情的成果（職務／経歴満足，職務内容充実，仲間との一体感），②成果達成（達成評価，報酬，昇進・昇格，職務・能力開発）.

④ 組織の効率化

2つの要素によって構成されるものとして，組織効率を説明できる．①組織主体の充実（創造性／革新性，問題解決能力向上，グループ結果とコミュニケーション，コンピテンスの充実拡大），②組織目標の達成（使命・目標の達成，管理システムの充実，個人とグループの効率化，参加意識の強化）.

4　わが国企業のDiversityの実態――実態調査

図表Ⅳ-2「HRMシステムにおけるDiversityの位置づけモデル」構成に従って，1つの例として，雇用形態によるDiversityについての研究枠を略述してみる.

わが国における雇用制度は，日本的経営が世界から注目を集めていた時代のいわゆる終身雇用制が，大きな修正を受けていることについては，日本的経営特質の特殊性を日本文化の特殊性と強く結びつけることを主張してきた頑固な学者も認めざるを得ない環境変化の状況下にあると筆者は思量する[16]．現雇用形態は，図表Ⅳ-3「コア・ワーカーとコンティンジェント・ワーカー」に示すとおり，労働力の核となるコア・ワーカー（日本的経営でいう終身雇用慣行下にあるもの）とその周辺を取り巻く労働力（peripheral worker, コンティンジェント・ワーカーともいわれている[17]．）の2つに分けて考えられてきている.

コンティンジェント・ワーカーを増やすことによって，雇用関係の流動性を高めておくこと，また人件費を抑えることにより経営全体の損益分岐点を下げる2点が大きな狙いである．この2つの管理点以外に個人別雇用契約者は専門的技術・技能保有者の外部調達であるし，また，アウトソーシングの

図表Ⅳ-3　コア・ワーカーとコンティンジェント・ワーカー

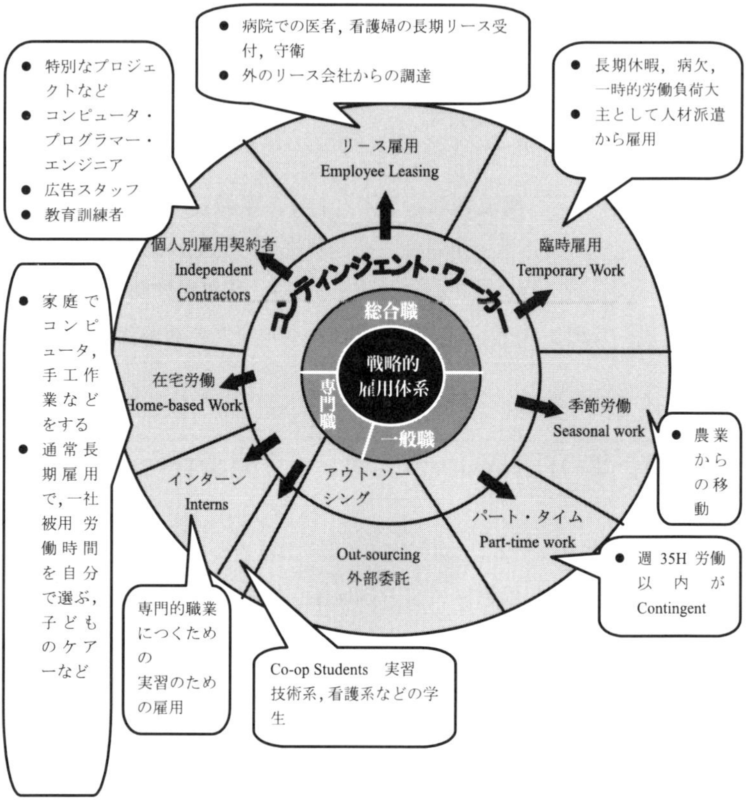
病院での医者，看護婦の長期リース受付，守衛
外のリース会社からの調達
特別なプロジェクトなど
コンピュータ・プログラマー・エンジニア
広告スタッフ
教育訓練者
長期休暇，病欠，一時的労働負荷大
主として人材派遣から雇用
リース雇用
Employee Leasing
個人別雇用契約者
Independent Contractors
臨時雇用
Temporary Work
コンティンジェント・ワーカー
総合職
戦略的雇用体系
専門職
一般職
家庭でコンピュータ，手工作業などをする
通常長期雇用で，一社被用労働時間を自分で選ぶ，子どものケアーなど
在宅労働
Home-based Work
季節労働
Seasonal work
農業からの移動
インターン
Interns
アウト・ソーシング
パート・タイム
Part-time work
Out-sourcing
外部委託
週 35H 労働以内が Contingent
専門的職業につくための実習のための雇用
Co-op Students　実習
技術系，看護系などの学生

ように経営機能の一部を外部組織に委託するといった雇用形態も一般化してきている．このような雇用形態の多様化は，組織の中に異質性を抱えた多様的グループが混成されるということになる．新規学卒採用，終身雇用といった旧来の雇用システムが崩壊せざるを得ない今日，わが国企業では，雇用形態Diversityを重要管理点として考慮せざるを得ない状況に置かれているといって過言ではない．

この雇用形態Diversityは，図表Ⅳ-2のHRMシステムのDiversity風土枠内での3つの構成要素に影響しているのである．これは組織の中の構成因子に何らかの質的変化が生じたと見ることができる．そしてこの変化が次のフレーム個人経歴と成果の影響要因となる．感情的成果は仕事と個人とに関する管理項目でありキャリア・プラン周辺の管理システムである．成果達成は，業績評価と処遇，職務能力開発の周辺管理システムについてであり，戦略的・状況適合的システムの開発，導入が実践的に検討されている．最後のフレームは以上の総合的影響を受けることによって，組織の効率化が効果をもたらすことになる．特に，組織主体の充実とみる創造性／革新性，問題解決能力の向上，グループの結果とコミュニケーション，コンピテンスの充実拡大は，組織の行動推進力となる組織成員の活性化をもたらすことを狙っている．組織に異質性が存在することのほうが同質性の高い組織より，状況適合的システムが機能する場合より高い組織主体の充実が図られる可能性を示しているといわれている．この結果，組織目標達成が可能となるのである．

以下の調査では，Diversityの発生要因のうち，経営グローバル化を除き，雇用形態，年齢代層，男女の3区分のDiversity発生要因について調査を行った．

HRMとDiversityという観点から見ると，終身雇用制度で特徴づけられていた日本のHRM風土がペリフェラル・ワーカー（コンティンジェント・ワーカー）依存の重みづけが高まらざるを得ない経営環境の中に現在置かれているとみることができる．こうした中で企業の組織風土（構成員の価値観，態度，行動）が，大きく変化せざるを得ない状況に置かれており，この変化がDiversity要因，以下のDiversityの風土，HRMシステムに強く影響を受けているはずであるという仮設設定をし，本調査を試みた．調査の中で，グローバル化を除いた大きな理由は，企業組織成員が多国籍構成，多人種構成になっている企業を調査対象として選ばなければ調査の意味がなく，これが困難であったこととグローバル化を段階別に区分する基準を設定することが，調査段階で困難であったからである．

(1) 実態調査の枠組み

実態調査に当たって，調査方法，調査項目などをどのような枠組みで行うかを検討し，基本的にはTaylor Cox, Jr.のモデルに従い，筆者が構築した「HRMシステムにおけるDiversity位置づけモデル」を用いた．

この枠組みモデルに従い，全質問数25問，細部質問を含めると全体で38質問になる設問を行った．

質問は，大きく次の2つに区分した．

第一は，「仕事に関する質問」で，①仕事への満足（働きがい，労働条件，満足度合い），②仕事の質に関する態度（チャレンジ，評価，創造性）とし，全部で22の質問を用意した．

第二は，「組織に関する質問」で，①会社への心（帰属感，愛社心），②仲間（仲間との一体感，コミュニケーション，家族との関係），③働きがい・生きがい（家族との関係，世の中での貢献，世の中での存在感，生きがい）．

(2) 調査方法の概要

調査は，以下の手順に従って行った．

① 調査概要の説明

調査員が対象企業に出向き調査の概要につき説明を行い，調査用紙の配布，回収につき説明を行った．

② 調査企業

7社（食品，化学，商社）の企業の協力を得た．

③ 調査対象の決定

企業の人事担当者に対象者を自企業の雇用形態別人員構成を反映するよう，作為的に選択し，調査用紙の配布をするよう依頼した．

調査回答者数は，以下のとおりである．

度数分布表

統計量

	年　齢	雇用形態	性　別
度数　有　効	421	427	342
欠損値	6	0	85

年齢

	度　数	パーセント	有　効 パーセント	累　積 パーセント
有　効　20歳+30歳	215	50.4	51.1	51.1
40歳以上	206	48.2	48.9	100.0
合　計	421	98.6	100.0	
欠損値　不　明	6	1.4		
合　計	427	100.0		

雇用形態

	度　数	パーセント	有　効 パーセント	累　積 パーセント
有効　Core Worker	331	77.5	77.5	77.5
Peripheral Worker	96	22.5	22.5	100.0
合　計	427	100.0	100.0	

性別

	度　数	パーセント	有　効 パーセント	累　積 パーセント
有　効　男	182	42.6	53.2	53.2
女	160	37.5	46.8	100.0
合　計	342	80.1	100.0	
欠損値　不　明	85	19.9		
合　計	427	100.0		

④ 調査用紙の回収

各企業の人事担当に回収も一任した．多様化した雇用形態に属する従業員に調査記入を依頼するので，その企業の状況に応じ，調査対象企業に配布，記入説明，回収について，すべてを一任した．その結果約80－90%の回収率を得ることができた．

⑤ 調査期間

1999年2月中旬から3月中旬.

(3) 調査結果

回収した調査表につき，T検定，因子分析（因子抽出法：主成分分析，回転法：Kaiserのバリマックス法）を適応し，調査結果の分析・考察を以下のとおり行った.

(1) 全体の因子構成

仕事に関する因子構成を見ると，次のとおりである.

①創造性と評価の反映，②仕事の環境と上長，③仕事の満足度，④労働時間の価値，⑥キャリアと人間関係.

組織に関する因子構成を見ると，次のとおりである.

①仕事と自己存在感，②組織の中での自己，③会社への帰属感，④人間関係，⑤コミュニケーション，⑥外に対する自己顕示.

(2) 雇用多様化の特徴

コア・ワーカー（Core Worker，日本的経営でいう終身雇用慣行下にあるもの）とその周辺を取り巻く労働力（Peripheral Worker，コンティンジェント・ワーカーともいわれている.）構成の多様的変化が急激に現れている.

A 仕事に関するデータ

Core WorkerとPeripheral Worker の因子構成を見ると，以下のとおりである.

図表Ⅳ-4 仕事に関するデータ Core Worker, Peripheral Worker の因子構成

Core Worker	Peripheral Worker
1.創造性と評価の反映 2.仕事の環境と上長 3.仕事の満足度 4.命令服従と家族の犠牲 5.キャリア	1.仕事の楽しみと創意工夫 2.仕事の環境と上長，職場外での人間関係 3.創造とコンピテンス 4.仲間との一体感と公平性 5.労働時間の自由と命令服従 6.報酬と家族の犠牲 7.キャリア

（注）数字は，因子番号を表わす.（以下同じ）

図表Ⅳ-5　仕事に関するデータ
Core Worker とPeripheral Worker の特徴

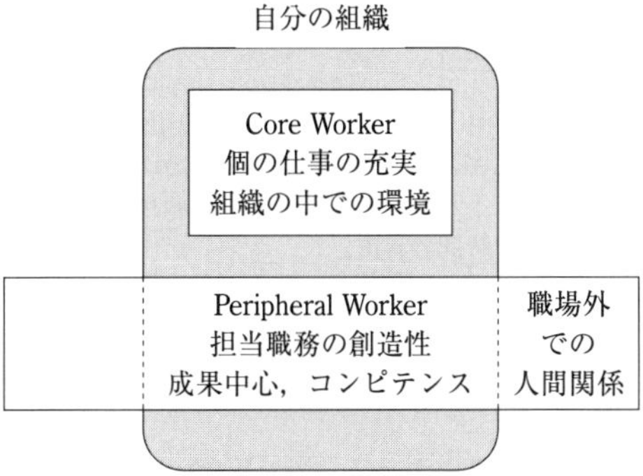

Core Workerは，与えられた仕事につき創造的に仕事の充実拡大をしようという意志が強く，かつ，自分の仕事成果については評価結果として処遇に反映すべきであると考えている．このことは，自分が所属する組織の中で貢献し，公正な評価を期待しようとする力が強く働いているとみることができる（因子1）．また，組織に同化する意志も強く持っている（因子2，3）．

一方，Peripheral Workerは，自分の仕事についての状況関係に目が向けられている（因子1, 2, 3）．自分の仕事の組織内外での位置づけがまず第一である点に特徴がある．図示すると図表Ⅳ-5「仕事に関するデータCore WorkerとPeripheral Workerの特徴」のごとく表現できる．

B　組織に関するデータ

Core WorkerとPeripheral Workerの因子構成を見ると，図表Ⅳ-6のとおりである．

Core Workerは，自己の存在感，働きがいなどを組織の中に求め（因子1）組織の人間関係を重視し，組織に誇りを強く持っている（因子2，3）．

また一方，Peripheral Worker は，予想以上に組織に対する帰属意識が強い（因子1，2）．外部とのつながりに関心が強く（因子3），世間体と出世に注力が向いている．因子6, 7でも自己中心の考えに重みが置かれているとみることができる．

図表Ⅵ-6　組織に関するデータ　Core Worker Peripheral Worker の因子構成

Core Worker	Peripheral Worker
1. 社会的貢献，自己の存在感，働きがい	1. 帰属感，勤続意志，存在感，生きがい
2. 会社のビジョン，人間関係ネットワーク，上司との関係	2. 会社ビジョン，人間関係ネットワーク
3. 帰属感，勤続意志，会社の誇り	3. 仲間との人間関係，家族の支援
4. コミュニケーション	4. 世間体と出世
5. 命令服従，家族の犠牲	5. 職場でのコミュニケーション
6. 仲間との人間関係，一体感，時間の自由，家族の支援	6. 仕事外の自己存在感，家族の支援
7. 世間体	7. 時間の自由
	8. 上司との交流，家族の犠牲

図表Ⅳ-7　組織に関するデータ：Core Worker とPeripheral Worker

Core Worker

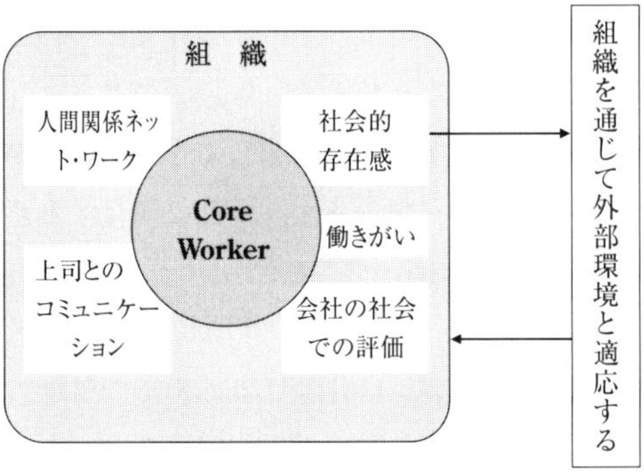

Peripheral Worker

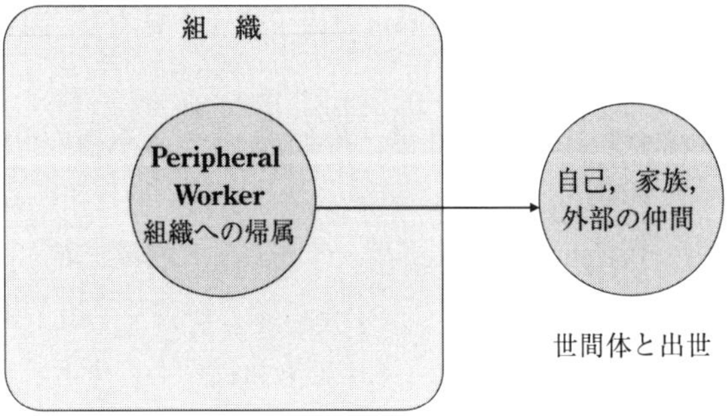

この関係を図で表現すると，図表Ⅳ-7を作成することができる．

(3) 若年齢層と中高年齢層の特徴

高齢化現象が進み，わが国にあっては1970年頃から経営上の問題として着目されてきた．この注目は，HRM上は主として高齢化と年功序列制との関係での着目課題であった[18]．しかし，今日の年齢層間の現象は，中高年齢者と若年齢層間の価値観のギャップが経営システムに与える影響要因と考えられ，管理上の避けることのできない重要課題となってきている．

A　仕事に関するデータ

若年齢層と高年齢層の因子構成を見ると，次のとおりである．

若年齢層は，自分の仕事を明確化し，納得できる報酬を期待するだけでなく，組織の中で良い関係を持ちたいとしている（因子1）．仕事に創造性を求め（因子2），仕事の仲間との一体感，公平な評価を望んでいる（因子3）．

中高年齢層は，仕事に楽しみを見出し創意工夫を仕事に加えながらも評価の反映を期待している（因子1）．組織の中での位置づけ，関係に配慮しプレッシャーを感じている（因子2）．仕事仲間との一体感，公平な評価については第三因子として若年齢層と同じ構成を示している．

若年，中高年齢層の間では，それほど大きな因子構成の違いがみられない．強いていえば，中高年齢層では組織にどううまく同化しようかという動きが感じられ,，若年齢層では自分の担当する仕事中心とみることができる．

図表Ⅳ-8　仕事に関するデータ 年代層の因子構成

若年齢層	中高年齢層
1. 仕事の環境と上長，仕事の明確化と報酬	1. 仕事の創意工夫と評価反映
2. 創造的仕事	2. 上司との関係とプレッシャー
3. 仕事の満足と仲間との一体感，公平な評価	3. 仕事の満足と仲間との一体感，公平な評価
4. 命令服従と家族の犠牲	4. 命令服従と家族の犠牲
5. 能力主義と評価結果反映	5. キャリア
6. 外での人間関係とキャリア	6. 報酬と労働時間の自由

図表Ⅳ-9　組織に関するデータ 年代層の因子構成

若年齢層（回転せず）	中高年齢層
1. 帰属感，勤続意志，会社への誇り，仲間との人間関係，仲間との一体感，他人との接触，世間への貢献，仕事を通しての自己の存在感，生きがい 2. 会社ビジョン，人間関係ネットワーク，上司との交流，家族の犠牲 3. コミュニケーション 4. 命令服従 5. 仲間との人間関係，家族の援助，仕事以外への自己の存在感 6. 労働時間の自由 7. 世間体，出世	1. 社会的貢献，世の役に立つ，自己存在，生きがい 2. 会社ビジョン，人間関係ネットワーク，上司との交流，他人との接触 3. 帰属感，勤続意志，会社の誇り，仲間との一体感 4. コミュニケーション 5. 命令服従と家族の犠牲 6. 職場外での仲間との人間関係，仕事外での自分の存在感 7. 世間体，出世，労働時間の自由 8. 仲間との人間関係，家族の援助

B　組織に関するデータ

因子構成は，以下のとおりである．

若年齢層は，会社・組織への帰属が強く表現されるが（因子1），中高年齢層は，第一因子の構成が，世の役に立つ，自己存在，生きがいといった要素によって成り立っている．若年齢層の第一因子に含まれる帰属感，勤続意志，会社の誇り，仲間との一体感は中高年齢層にあっては第三因子に構成されている．

全体的には，年代層の間のギャップは予想したより，それほど大きなものが感じられない．

(4)　男女別特徴

男女雇用機会均等法が施行され，既に10数年が経過している．女性の雇用者数の増加，勤続年数の伸長，そして担当職務の拡大，男子と変わらない職域など女性の実社会での活躍は，想像以上の向上が見られる[19)]．

A　仕事に関するデータ

男女の因子構成を見ると，次のとおりである．

男子は，仕事の楽しみ，創造的な仕事（因子1），職場環境，仕事の明確化（因子2）と第2因子まで仕事への注視が目につくが，第3因子に組織内での命令服従，仲間との一体感など組織との融合が特徴的である．

女子は，仕事の満足と評価の公平性（因子1）であり，第二因子は男

図表Ⅳ - 10　仕事に関するデータ
男・女の因子構成

男	女
1. 仕事への楽しみ，満足，創造的な仕事 2. 職場の環境と明確化 3. 命令服従，家族の犠牲，仲間との一体感，プレッシャー 4. キャリア，公平な評価 5. 能力主義と評価結果の反映	1. 仕事の楽しみ，満足，仲間との一体感，評価の公平性 2. 職場環境と上司，仕事の明確化 3. 創造性 4. キャリア，創意工夫 5. 命令服従と家族犠牲 6. 評価結果の反映とプレッシャー 7. 労働時間の自由と能力主義

子と同じであるが，第三因子では創造性が独立している．

男女間にそれほど大きな差は認められないといってもよい．

B　組織に関するデータ

因子構成は，以下のとおりである．

男子は，会社組織と一体で自己犠牲をも承服する（因子1）．そして会社組織の中での人間関係ネット・ワークを大切にし（因子2），社会的貢献に生きがい，働きがいを見出している（因子3）．女子は，会社に対する帰属感（因子1），組織内外での人間関係（因子2），そして，第三因子がコミュニケーションにある．

この面でも，男女間にはそれほど大きな差異は認められない．

図表Ⅳ - 11　組織に関するデータ
男・女の因子構成

男	女
1. 帰属感，勤続意志，会社への誇り，命令服従，一体感，家族の犠牲 2. 会社ビジョン，人間関係ネットワーク上司との交流，他人との交流 3. 仕事の社会的貢献，存在感（仕事，仕事外），生きがい（仕事） 4. コミュニケーション 5. 世間体，社会的貢献，出世 6. 時間の自由，家族の支援 7. 職場外での仲間との人間関係	1. 帰属感，勤務意志，会社の誇り 2. 仲間との人間関係，職場外での人間関係，他人との接触 3. コミュニケーション 4. 社会への貢献と仲間との一体感 5. 会社ビジョン，人間関係ネットワーク，上司との交流 6. 命令服従，家族の犠牲 7. 世間体，出世 8. 存在感（仕事，仕事外）

(4) 会社別特徴

調査対象となった5社の因子構成の特徴を比較すると，図表Ⅳ - 12 - 1, Ⅳ- 12 - 2「会社別比較表」が作成できる[20]（図表は，本章末に掲載）.

この因子構成比較表に基づき，各企業のスタッフに結果の判断につき面接調査を行った．その結果は，以下のとおりである．

① CoreとPeripheral

Y社——Y社は，主として食品の販売を業とする企業であり，Peripheralに属する被験者は身分的には契約社員に近い形態である．しかし，企業方針とし契約社員を含め組織成員全員の運命共同体的風土形成を何十年にわたって試みた結果が，調査結果の背景に窺われる．Core労働者は仕事に関するデータでは，組織優先での自己の仕事であり組織との一体感が強く出ている．組織と自己のデータでも，会社･職場第一主義であり，運命共同体コーポレート・カルチャー思想が出ている．

Peripheralは，Coreと同じように組織に溶け込んでいるが，会社の発展と同時に完全な能力主義を求めている点がCoreと異なる．

S社——S社は，主として製紙に関する販売を業とする企業である．仕事に関するデータでは，Peripheralの被験者の数が少なかった関係で，因子構成は出現できなかった．Coreの特性は企業・組織依存度が大変強く命令服従型の古いタイプの組織特質を持っている．この背景は，過去何十年にわたり，カリスマ的トップの下で従順に企業に一体化しなければならない組織風土があったようである．現在は新しいトップの下で異なる企業文化の形成が行われつつある．組織と自己のデータでは，バリマックス回転後の因子が出ており，Coreの会社主義に対しこのS社のPeripheralも，組織に隷属しながら，他の企業と同じように自己の満足を追求していると見ることができる．

F社——F社は，主として化学製品の開発研究を業としている事業体である．仕事に関するデータでは，Core は自立的サラリーマンともいえる自己充実優先・社会での仕事の位置づけに意を払うタイプである．Peripheralは，会社外に注目が向いており典型的な外部指向の人材群である．この企業の被験者は，ほとんどが研究関連の仕事に従事しており仕事に対する自由度の高さを個人個人が要求している結果の背景が効いているのではなかろうか．なお，この企業では5S運動（整理，整頓，清潔，清掃，躾）を会社全体で推進しており組織の一体化運動が行われており，管理水準は非常に高い位置にあるといえる．

このF社では，Core, Peripheralの区分だけでなく研究職という専門職種による意識変化が分析結果に大きく響いているのではないかと感じられる．

C社――主として化学製品の販売を業としている事業体である．仕事に関するデータは，Coreは能力主義と組織の安定を指向しており競争主義組織での労働を歓迎しているようである．Peripheralは，成果第一主義であり，本調査実施以前に筆者が仮定していた自分本位の成果主義タイプに近い形を示している．この企業では，数十年以前から経営コンサルタントを入れ能力主義指向のシステム導入に力を入れ，組織充実を行ってきた影響が調査結果に出ているのではないであろうか．

D社――教育産業を業としている事業体である．仕事に関するデータは，Coreは仕事にチャレンジし，評価を強く望んでおり，組織内での安定をも期待している．Peripheralは，組織の中で仕事の安定を望んでおり，仲間との一体化を志向している．D社でのCoreは，現在，人事評価（人事考課，業績評価）制度が確定されておらず，年功で賃金処遇が決定していることに対する反対意思として，評価結果と処遇が第一因子構成に入っているのではないかと考察する．また，Peripheralは，10年以上の継続勤務のものも多く，意識的には短期・臨時勤務というより，よりCore的意識が強いと見ることができる．

② 男性，女性

Y社――被験者の男性が少なく，仕事に関するデータでは，因子出現ができなかった．女子は，仕事第一主義であり契約形態を特徴とする組織の中での個人業績の確立が表現されている．

組織と自己のデータでは，男子は会社への誇り，人間関係が出ている．女子は仕事を通して自己存在を確認することが特徴である．

S社――仕事の関するデータでは，男性は，組織の中での仕事と命令服従であり強いトップ・ダウンの影響が出ている．女子は人間関係を重視し，居心地の良い組織の中での自己キャリア形成が特徴といえる．

組織と自己のデータでは，男子は会社への同化であり，女子は仕事重視の自己存在，そして組織内の人間関係である．

F社——仕事に関するデータでは，男子は，自己充実による自己第一主義である．これは研究職の特質が背景にあるとみることができる．女子は能力主義，職務経歴，業績第一といった仕事中心主義である．

組織と自己のデータでは，男子は世間体，出世，組織への帰属であり，女子は出世，働きがいである．

C社——仕事に関するデータでは，男子は，組織第一，能力主義と自己犠牲が特質であり，F社の男子とは大きな相違点がある．女子は，評価第一主義であり自己の仕事に傾斜している．

組織と自己のデータでは，男子は会社人間，人間関係であり，女子は働きがいである．

D社——仕事に関するデータでは，男子は，組織の安定の中での仕事，仕事へのチャレンジである．女子は組織内外での人間関係，公平な評価である．

組織と自己のデータでは，組織の中での自己存在感である．女子は組織内外での人間関係に注視している．

③ 若年・中高年齢層

Y社——仕事に関するデータでは，若年層は組織の安定と自己チャレンジで評価を厳しくが特性である．中高年は組織への同化，命令服従，組織での人間関係が特性である．

組織と自己のデータでは，若年層は会社組織での一体感，外部へのアピールである．中高年は会社組織内での存在である．

S社——仕事に関するデータでは，若年層は仕事の確立，能力主義である．中高年層は仕事重視，仕事の楽しみである．

組織と自己に関するデータでは，若年層は会社組織での一体感，会社への同化である．中高年層は，世の中への貢献，自己存在である．

F社——仕事に関するデータでは，若年層はバリマックス回転の収束に失敗した．中高年層は仕事の満足と安定指向を示している．

組織と自己に関するデータでは，若年層は出世，働きがい，職場外での人間関係を示し，中高年層は仕事重視ではあるが世間体，会社外への関心が出ている．

C社――仕事に関するデータでは，若年層は組織の中での安定を望み，かつ，能力主義を標榜している．中高年層は仕事へチャレンジし，そして能力主義を期待している．

組織と自己に関するデータでは，若年層は会社での人間関係と会社への同化をさし，中高年層は会社第一主義と人間関係ネットに意を注いでいる．

D社――仕事に関するデータでは，若年層では仕事へのチャレンジ，組織外との人間関係と職場の安定環境を望んでいる．中高年層は組織内での仕事の満足，仕事の充実と評価への期待が出ている．

組織と自己に関するデータでは，若年層は人間関係のネットと仕事を通じての自己存在感に，中高年層は組織優先・組織べったりといった感じである．

会社別特徴の全体をDiversityの発生要因という軸で見ると，概括的には初期に予想したほど各要素ごとの中には共通した現象が見られるとは言い難い．仮説では，雇用形態の多様化によってペリフェラルとコア・ワーカーとの間には大きな違いがあり，この特徴はどこの企業にも共通したものとなっているであろうとしたのであるが，結果としては，共通の現象はそれほど強いものとしては認められない．その理由は，企業競争環境の中で，各企業に共通化したHRM上の環境要因が働いているにもかかわらず，個別企業の経営理念・文化特性の影響の方が強い影響力をもたらしていると考察することができる．

このことは，個別企業間の特性を見ると，各企業の企業文化の影響，組織文化の影響といったものが企業特性の差として顕著に表れている点を見逃すことはできないといった指摘となる．図表Ⅳ-2に示した「HRMシステムにおけるDiversityの位置づけモデル」の中で，Diversityの風土Climateを構成する個人レベル要素，グループ・グループ間要素，そして組織レベル要素の間には，個別企業の特性に応じ，それぞれ差が認められるとみてよい．特に，個別企業内および個別企業内の個人間の価値観の差は，大きなものがあると思える．

(5) 調査の結語

以上の調査結果により，今後，Diversityとの関係でHRMを考えるときに，どのようなことを注意することが必要になるのであろうか．Diversityの発生要因は今後増加し，より複雑化してくることが予想できる．例えば，宗教の違い，結婚の概念・定義に関する異なり，家族構成・範囲の概念の差異等々，数多くのことが浮かんでくる．このことによって，HRMが管理対象とする組織形態，組織構成員の内容は多様化の方向を間違いなく進んでいるといえる．こうした現象は，世界共通でありIT革命，グローバル化が進むことによって，どこの国どこの企業でもさらされる環境要因となる．複雑化，フラット化する組織に単一的・普遍的思考に基づく管理システムの適用は，既に用をなさない時代に入っていることを調査結果は示唆している．組織を1つの細胞体とみずにいくつもの異なる細胞体の複合的構成体と考え，かつ，それらの目的指向のネットワークを考慮せざるを得なくなってきている．それぞれのシステムの環境に適合したシステム構築が必要になる．

今後の個別企業でのHRMシステム設計のポイントは，次のようになる．

①管理対象別に多様化した，すなわち，対象別に異なる管理システムを設計することが要求される．

②管理システムに，運用的自由度を入れる．すなわち，ルールに厳格にとらわれずそのときの状況に，即断的に対応できる柔軟性の富んだ管理が要求される．

③常に現場の管理対象者の意見，反応を管理システムにフィードバックできるシステム維持を心がけること．

④管理システムの運営面においては，異質性の高い個人をグループ，組織の構成員として組織編成することにより，より相乗効果の高い組織性を狙うこと．

HRMシステムには，どのような状況下にあっても絶対的に効率なものはないということが調査の結果として学び取れるのではなかろうか．この点からして，HRMスタッフの状況適応的先見性が重要視されるということができる．

5　これからのDiversity研究

わが国におけるDiversityの研究は，欧米のそれと比較し相当な遅れを感じざるを得ない．日本の国における文化要素の同質性の高さが，Diversity研究の必要性を要求しなかったということができる．しかし，Joy Leach, *et al.*(1995) が指摘しているように，今日のように激しい環境変化下における企業の反応は，グローバルな尺度の上で競争のために創造的，戦略的になることが要求されている．また組織は，システムの実践機構を再構築しなければ存続することはできない．経営に参加し，生産性の高い労働力で，世界レベルで競争のできる組織形成が必要になる．このような，世界レベルでの組織競争に勝ち残るためには，組織構成主体の充実を目指すことが不可欠になる．組織構成主体が，Diversityしていかざるを得ない今日，わが国にあってもDiversity研究の一層の進展が望まれるのではなかろうか．

例えば，雇用形態のDiversityを研究することにより，複雑なDiversityの組織に与える影響とこれに即応できる管理システムの設計・導入が検討課題となり，競争戦略に対するHRMの貢献が可能となるのではなかろうか．

【注】

1)『組織科学』Vol.31 No.3, 1998. 白桃書房，特集「組織の多様性と可能性」参照.
2) 同上，矢野正晴「企業の研究開発チームの異質性と独創性」参照.
3) Joy Leach, *et al., A Practical Guide to Working with Diversity,* AMACOM, 1995.
4) R.Roosevelt Thomas, Jr., “A Diversity Framework", Martin M. Chemers, *et al., Diversity in Organization,* SAGE Publications, 1995, p.245.
5) R.M. Wentling & N. Palma－Rivas, *Diversity in the Workforce ：A literature Review,* National Center for Research in Vocational Education, December 1997, p.6.
6) V. R. Hayles, Valuing diversity in the food industry, *Food Engineering,* 1992, p.105.
7) American Society for Training and Development, *National report on human resources,* 1996.
8) A.M.Morrison, *The New Leaders：Guideline on leadership diversity in America,* San Francisco：Jossey-Bass.
9) L.B.Griggs, Valuing diversity：Where from...where to?　In L. B. Griggs & L. L. Louw

(Eds.), *Valuing diversity*：*New tools for a new reality,* 1995, New York：McGraw-Hill, pp.1-14.

10) K. Tomervik, *Workforce diversity in Fortune 500 corporations headquartered in Minnesota*：*Concepts and practices*, Academy of Human Resource Development (AHRD) Conference Proceedings, St.Louis, MO.

11) J.R. Norton & R.E.Fox, *The Change Equation－Capitalizing on Diversity for Effective Organizational Change－*, American Psychological Association, 1997, pp.1-5.

12) Taylor Cox ,Jr., *Cultural Diversity in Organization*, 1993, Berrett-Koehler Publishers, Inc, pp.3-10.

13) *Ibid.* pp.3-10.

14) Diversity climateという表現は，1993年にKossek & Zoniaによって使われた．

15) 花岡共著『経営学総論』白桃書房，1990年，p.68参照．

16) 日本的経営に関する詳細な分析論述については，花岡『日本型労務管理の特質』白桃書房，1994年を参考にされたい．本書では，第Ⅷ章で日本的経営特質と文化特質との関係につき否定的仮説を提唱し，経営システム収斂論を主張している．

17) 二神恭一編著『戦略的人材開発－コンティンジェント雇用システム－』中央経済社，1998年．

18) 花岡『日本の労務管理　2訂版』白桃書房，1987年，pp.163-167.

19) 馬場房子『働く女性の心理学』白桃書房，1996年，pp.95-120参照．

20) 5つのY-D社は，回答会社の略称である．全部で7社の回答企業が5社になっているのは，2社のデータが小さく企業別因子分析が不可能であったためである．

図表Ⅳ-12-1　会社別比較表：仕事に関するデータ

	全　体	Y　社	S　社	F　社	C　社	D　社
Core Worker	1.創造性と評価の反映 2.仕事の環境と上長 3.仕事の満足度 4.命令服従と家族の犠牲 5.キャリア	1.組織内での自己仕事の確立（職場の安定，上司との理解，人間ネット，自己仕事の明確，創造性，考える） 2.仕事第一（仕事の満足，仲間との一体感，仕事の楽しみ，プレッシャー，職務経験，評価の公平性） 3.管理への服従（命令服従，家族の犠牲，評価結果と処遇） 4.仕事の充実と報酬（経済的報酬，仕事の充実拡大） 5.企業外部への注目（職場外のHR，年功から能力主義へ）	1.仕事第一のプロ志向（仕事の満足，仕事の充実拡大，創造的な仕事，考える仕事） 2.組織内での自己仕事の確立（安定した職場環境，上司との交流，経済的報酬，仕事の目的明確） 3.管理への服従（命令服従，家族利益の犠牲，労働時間自由） 4.評価結果と仕事の楽しみ重視（評価結果と処遇，年功から能力主義へ，仕事の楽しみ） 5.人間関係（評価の公平性，仲間との一体感，職場外のHR）	1.仕事重視（出世，仕事を通した生きがい，時間外労働） 2.会社への関心（職場外仲間関係，永続勤務願望，社会的貢献） 3.人間関係（仲間との人間関係，HRネットワーク） 4.コミュニケーション（コミュニケーション困難，上司とのコミュニケーション） 5.会社と上司（上司との理解，会社ヴィジョン）	1.創造的仕事へのチャレンジ（考える仕事，創意工夫・充実・拡大，評価と処遇，創造的仕事，能力主義） 2.組織での位置づけ（職場の安定と上司との交流，経済的報酬） 3.仕事仲間との関係と仕事への関心（職場仲間との一体感，仕事の楽しみ，仕事の専門的経験，評価の公平） 4.自己犠牲（家族の犠牲，命令服従） 5.満足感（職場外仲間との人間関係，仕事への満足感）	1.仕事のチャレンジ（創造的な仕事，考える仕事，評価結果と処遇） 2.組織内での仕事（上司との理解，仕事の満足，公平的な評価，職務経験，プレッシャー） 3.安定している職場上の楽しみを出す（経済的報酬，安定した職場環境，仕事の楽しみ） 4.自分の仕事（仕事の充実・拡大，仕事の明確，命令服従） 5.結果主義の評価（結果主義の評価）
Peripheral Worker	1.仕事の楽しみと創意工夫 2.仕事の環境と上長，職場外の人間関係 3.創造とコンピテンス 4.仲間との一体感と公平性 5.労働時間の自由と命令服従	1.組織内での仕事（安定した職場，上司との交流，職場外仲間とのHR，家族犠牲，仕事の経験，仕事の創造性） 2.能力主義的仕事（仕事の楽しみ，HRネットワーク，成果による評価，評価と処遇，考える仕事） 3.協働と公平感（仲間との一体感，評価の公平） 4.仕事への関心（仕事の満足，命令服従，創意工夫と充実拡大） 5.経済的報酬	なし	1.会社と外部への関心（帰属感，永続勤務願望，仕事外存在感，世間体，上司との理解） 2.仕事重視（他人と接する機会，社会的貢献，出世） 3.命令とコミュニケーション（コミュニケーション困難，時間外労働，協働） 4.外部への関心（仕事の役立ち度，職場外仲間関係） 5.組織内の仕事（労働時間裁量，家族の犠牲）	1.組織内での仕事へ一体（職場の安定と上司との交流，プレッシャー，仕事の目的，成果による評価） 2.仕事第一主義（評価の公平性，仕事の満足，職場仲間との一体感，考える仕事，仕事の楽しみ，創造的仕事，創意工夫） 3.仕事外の人間関係と報酬 4.命令服従 5.専門的職業人	1.組織の中での仕事（仲間との一体感，仕事の明確，仕事の満足，上司との理解，創造的な仕事，考える仕事，公平的な評価） 2.職場の安定上仕事の開発（安定した職場環境，仕事の充実・拡大，評価結果と処遇） 3.経済的報酬と仕事のプレッシャー（プレッシャー，経済的報酬） 4.組織中心での仕事（家族の犠牲，命令服従，仕事の楽しみ） 5.仲間との一体感と自由（仲間との一体感，時間自由）

	全　体	Y　社	S　社	F　社	C　社	D　社
男　性	1.仕事への楽しみ，満足 2.職場の環境と明確化 3.命令服従，家族の犠牲，創造性，仲間との一体感，プレッシャー 4.キャリア，公平な評価 5.能力主義と評価結果の反映	なし	1.組織の中での自分仕事の確立（職場安定，上司との交流，仕事の明確化，経済的報酬） 2.管理への服従（家族の犠牲，命令服従，労働時間裁量，仕事達成のプレッシャー） 3.仕事に対する評価と楽しみ重視（評価の処遇反映，年功から能力主義へ，仕事の楽しみ） 4.積極的に仕事へのチャレンジ（考える仕事，仕事の創意充実拡大，創造的な仕事，仕事への満足） 5.組織の中での公平感と一体感（公平な評価，仲間との一体感）	1.仕事達成と仲間（創意工夫，評価結果，職場外仲間関係） 2.仕事へのチャレンジ（家族の犠牲，能力主義，考える仕事） 3.職務経験と命令（職務経験，時間外労働） 4.組織人としての積極的仕事（上司との理解，創造的仕事，職場安定） 5.組織内の一体と公平感（協働，公平な評価）	1.組織の中の一員（職場環境，プレッシャー，上司との交流） 2.仕事への関心と自由（能力主義，時間裁量，職場外の人間関係，仕事の目的，家族の犠牲） 3.仕事への挑戦（考える仕事，評価結果の反映，創造性） 4.仲間との一体態と評価の公平（評価の公平性，職場仲間との一体感，命令服従） 5.仕事の専門性（創意工夫・充実拡大，専門的職業人）	1.職場の安定と仕事の達成（上司との理解，安定した職場環境，創造的な仕事，プレッシャー） 2.仕事へのチャレンジ（創造的な仕事，考える仕事，公平的な評価） 3.職務経験と評価（職務経験，能力主義の評価，自由時間，評価結果と処遇） 4.経済的報酬と仕事の楽しみ（経済的報酬，仕事の楽しみ，仕事の充実・拡大） 5.組織のために働く（仲間との一体感，仕事の満足）
女　性	1.仕事の楽しみ，満足，仲間との一体感 2.職場環境と上司，仕事の明確化 3.創造性 4.キャリア，創意工夫 5.命令服従と家族犠牲	1.組織人としての積極的仕事（職場安定，上司との交流，仕事の楽しみ，仕事の創造性，考える仕事） 2.自分の仕事の確立と人間関係ネットワーク（HRネットワーク，仕事の明確化，経済的報酬） 3.命令服従と反対給付（命令服従，家族の犠牲，評価の処遇反映） 4.組織の中での一体と公平感（仕事の満足，仲間との一体感，公平な評価） 5.能力主義，労働市場志向（職場外のHR，仕事の経験，能力主義）	1.職場の仲間と仕事重視（仲間との一体感，仲間とのHR，仕事の楽しみ，仕事の満足） 2.キャリアアップのための要素（職務経験，仕事達成のプレッシャー） 3.命令服従と反対給付（命令服従，年功から能力主義へ，評価の処遇反映） 4.仕事へのチャレンジと公平感（考える仕事，仕事の創意充実拡大，公平な評価） 5.目的が明確な労働市場志向（経済的報酬，仕事の明確化）	1.能力主義（能力主義，労働時間裁量，仕事の楽しみ） 2.職務経験と報酬（経済的報酬，職務経験，仕事の充実） 3.創造性と評価（考える仕事，創造的仕事，公平な評価） 4.仕事重視（上司との理解，時間外労働，明確な仕事目的） 5.職務満足	1.自己中心主義（報酬，時間裁量，評価の公平性） 2.仕事への取り組み（仕事の満足，創意工夫，職場仲間との一体感，考える仕事） 3.組織の一員（上司との交流，仕事の明確化，家族の犠牲） 4.仕事の楽しみと命令服従（仕事の楽しみ，命令服従） 5.能力主義的評価（能力主義，評価結果の反映）	1.組織内外の人間関係と評価（職場外との人間関係，上司との理解，仕事の満足，仲間との一体感，公平的な評価） 2.仕事へのチャンレンジ（安定した職場環境，評価結果と処遇，仕事の充実・拡大，職務経験） 3.職務満足（仕事の満足，考える仕事，仕事の楽しみ） 4.経済的報酬のための犠牲（家族の犠牲，経済的報酬） 5.創造的な仕事とプレッシャー（創造的な仕事，プレッシャー）

	全　体	Y　社	S　社	F　社	C　社	D　社
若年層	1.仕事の環境と上長，仕事の明確化と報酬 2.創造的仕事 3.仕事の満足と仲間との一体感，公平な評価 4.命令服従と家族犠牲 5.能力主義と評価結果反映 6.キャリア 7.外での人間関係とキャリア	1.組織の中で仕事にチャレンジ（職場環境，上司との交流，仕事の目的，家族の犠牲，創造的仕事） 2.仕事への満足と公平的な評価（評価の公平性，仕事に満足，評価結果と処遇） 3.お金と仲間（経済的報酬，仲間との一体感） 4.命令服従 5.考える仕事	1.組織の中での自己価値の確立（安定した職場環境，上司との交流，仕事の目的明確，経済的報酬） 2.仕事へのチャレンジと能力主義（考える仕事，創造的仕事，仕事の創意工夫と充実拡大，年功から能力主義へ） 3.仕事評価と仲間関係（仕事の満足感，仲間とのHR，仲間との一体感，評価の公平） 4.命令服従（命令服従，家族の犠牲） 5.仕事の楽しみと評価重視（仕事の楽しみ，評価結果と処遇）	25回の反復で回転が収束に失敗	1.組織人間（仕事目的の明確化，職場環境，上司との交流） 2.能力主義（能力主義，評価結果の反映） 3.創造性への満足（創意工夫，創造性，仕事の満足） 4.職場外仲間との一体感と自由（職場外仲間との一体感，仕事の楽しみ，時間裁量） 5.職場外の関係（職場外での人間関係，専門的職業）	1.仕事のチャンレンジ（仕事の充実・拡大，考える仕事，仕事の楽しみ，仕事の満足，創造的な仕事） 2.組織外との人間関係と安定した職場（職場外の人間関係，仕事の目的明確，安定した職場環境） 3.公平的に経済的報酬の配布（公平的な評価，経済的報酬） 4.仕事重視（プレッシャー，評価結果と処遇，家族の犠牲） 5.管理者への服従と自由（命令に服従，時間自由）
中高年層	1.仕事の創意工夫と評価反映 2.上司との関係とプレッシャー 3.仕事の満足と仲間との一体感，公平な評価 4.命令服従と家族の犠牲 5.キャリア 6.報酬と労働時間の自由	1.組織内での仕事と人間関係（職場環境，上司との交流，仕事の楽しみ，HRネットワーク） 2.仕事の優先と組織への同化（仲間との一体感，プレッシャー，命令服従，家族の犠牲，評価の公平） 3.仕事重視主義（仕事の満足，経済的報酬，時間裁量，転職経歴，創意工夫と充実拡大） 4.仕事へのチャレンジ（評価結果と処遇，創造的仕事，考える仕事） 5.外部組織への魅力（職場外のHR，能力主義）	1.組織人としての仕事重視（安定した職場環境，上司との交流，仕事の目的明確，仕事達成のプレッシャー） 2.仕事へのチャレンジ（仕事の楽しみ，考える仕事） 3.能力主義傾向（年功から能力主義へ，評価結果と処遇，創造的仕事） 4.命令服従と職場外の自分（家族の犠牲，命令服従，職場外のHR，労働時間裁量） 5.仕事人としての仕事重視傾向（職務経験，仕事の創意工夫と充実拡大，仕事の満足感，経済的報酬）	1. 仕事への関心（創意工夫，評価結果と処遇，職務満足，職場外仲間関係，仕事達成のプレッシャー） 2.職場と仕事（職場環境，明確な仕事目的，上司との交流） 3.能力評価と報酬（経済的報酬，能力主義，公平な評価） 4.創造的仕事（創造的仕事，考える仕事） 5.協働と仕事の楽しみ	1.チャレンジブルな仕事（考える仕事，創意工夫，能力主義，仕事の満足） 2.組織の中での自己の位置づけ（経済的報酬，プレッシャー，仕事の明確化，上司との交流） 3.公平性と仲間との関係（評価の公平性，職場仲間との一体感） 4.チャレンジブル（創造性，評価と処遇） 5.組織外への配慮（家族の犠牲，職場外仲間との人間関係，命令服従）	1.組織での仕事（仕事の満足，上司との理解，結果主義の評価） 2.仕事へのチャレンジと結果重視（仕事の充実・拡大，考える仕事，評価結果と処遇，職務経験） 3.安定した環境と仕事事項（安定した職場環境，仕事の目的明確，プレッシャー） 4.経済的報酬と仕事の楽しみ（経済的報酬，仕事の楽しみ） 5.仕事重視（創造的な仕事，家族の犠牲） 6.自己中心と自由（時間自由，職場外との人間関係）

図表Ⅳ - 12 - 2　会社別比較表：組織と自己に関するデータ

	全　体	Y　社	S　社	F　社	C　社	D　社
Core Worker	1.社会的貢献，自己の存在感，働きがい 2.会社ビジョン，人間関係ネットワーク 3.帰属感，勤続意志，会社の誇り 4.コミュニケーション 5.命令服従，家族の犠牲	1.会社主義（会社ビジョン，命令服従，上司，人間関係，家族の犠牲） 2.職場第一（仲間との協働，仲間とのコミュニケーション，上司とのコミュニケーション，仕事を通しての自己存在感） 3.働きがいと会社への誇り（勤続意志，会社への誇り，働きがい） 4.世間体と出世 5.社会的貢献と帰属意識	1. 会社第一（勤続意志，帰属感，会社への誇り，自分の生きがい） 2.人間関係重視（HRネットワーク，上司との交流理解，会社ビジョン，他人との接触） 3.仕事通しての存在感と社会貢献（仕事を通しての自己存在感，社会的貢献，仕事が役に立つ，働きがい） 4.仲間との一体感 5.命令服従と世間体（家族の犠牲，命令服従，世間体）	1.仕事重視（接する機会，存在感，社会的貢献，仕事の役立ち度） 2.会社への意識（会社への誇り，永続勤務願望，仕事外存在感） 3.人間関係（HRネットワーク，上司との関係，職場内人間関係） 4.管理への服従（家族の犠牲，出世，仕事を通した生きがい） 5.時間裁量と帰属（労働時間裁量，会社への帰属）	1.会社第一主義（働きがい，会社の誇り，社会的貢献，帰属感，勤続意志，存在感） 2.組織人間（人間関係ネットワーク，会社ビジョン，上司との交流，人との接触） 3.命令服従と家族の犠牲（命令服従，家族の犠牲） 4.コミュニケーション（職場仲間とのコミュニケーション，上司とのコミュニケーション） 5.人間関係重視（仲間とのHR，家族の援助，世間体，仲間との一体感）	1.組織の人間関係（仲間との人間関係（組織内+外），勤続意識，帰属感，コミュニケーション） 2.仕事第一主義と存在感（会社の誇り，上司との交流と理解，仕事を通じた存在感） 3.組織内外での生きがい（仕事以外で存在感，仕事を通じた生きがい） 4.組織の優先（家族の犠牲） 5.自分の世間体を気にするながらHR（仲間との一体感，世間体，裁量制，出世）
Peripheral Worker	1.帰属感，勤続意志，存在感，生きがい 2.会社ビジョン，人間関係ネットワーク 3.帰属感，勤続意志，会社の誇り 4.コミュニケーション 5.命令服従，家族の犠牲	1.自分の身辺の人間関係（上司との理解，仲間とのHR，家族の犠牲，仕事外の自己実現） 2.会社への帰属と誇り（勤続意志，会社への誇り，家族の援助，働きがい） 3.コミュニケーション（仲間との一体感，仲間とのコミュニケーション，上司とのコミュニケーション） 4.社会への貢献（会社ビジョン，社会的貢献，仕事が役に立つ） 5.労働による世間体（帰属感，世間体）	1. 仕事通しての自己存在，他人とのコミュニケーション重視（仕事を通しての自己存在感，他人との接触，命令服従，労働時間裁量，仲間とのコミュニケーション，上司とのコミュニケーション，家族の犠牲，仕事通しての生きがい） 2.会社への誇りと仲間関係（会社への誇り，仲間とのHR，勤続意志，社会的貢献，仲間との一体感） 3.仕事外の自己存在と会社への帰属感（上司との交流理解，仕事外の自己存在感，帰属感，会社ビジョン，家族の援助，HRネットワーク）	なし	1.会社第一主義（世の中の役に立つ，自己の存在感，働きがい，仲間とのHR，帰属感，会社の誇り，社会的貢献） 2.仕事外での自分の周囲への配慮（仕事外での自己存在感，HRネット，会社ビジョン，家族の支援，人との接触） 3.組織内でのコミュニケーション（上司とのコミュニケーション，職場仲間との意思疎通，職場仲間との一体感） 4.出世と世間体（出世，世間体） 5.組織と裁量（勤続意志，上司との交流，裁量制）	1.仕事第一（仕事を通じての存在感，仲間との一体感，仕事を通じての生きがい，仕事が役に立つ，家族の犠牲） 2.組織への帰属感（会社に誇り，勤続意識，帰属感，命令服従） 3.家族の支援と仕事の楽しみ（家族の支援，人間関係，仕事外存在感，仲間とのコミュニケーション） 4.社会への自己アピール（世間体，出世） 5.裁量制とコミュニケーション（自由時間，上司とのコミュニケーション）

	全　体	Y　社	S　社	F　社	C　社	D　社
男　性	1.帰属感，勤続意志，会社への誇り，命令服従，一体感，家族の犠牲 2.会社ビジョン，人間関係ネットワーク，上司との交流，他人との交流 3.仕事の社会的貢献存在感（仕事，仕事外） 4.コミュニケーション 5.世間体，社会的貢献，出世	1.会社への誇りと組織の一員としての働きがい（会社への誇り，仲間とのHR，HRネットワーク，社会的貢献，働きがい） 2.仕事仲間との共存（職場仲間との一体感，職場仲間とのコミュニケーション，時間の自己裁量，家族の支援，仕事外の存在感） 3.会社への同化と世間体（勤続意志，命令服従，上司との理解，他人との接触，世間体，家族の犠牲，仕事での存在感） 4.世間からの評価（帰属意志，職場外のHR，世の中への貢献，出世）	1.組織人としての会社への同化（会社への誇り，帰属感，勤続意志，仲間とのHR，職場仲間との一体感，家族の犠牲） 2.周囲との関係（会社ビジョン，上司との理解，人間関係ネットワーク，他人との接触） 3.組織でのコミュニケーション（上司とのコミュニケーション，職場仲間とのコミュニケーション） 4.仕事通しての自己存在と社会貢献（社会貢献，仕事通しての自己存在，自分の生きがい） 5.仕事外の自己存在と仲間との人間関係	1.組織への帰属（会社への帰属感，労働時間裁量，世間体，HRネットワーク） 2.協働と出世（協働，出世，コミュニケーション困難，永続勤務願望） 3.仕事重視（自己存在感，社会的貢献，他人と接する機会） 4.組織内の仕事（上司との理解，仕事の役立ち度，職場外仲間関係，時間外労働） 5.会社への関心（上司との理解，会社への誇り）	1.会社人間（帰属感，命令服従，働きがい，仲間とのHR，勤続意志，仲間との一体感，出世，家族の犠牲） 2.会社での人間関係（HRネットワーク，上司との交流，人との接触，会社ビジョン） 3.職場でのコミュニケーション（職場仲間との意思疎通，上司との意思疎通，世間体） 4.世の中での自己存在感（仕事外での存在感，世の中への貢献，会社の誇り） 5.社会的貢献（社会的貢献，家族の支援）	1.組織の中で自己存在（仕事を通じて存在感，上司との交流，仕事を通じての生きがい，仕事が役に立つ，社会的貢献） 2.人間ネットと世間体（出世，人間ネット，世間体） 3.組織中心（勤務意志，帰属感，仲間との一体感，仲間とのコミュニケーション，仕事以外の存在感） 4.家族の支援と人間関係（家族の支援，人間関係，会社ビジョン） 5.組織第一（命令服従，家族犠牲）
女　性	1.帰属感，勤務意志，会社の誇り 2.仲間との人間関係，職場外での人間関係 3.コミュニケーション 4.社会への貢献と仲間との一体感 5.会社ビジョン，人間関係ネットワーク，上司との交流	1.仕事を通しての自己存在確認（勤続意志，職場仲間との一体感，社会的貢献，自己存在感，働きがい） 2.見栄と自由（世間体，労働時間裁量，出世） 3.周囲との関係（会社ビジョン，人間関係ネットワーク，家族の支援） 4会社の誇りと社会貢献（帰属感，会社への誇り，世の中への貢献） 5.身辺者への配慮（上司との理解，他人との接触，家族犠牲）	1.仕事と組織外の自己存在（職場外の仲間とのHR，家族の支援，仕事通しての自分の生きがい，他人との接触，労働時間裁量） 2.組織内の人間関係（会社への誇り，仲間とのHR，出世，職場仲間との一体感，命令服従） 3.会社への同化（帰属感，勤続意志，会社ビジョン） 4.仕事通しての自己存在と組織でのコミュニケーション（仕事通しての自己存在，家族の犠牲，上司とのコミュニケーション，職場仲間とのコミュニケーション） 5.周囲への配慮（人間関係ネットワーク，上司との理解，世の中への貢献）	1.仕事重視（仕事を通した生きがい，家族の犠牲，出世，会社への誇り，時間外労働） 2.他人との交流（他人と接する機会，上司との理解） 3.会社と人間関係ネットワーク（上司とのコミュニケーション，HRネットワーク，会社ヴィジョン） 4.会社への帰属 5.家族の支持と社会的貢献（仕事の役立ち度，裁量時間制，家族の援助，社会的貢献）	1.仕事と外部との関係への配慮（職場外でのHR，仕事が世の役に立つ，社会的貢献，働きがい，勤続意志） 2.職場仲間との関係（職場仲間との一体感，職場仲間とのコミュニケーション） 3.自己中心の考え方（仲間とのHR，帰属感，世間体，出世） 4.家族との協力（家族の援助，仕事での自己存在感，家族の犠牲） 5.自由と人間関係（時間裁量，HRネットワーク，人との接触）	1.組織内・外の交流（人間ネット，組織外の人間関係，人と接する，上司との交流と理解） 2.組織内での仕事（勤務意志，帰属感，家族犠牲，会社への誇り，仕事を通じての存在感） 3.コミュニケーション（仲間とのコミュニケーション，上司とのコミュニケーション） 4.組織外の自己存在（仕事外の存在感，人間関係を楽しむ，時間の自由，会社のビジョン） 5.社会への自己アピール（出世，世間体）

	全　体	Y　社	S　社	F　社	C　社	D　社
若年層	1.帰属感，勤続意志，会社への誇り，仲間との人間関係，仲間との一体感，他人との接触，世間への貢献，仕事を通しての自己の存在感，生きがい 2.会社ビジョン，人間関係ネットワーク，上司との交流，家族の犠牲 3.コミュニケーション 4.命令服従 5.仲間との人間関係，家族の援助	1.組織の中での自己存在（職場仲間との一体感，職場仲間とのコミュニケーション，上司とのコミュニケーション，自分の存在） 2.外部に対する自己アピール（帰属感，世間体，社会的貢献，出世） 3.周辺の中での自分の位置（会社ビジョン，HRネットワーク，上司との交流，他人との接触，家族の支援） 4.外部に対する自己PR（会社に誇り，職場外のHR，仕事の社会貢献）	1.組織の中での自己存在（帰属感，勤続意志，会社への誇り，自分の生きがい，職場仲間との一体感） 2.会社への同化（会社ビジョン，HRネットワーク，上司との交流理解，家族犠牲） 3.組織外の自己存在（家族の支援，世の中に役に立つ，職場外のHR，労働時間裁量） 4.組織でのコミュニケーション（上司とのコミュニケーション，職場仲間とのコミュニケーション，命令服従） 5.組織の一員と社会的貢献（世間体，社会的貢献，他人との接触，勤続意志，働きがい）	1.仕事重視（出世，仕事を通した生きがい，時間外労働） 2.会社への関心（職場外仲間関係，永続勤務願望，社会的貢献） 3.人間関係（仲間との人間関係，HRネットワーク） 4.コミュニケーション（コミュニケーション困難，上司とのコミュニケーション） 5.会社と上司（上司との理解，会社ヴィジョン）	1.会社での人間関係（HRネットワーク，上司との交流，会社ビジョン，人との接触） 2.会社への同化（働きがい，勤続意志，帰属感，会社の誇り） 3.社会との関係への配慮（世間体，社会的貢献，仲間とのHR，出世，家族の援助） 4.仕事仲間と社会貢献（職場仲間とのコミュニケーション，自分の仕事の社会的貢献） 5.命令服従と家族犠牲（命令服従，家族の犠牲，職場仲間との一体感）	1.個人と仕事の関係（会社ビジョン，人間ネット，家族の犠牲，人と接する） 2.仕事を通じて個人存在感（仕事を通じての存在感，仕事を通じての生きがい，仕事外の存在感，） 3.組織のメンバー意識（帰属感，会社に誇り，命令に服従，勤続意識，） 4.社会への自己アピール（世間体，出世） 5.組織内への同化（上司との交流と理解，組織の仲間との一体感）
中高年層	1.社会的貢献，世の中に役立つ，自己存在，生きがい 2.会社ビジョン，人間関係ネットワーク，上司との交流，他人との接触 3.帰属感，勤続意志，会社の誇り 4.仲間との一体感 5.命令服従と家族の犠牲	1.組織の中への同化（会社ビジョン，命令服従，上司との交流，他人との接触，仕事での存在感） 2.会社と自己との両立（勤続意思，仲間との一体感，職場仲間とのコミュニケーション，世間体，時間裁量，家族犠牲，出世） 3.組織の一員と社会的貢献（帰属感，家族の支援，社会的貢献，働きがい） 4.人間関係と自己存在（仲間とのHR，仕事の職場外のHR，仕事外の存在感） 5.会社の誇り（会社への誇り）	1.自己存在と社会的貢献（自分の生きがい，社会的貢献，仕事を通しての自己存在，仕事外の自己存在，世の中に役に立つ） 2.組織内の人間関係（職場仲間との一体感，会社への誇り，他人との接触，仲間とのHR） 3.出世と労働時間裁量 4.会社内で周囲への配慮（会社ビジョン，HRネットワーク，上司との交流理解） 5.会社への同化（勤続意志，仲間とのコミュニケーション）	1.会社と外部への関心（帰属感，永続勤務願望，仕事外存在感，世間体，上司との理解） 2.仕事重視（他人と接する機会，社会的貢献，出世） 3.命令とコミュニケーション（コミュニケーション困難，時間外労働，協働） 4.外部への関心（仕事の役立ち度，職場外仲間関係） 5.組織内の仕事（労働時間裁量，家族の犠牲）	1.会社人間（会社の誇り，帰属感，自分の仕事の社会貢献，働きがい，社会的貢献，勤続意志） 2.人間関係（HRネットワーク，世間体，上司との交流，人との接触） 3.自分の周囲への配慮（家族の援助，仲間との一体感，仲間とのHR，時間裁量） 4.家族，職場外仲間への配慮（家族の犠牲，職場外仲間とのHR，命令服従） 5.コミュニケーション（職場仲間との意思疎通，上司との意思疎通）	1.組織優先（会社に誇り，仕事を通じての存在感，上司との交流と理解，家族の犠牲，仕事を通じての生きがい，勤続意志，帰属感） 2.組織内・外の人間関係（人間ネット，人と接する，組織外人間関係，人間関係を楽しめる） 3.社会貢献（社会的貢献，仕事が世の中の役に立つ） 4.コミュニケーションと家族の支援（仲間とのコミュニケーション，上司とのコミュニケーション，家族の支援） 5.世間体と社外の仲間（働かないと世間体が悪い，時間の自由，出世，仲間と一体感）

第Ⅴ章
人的資源開発とHRM

企業は，経営目的を達成するため，ヒト・モノ・カネ・情報・技術という経営資源を有機的に結合して経営活動を展開している．しかし，モノ・カネ・情報・技術はヒト（人間）によって調達され，人間によって加工されて初めて価値を生み出すものである．したがって，組織活動において，中核的・主体的役割を果たすのは，モノ・カネ・情報・技術を駆使する人間である．

また，人間は組織における中核的，主体的存在なので，人的資産（Human Assets）[1]・人的資本（Human Capital）[2] でもあり，ヒトの確保をどのようにするかは企業の死命を制するものである．経営戦略を策定し，戦術を組み，そして，これらを実行するのもヒト，いわゆる人的資源である．

1　人的資源開発（HRD）とは

この人的資源開発（human resource development）について，M. Armstrongは，次のように定義している[3]．「人的資源開発（HRD）は，個人，チーム，そして組織業績を改善するための学習，開発，訓練の機会を提供することである．HRDは，本来は，企業優先の戦略枠組の中で人々を開発するものである．組織の事業必要性に責任を負うという意味で，企業優先であり，それはまた戦略的意味では，広い，かつ，長期的視点からHRD戦略が事業戦略の達成を支援することになるのである．

HRD戦略は，事業戦略の下位システムとして働くが，事業がその目標達成を促進する積極的な支援の役割を果たすのである．このことを実行するためには，次のようなことが不可欠である．それは，基本的技術を開発し，組織あるいは適材の人材が現在そして未来の必要性に答えられる知的資本（intellectual capital）を開発することもそうである.」

そして，M. Armstrongは，HRDの目的につき次のように記述している.

HRD戦略の目的は，人々を開発するための首尾一貫した包括的なフレーム・ワークをつくり出すことである．HRDのプロセスのほとんどは，従業員が学習，開発しようと勇気づけられる環境を提供することに連動するであろう．HRDの行動は，伝統的訓練プログラムを含んでいるが，力点が置かれているのは，組織，チーム，個人の学習促進にある．焦点は学習組織を創ることにある．HRDは，また，自己啓発を援助する．これは組織内での適正な支援導入をともなうものである.

HRDは事業優先であり，このHRD方針は個人の向上心と必要性に注意を払わなければならない.

また，John P Wilsonは，次のようにHRDについて記述している[4)].

HRDは，1969年ASTD学会のマイアミ会議でLeonard Nadlerによって，初めて登場し，1970年に，彼によって定義された.

Nadler, L and Nadler, Z（eds）（1990）[5)] は，HRDの分野に何人かの人は既に入り込んでいた．それゆえ，その時既にHRDの定義はあったのであるとしている.

HRDはほとんどの組織分野の中で育ったとGalagan（1986）[6)] が記述している.

「多くの分野にまたがることではあるが，何年もかけて，いろいろな理論や，実践を巻き込んでの仕事に関係する学習目標を提供している．理論や事業を学ぶために，社会や行動科学にどのようにも考え方を適切に適応できるよう養成されてきた.」

また，John P Wilsonは，Frankの論文を取り上げ，Frank（1988）[7)]は，他のことと区別するためにHRDの理論根拠につき考察し，HRDの依拠につき仮説を立てた.

① HRDは，基本的には，成人教育の分野からきた研究，理論である．そして，子供の学習とは異なっている．学習は，成人が学び，それによって態度変

容をきたすような適切な環境を創造することに基礎を置いている．

② HRDは，働く環境の中で，遂行度を改善することに関している．それは，人の健康とか，家族との関係を改善することには関係してはいないのである．

③ HRDは，変化の理論を活用することであり，これらは組織に関わっていることである．変化は，個人，グループそして組織に影響を与えている．そして，HRDは，特に個人の変化に関して顕著である．

John P Wilsonは，以上の他，多くの論著の説を紹介しているが，最後に，次のように定義づけている．

HRDは，まだ若い学説ではあり，今現在，開発中であり明確な位置づけを探している状況である．

以上，多くの人々の定義を通していえることは，「訓練，教育，開発，学習といった分野では，HRDは，個人，グループ，組織レベルの学習が，組織目的達成のため，人的資源の効率を高めるために関することである.」

以上，記述したごとく，人的資源開発は，ただ単に教育，学習，訓練をいうのでなく，個人，グループ，組織の行動目的・目標達成のための人材開発であるということができる．

2　人的資源開発と企業戦略

企業戦略を受け，人的資源戦略（human resource strategy）があるが，このHRSを受けてHRDが同調することが要求される．

Torraco, R JとSwanson, RA（1995）[8] は，次のようにいっている．

今日の企業環境は，HRDが事業戦略あるいは組織を支援するだけでなく，企業戦略を形成する基軸としての役割を演じている．……組織競争力を保守する初期的手段として，HRDは，組織の現在の達成要求に従業員のコンピテンスが合致するよう戦略的役割を給供することである．

現在の組織の必要性にともない，HRDを戦略形成のための生きた役割，そして，緊急の企業戦略で充分利点を取れるような組織にすることである．

現在の環境では，競争利点の源は，他の競争者によって，すぐ侵されてしまう．それゆえ，競争利点の源泉といえるものは，他からすばやく学び取る組織の能力にあるといえる．この学習は，組織の中の抽象的な形式に起きるのでなく，個人とかグループの心の中に起きるのである．こうした理由につき，Drucker（1993）[9] は，post-capitalist社会につき語っている．そして，この中で次のことを強調している．それは，今日の価値は従業員の頭脳の中にあるのであって，組織の資本資産の中にはないのである．

こうした価値が従業員に存在するという理解を構築することは，次のような認識なのである．それは，使い果たした資本資産や減少したオーバータイムのようでなく，個人の価値は実際に増加することができる．この理由によって戦略的視点から訓練・開発による人的資産（human assets）への投資が，強調増加される．

人的資源開発（HRD）は，次の図表Ⅴ‐1「HRDの役割」のごとく図示できる．

図表Ⅴ‐1　HRDの役割

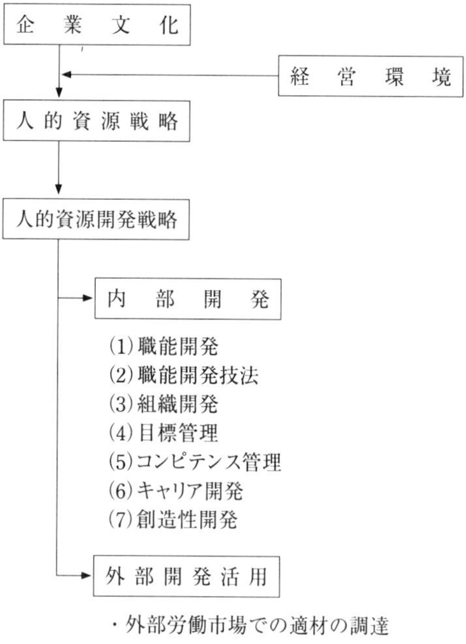

3　内部人的資源開発

内部人的資源開発とは，企業内での人的資産開発である．この内容は，図表Ⅴ-1に示すとおり，数多くの開発内容が含まれる．以下，主要なものについて説明を加える．

(1)　職能開発

従来ともすると，能力開発というと，教育訓練のことをさしていると思われがちであった．しかし，教育訓練は，単に1つの能力開発手段にしか過ぎず，職務の開発（職務拡大，職務充実），異動，昇進が中心となって職能（職務遂行能力）の開発がなされるのである．いいかえると，能力開発は仕事との関係で成り立つものであり，仕事と関係のない能力開発は，かえって多くの問題を発生させてしまっている．本来，能力開発をする目的は，組織成員それぞれの能力，特に知識・技能としての蓄積能力の積上げにのみあるのではない．真の目的は，自分の持っている蓄積能力を思考，行動として仕事を通して発揮する点にある．

能力開発は，仕事との関係で考えていかねばならないものであり，いたずらに過剰教育をすることは，かえってマイナス効果を生ずることになる．すなわち，仕事＞能力の関係にあるときは教育訓練が必要になり，また，仕事＜能力の関係のときは，職務拡大・職務充実の必要性が生ずる．担当する仕事と能力が合致し，適材適所としては位置されたとしても，時間の経過にともなって環境が変化し，以前は適材適所であったものが，この環境変化によって仕事と能力のバランスが崩れ，仕事≷能力の関係が生ずる．

A　職能開発の概要

職能開発は，職務開発と能力開発の2つによって構成される．これを図示すると図表Ⅴ-2のとおりである．

図表Ｖ - 2　職能開発体系

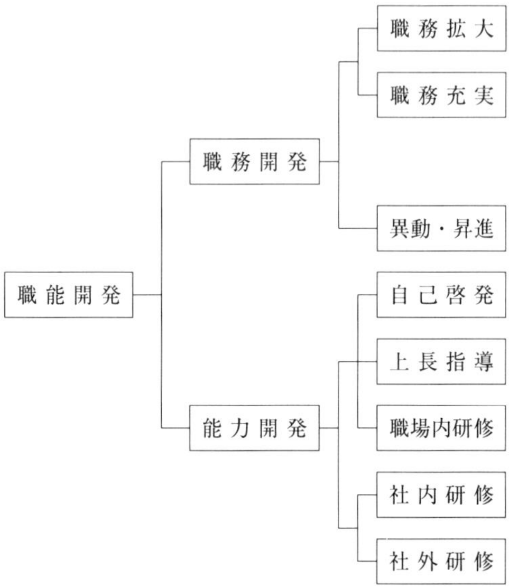

B　職務開発

(A)　職務拡大・職務充実

仕事と人間との関係，すなわち，組織を考えるとき，次のような点が指摘されている[10)].

①組織は構造だけを変えても，運営する人の意識がともなわないと効率的な働きをしない.

②外部の環境変化に対処できる組織は機構ではなく，機構を運営し変革していく人間が変化に応ずる体質を持つことである.

③組織機構のなかで働く人間は，自分の欲求を持っており，仕事のしくみどおりに働くとはかぎらない.

④個性を持った人間の行動を生かすには，枠内に統制管理するのではなく，個々の自由な行動の統合化をすることである，これが組織の有効変革となる.

組織を活性化するためには，組織成員全員が与えられた仕事を100%達成するだけでなく，与えられた役割以外のものを追加することが必要となる．この考え方の上に築かれた概念が職務拡大と職務充実である．

組織は，それぞれ仕事（目標達成）に高い意欲を持ったとき，最も効率的に働くものである．そこで，次のような職務拡大（job enlargement）と職務充実（job enrichment）の考え方が必要となってくる．

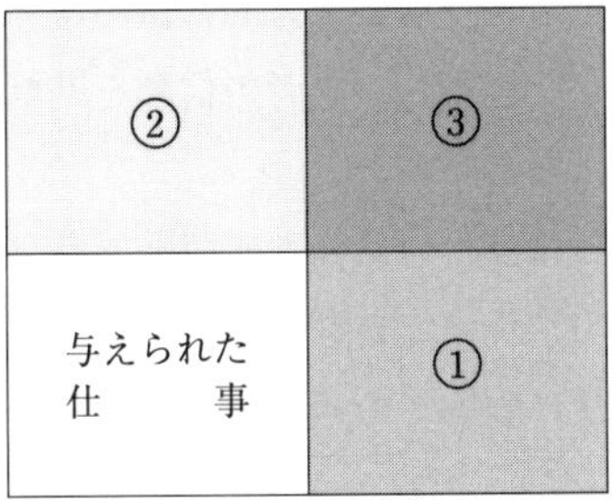

① は職務拡大であり，与えられた仕事以外に新しい仕事の追加を意味する．

② は職務充実であり，既存の仕事のレベル・アップを意味する．

③ は，仕事の幅と質が高まっている最も望ましい状態である．

個人の意欲高揚は，この①〜③の斜線部分の仕事を，組織，個人目標の設定を通じて開発し，チャレンジさせることによって行われるものである．

(B) 異動・昇進

生涯雇用慣行を前提としたHRMシステムにおいては，第Ⅶ章に述べる内部労働市場の重要性が注視される．内部労働市場の1つである企業内の異動・昇進が組織成員にとって唯一の職務経歴となるので，異動・昇進のあり方は職業生活の上からきわめて重要である．

①異動・昇進は，組織成員の職能開発を進めるものである．

異動・昇進は，職務構造に組織成員を量的，質的に調整するためのものだけではなく，新しい職務を体験学習することにより，能力開発を図ろうとするものである．

能力開発は，現行職務の遂行過程や新しい職務を担当することによって行われるものであり，また，さまざまな職務体験の中から新しい能力が発見されていくものである．

②異動・昇進は，期待される能力を基準として行われる．

異動・昇進は，現在の職務遂行能力を基準として行うのではなく，将来にわたって予想される個人個人のキャリア・プランに基づいた，期待される職務遂行能力を基準として行わなければならない．

③異動・昇進は，組織成員と経営管理層の両者によって運営される．

異動・昇進は，組織管理層が一方的に決める専決事項ではなく，組織成員の職能開発欲求を尊重し，両者の信頼を基盤とした共同の課題として運営されなければならない．

すなわち，組織構成員には，自己の職能開発プランを上長と協働して作成するとともに，その実現についての責任が要請され，経営・管理層には，正しい職能把握と職能開発についての適切な指導援助が求められることになる．

C　能力開発

職能開発における能力開発は，個人別に計画された職務開発を達成するために，あるいはよりレベルの高い職務開発を進めていくうえで，欠かすことのできない重要な役割を持っている．

特に，わが国のごとく生涯雇用慣行の中で，内部人材の育成開発をしていく特徴を有する風土では，外部からの人材充足を中心とする米国に比し，計画的な能力開発により安定した労働力の確保と長期的展望の下での能力開発が必要である．

能力開発は，自己啓発，上長指導，職場内研修，社内研修，社外研修によって行われるが，基本になるのは本人のやる気に基づいて自発的に進められる自己啓発であり，仕事に密着したO.J.T.（上長指導，職場研修）である．

(A) O.J.T.（On the Job Training）

O.J.T.とは，仕事を遂行しながら，上長と部下が協力して，部下の職務遂行能力の開発をしていくことであり，これは次のような特徴を持っている．

① 実務に密着した教育

② 部下の能力レベルに合わせた教育

③ 計画的，継続的に行う教育

④ 知識や技能の伝承

⑤ 職場内コミュニケーションの主要な手段

⑥ 業務改善に直結

⑦ 上長自身の能力開発への相乗効果

O.J.T.は，主として次の能力開発手段によって行われているが，O.J.T.の必要性の重要性は誰もが認識しているが，O.J.T.を計画的に実践している企業は希少であるといってさしつかえない．目標管理，コンピテンス管理が一般化してくることにより，よりO.J.T.の重要性は増してくる．

① 自己啓発

能力開発は，自分自身で積極的に能力開発したいという，自己啓発に期待するところが大であるが，自己啓発を促進させるためには，自学自習によって取得するものは何かを明らかにし，そのための参考資料などを明示し，また，タイム・スケジュールも決めておいて，どの程度自学自習が進行していくのかのチェック，ならびに，意見交換や上長のアドバイスなどの援助が必要である．生涯教育，労働の流動化のともなうエンプロイアビリティの強化，高齢化対策への対処など数多くの内・外部の要因により，個人の自己啓発ニーズならびにその重要性は高まってきている．

② 上長指導

本人の職能開発を図るために，上長としては何をしてやれるのかを明示する責任がある．

自己啓発における援助もその1つであるが，仕事を進めていくうえでも本人の自主性，創造性を生かしながら指導されなければならない．

そのためには，部下の進行度を報告させ，問題点は何か，方向は間違っていないか，時間的な遅れはないかなどを把握し，日常的な指導に生かすことが大切である．上長指導の具体的方策は，個人面接，問題解決ミーティング，レポート作成指導などがある．

③ 職場内研修

職場内研修は，グループ・メンバーの共通テーマを取り上げての研究会，あるいはグループとしての問題点などを取り上げ，メンバーで討議し解決していく場である．具体的方策としては，職場ミーティングへの参加，関連会議への出席，勉強会・研究発表会での発表などがある．

（B） Off J.T.（Off the Job Training）

職場を離れての研修であり，階層別研修と職種別研修に区分され，集合研修として実施される．

◎階層別研修

組織を横割にした研修であり，階層別研修と職種別研修に区分され，集合研修として実施される．

◎職種別研修

組織を縦割りにした研修であり，職種系統・職掌系統別などの区分がある．

以上の階層別，職種別研修は，次の社内研修，社外研修に区分され，実施されている．

① 社内研修

全社研修，部門研修，あるいは職種・職能・等級別のカリキュラムのなかで行うものであり，必修と選択に区分されている．

研修参加の結果は，人事記録，C.D.P.システムなどによって管理される．研修で学んだことは，今後の自己啓発に，あるいは仕事の上にどう生かしていくのかなど，フォローが必要である．

② 社外研修

本人の能力開発にとって，有益な社外研修があれば参加させ，自己啓発の促進を図る．

この場合も研修参加後のフォローが必要である．

(2) 職能開発技法

職務・能力を開発するために数多くの技法が開発されている．開発技法は，開発すべき能力の内容に応じるよう異なるべきものであるが，主要なものを紹介すると図表Ⅴ-3のとおりである．

図表Ⅴ-3　各種職能開発技法の特色

	技法	特　色	長　所	短　所
①	講義	・もっとも普及している方法は，教師の一方的説明，一度に多くの人を相手にできる. ・いちばん楽な方法，熱意や態度が学習効果を大きく左右する.	・話が本筋からはずれない. ・時間の計画と統制が容易である. ・多数のものを同時にやりやすい.	・天下り式，権威的 ・フィードバックがない. ・集団思考がない. ・忘れやすい.
②	実地教示ないし実演	仕事の手順，または正確な操作を理解させるため，現場で実際用いられている材料，機械を用いて実演.	・興味を起こす. ・コツがのみ込みやすい. ・多くの感覚器官の利用が可能.	・多数には不適である. ・費用と手数がかかる. ・移動に不便.
③	実習	技能などの完全マスターには有効であるが，被教育者の管理が問題となる方法である.	・興味を起こさせる. ・コツがつかみやすく，習得が速い. ・特に設備，費用を要しない.	・場所の選定 ・学習と作業との区別が問題 ・ミス，危険性がある.
④	視聴覚方法	より多くの感覚に訴えての学習である．与えられるものが，リアル性に富み，印象がきわめて強い．“百聞は一見にしかず”ということで学習の速度効果がいちじるしく高まる.	・興味があり，学習に動機づけられる. ・学習の速度が速い. ・印象的によく覚えられる.	・作成に手数と経費がかかる. ・移動に不便. ・適切な教材の確保がしにくい.
⑤	ビジネス・ゲーム	あるモデルを使って経営や管理の訓練のために演習をする方法である.	・意思決定の重要性を知らされる. ・組織活動の必要性を知らされる.	・経営原理原則との結びつきがむずかしい. ・質を考慮していない.
⑥	事例研究（ケース・メソッド）	ハーバード大学で開発された教育手法．ケースの解決に直接参加し，解決過程において判断力を啓発せんとするものである．講義式教育を演繹法と解するならば，ケース・メソッドは帰納法と称せられるべきものである．短期間に実務に発生する諸問題に接し，その解決のため高度の判断力を養成するうえで有効な方法である.	・興味があり，学習に動機づけられる. ・現実的な問題の学習ができる. ・考える学習交流が可能である.	・適切なケースの確保が困難である. ・原則・ルールの体系的習得がむずかしい. ・学習の進歩が測定しにくい.

⑦	ロールプレイング（役割実演法）	ある役割を規定してこれを実際にやらせてみることによって，これを訓練や評価に使うものである．ねらいは折衝能力や協調性を高めさらには態度の変容にも役立たせることにある．	・興味を持ち積極的に参加 ・各人の弱点がわかる． ・「知る」と「行うこと」のギャップに気づく． ・自分のクセがわかり，発表力もついてくる．	・他の方法と併用しなければ意味がない． ・程度の高い意思決定とは縁が薄い． ・訓練の場を茶化してしまう．
⑧	討議法（会議指導）	問題を提出し，その制限条件を設定したうえで，質問を行い，直接討議に導いていく．集団思考へ導き，目的となっている結論に達するよう指導する． ・パネル・ディスカッション ・バズ・セッション	・民主的・協力的． ・積極的な思考の誘発． ・テーマに動機づけられる． ・知識・経験を自由に交換できる．	・参加者の質に左右される． ・指導者に適材経験者を求めにくい． ・多くの人を同時に相手にできない．
⑨	感受性訓練（センシティビティ・トレイニング）	他人の考え感じるところを的確に感知する能力と，この理解に照らして適切な柔軟な態度と行動をとりうる能力を身につけさせる．方法はリーダーのいない討議に近く，全人格的な洞察の体験学習によって態度が変容することをねらっている．	・集合訓練と実務との結びつきが可能． ・リーダーシップの力が身につく． ・自己実現能力が高まる．	・経営に無関心な人間像が取り上げられる． ・同一企業内で実施するのがむずかしい．
⑩	ヒューマン・アセスメント	目標とする能力側面が，外部から観察できる行動として現れる．複数の演習場面をつくりだして，アセッサーが観察し，その結果を総合して，人材選抜と育成に役立てる方法．	・実践的ケースの処理実態の観察となる． ・ビデオ，実視観察などアセッサーの視覚も使う．	・ケース作成に口数がかかる． ・アセッサーの能力水準に拠るところが大きい．
⑪	グリッド・セミナー	ブレイク，ムートンによって開発された．健全な人間関係，管理能力の育成と，業績達成能力の向上のための，6段階にわたる訓練．ラボラトリー・セミナー，チームづくり，組織改善，変革の実施を行う．	・9・9型リーダーシップが身につく． ・組織開発と個人能力の結びつき．	・全段階をやると，時間と手数がかかりすぎる．
⑫	プロジェクト・チーム	異種の専門家が集まって，ある1つのプロジェクトの解決にあたる．	・目標にたいして集中的にアプローチできる． ・参画度が高くモラールが高揚． ・個人の能力開発，組織開発が同時に行えるうえに，実務そのものが遂行される．	・人材が集まりにくい． ・正規組織の業務能力低下． ・プロジェクト・リーダーの人選困難． ・部門間調整の難航．

(3) 組織開発 (Organization Development, OD)

組織開発は1940年頃から，その根を持っており，常に人的課題と組織の生産の要請に関係してきたのである．当初においては，働く環境のより人の側面に根ざしたものとして知られていた．しかし，最近は企業の目的，あるいは利益性といったものにますます関係したものとなってきている．

特質的には，組織開発は品質改善のように，計画的なものではない．ODは努力であって，次のような変化の過程である．

・計画された
・データに基づく
・トップ・マネジメントからの支持
・あらゆる経営レベルからの協働
・目標達成をより推進するため，組織の文化を積極的に変革しようという感じを持っている．
・長期的視点に立つ
・知識，態度，過程，あるいは構造を変革することに注力している．
・適性にバランスのとれた行動，システム科学技法，研究，そして理論によって創られている[11)]．

(4) 目標管理

企業が従業員に求めているものは仕事の結果―業績である．企業が期待しているものは，ある一定の期間に従業員がどれだけの仕事をしてくれるだろうかということである．これを成果重点の仕事とか，業績中心主義とか呼んでいる．目標管理とは，このような成果主義の思想を根底に持つものであるが，そのためには，一定期間内に成し遂げようとする目標を自分の意思で検討，計画，設定をするという思想であり，人間観である．このような見方，考え方に到達するためには，人間行動についての諸科学の進歩が必要である．

P. Hersey他は，この目標による管理を次のように記述している[12)]．

「個人の目標と組織の目標を統合することが容易ではないことは，わかっている．しかし，不可能ではない．アメリカ文化のある組織で成功した参画的アプローチは，目標による管理（management by objectives = MBO）と呼ばれるプロセスである．この目標による管理の背景となる考え方は，1950年代初め頃にP.F.ドラッカー[22]によって紹介され，その後，特にジョージ・オデオーン（George Odiorn）[23]とジョン・ハンブル（John Humble）[24]らの努力によって世界中に知られるようになったものである．彼らの努力，およびその他の人たちの努力もあって今では産業，教育，行政，軍隊などあらゆるマネジャーたちが，目標による管理のプロセスをマネジメント概念の基本として，組織運営をしようとしている[25]．目標による管理とは，基本的に次のようなプロセスをいっている．

『企業の上級マネジャーと下位マネジャーが協力して，共通の目標を洗い出し，それぞれが分担する主な責任領域を，期待される結果として定義して，……こうして話し合って決めた尺度を基準に部門を管理し，両者の貢献度を評価する[26]．』」

22）Peter F. Drucker, *The Practice of Management*（New York: Harper & Row, 1964）.

23）George S. Odiorne, *Management by Objectives: A System of Managerial Leadership*（New York: Pitman Publishing, 1965）; Odiorne, "The Managerial Bait and-Switch Game," *Personnel* 63, no.3（March 1986）, pp.32-37.

24）John W. Humble, *Management by Objectives*（London: Industrial Education and Research Foundation, 1967）.

25）See also J. D. Batten, *Beyond Management by Objectives*（New York: American Management Association, 1966）；Ernest C. Miller, *Objectives and Standards Approach to Planning and Control, AMA Research Study '74*（New York: American Management Association, 1966）; and William J. Reddin, *Effective Management by Objectives: The 3-D Method of MBO*（New York: McGraw-Hill, 1971）.

26）Odiorne, *Management by Objectives*, pp.55-56.

(5)　コンピテンシー管理

第Ⅵ章「評価とHRM」のコンピテンシー評価を参照のこと．

(6)　キャリア開発 (Career Development, CD)

キャリア開発の言葉の定義は，未だ定説がないようである．ここでは，横山哲夫およびArmstrongの概念を中心に以下紹介していく．

キャリアにつき，横山は，「『キャリアを自己実現に向けられた生涯を通しての職業，仕事』と考えている．仕事はライフ・ワークという使い方に示されるように生涯をかけて自分自身を関与させる（コミットメント）ものという含意があるし，プロフェッショナルという言い方に示されるようにある職業や技術・技能を選び取るという含意もある．したがって，キャリアの概念には，人が仕事，職業に向き合う向き合い方の中に，選択と関与というその人の主体としてのありようが含まれている．」[13)]

そして，CDにつき次のように述べている．

「キャリア・ディベロップメント（キャリア開発）とは，

(1) 中・長期的なキャリア（G1参照）に関する個人の要望と，組織の要請との共生を図るプロセスである．（短期的共生の可能性は「目標による管理」の中にある．「キャリア開発」と「目標による管理」は個人と組織の「共生」という車の両輪である）（34頁参照）

(2) 個人にとってのキャリア開発とは出世競争ではない．対人競争ではない．自己理解の上に成り立つ自己ゴール設定と達成のプロセスである．良き自己ゴールの達成者がキャリア開発の成功者である．（これは基本的な理念をいっている．組織人の上昇指向やライバルとの戦いは便宜主義．新しい時代の組織と組織人はもっと賢いはず）

(3) 自己ゴール達成の主役は自分自身だが，ゴール達成のためには，脇役を必要とする．その脇役を務めてくれる協力者には，協力者自身の，主役としてのゴールがあり，そのゴールが達成されるためには，自分が脇役として協力者の役割を務めねばならない．（これが個立連帯である．〔32頁参照〕）．

(4) 組織にとってのキャリア開発の目的は多様な個人の活性化と，中核的人材としての個立連帯群の育成，強化である．未曾有の変化に対応してくれる創造的人材の確保，増強が組織の将来的生存と発展の鍵となろう．個人と組織の新しい共生関係，キャリア開発の双方向性の認識へのお膳立てがようやくできた．キャリア開発の見直し，ルネッサンスの始まりである．」[14)]

また，CDPと，横山等が重要性を主張するキャリア・カウンセリングの提唱へと進んでいる.

「キャリア・ディベロップメント・プログラム（CDP，キャリア開発制度）

キャリア・ディベロップメント（キャリア開発）実践のための諸制度，諸手続きのこと．自己申告制度，進路選択制度，教育訓練制度，職種転換制度，後継者育成制度，人材登用委員会，社内公募，アセスメント（将来性予測），多面観察面接，キャリア開発集中合宿，海外・国内留学・奨学制度などがあげられ，他に多くの類似の名称，制度がある．特定課題のためのプロジェクト・チーム，タスクフォース，育成のための出向も有効なCDPとなる．これらはすべて組織の要請と個人の要望の共存，調和を可能にするものであるが，実際の運用に当たって，個人の意思，判断の尊重を常に後回しにするようであれば，せっかく導入したこれらの制度はすぐに形骸化の道を辿る．我々はいま，これらの制度の形骸化予防と活性化のための，いわば新薬，兼潤滑剤としてキャリア・カウンセリングの導入を組織・団体に提唱している（熱きドン＝キホーテのCDPルネッサンスの提唱である．〔第1部第2章参照〕）

なお，広い意味でCDPに含ませるか，あるいはCDPと有効に連動し，相乗効果を上げるものとして，目標管理（MBO〔Q8参照〕），状況対応リーダーシップ論（SL理論〔Q8参照〕）などがあることについてもここで強く言及しておく.」[15)]

Michael Armstrongは，概ね次のようにキャリア・マネジメントの要点につき記述している[16)].

◎定義

経歴管理は，組織の必要性と職務遂行とに関系するものである．そしてそれは，企業における個人メンバーの潜在的，かつ，企業組織の中における個人の好みに関わる個人の成長形態についての課題である．特に，後継経営者計画は，可能な限り将来企業が欲する経営者を確保するための個人の成長形態についての問題である.

経歴管理の総体的目的には，次の3つがある.

①後継経営者問題が解決でき，満足な組織での育成計画の必要性を確保する.

②従業員たちが彼らの能力がたどり着ける責任レベルまで，彼らの能力が

フォローし続けるように訓練の連続と経験によるキャリアー・アップの約束を供給する.

③潜在能力を持っている個人に，自己能力開発のガイダンスと勇気を与えるのである．このことは当然のことではあるが，もし彼らが自分たちの能力と熱望を生かそうと感じ，組織で潜在能力を生かし，そして，キャリア開発を達成しようと望むことが条件となる.

◎経歴管理の過程[17)]

・キャリア動態と分析

キャリア動態は，キャリア進行がどのようにとられたのかを記述している．――方法は従業員たちが経歴移動を行う点についての記述である．これは昇進であったり役割の拡大・充実であったり，そして，このことによりより大きな責任がとられるように彼らの技能と能力をより一層活用する点に配慮しなければならない.

キャリア分析は，職務階段と関連の特性の検証である.

・キャリア動態

キャリア進行について，Armstrongは，ライフサイクルと同じようなカーブが描けると考えている．それは次のとおりである.

・経歴の初めの広がり（expanding）は，新しい技術が入り，知識が急速に育ち，コンピテンスの上昇が早く展開し，このことにより個人の熱望や経歴特性が段階化される.

・キャリア・パスの確立（establishing），それは技術知識が広がる段階で受け入れられ，テストされ修正され，経験によって固められコンピテンスのレベルが達成されることが確認され，個人の経歴達成の希望は確実になるかもしくは修正される.

・個人が成熟（maturing）することは，彼らのキャリア・パスの上に打ち立てられ，そして，彼らの動機・能力や機会に従って進むのである.

こうしたそれぞれの段階は，個人の進度によって異なってくる．このことは成長し続けようとすることが成熟段階になるplateau-out（これ以上延びたくないという現象）或いは沈滞，減少という状況を醸し出すこととなる.

キャリア・ダイナミクスの研究は，キャリア経営政策の形成や後継経営者の準備にとって必要なことである．研究は組織の中における個人の進展の分析によって行われる．これは業績の評価に深く関する事である．

・職務の階段と職種[18)]

職務の階段は，個人が職種（job family）の中で自分のキャリアを進展させることである．職種は仕事の性格が基本的には同じであるが，仕事の引き受け段階で専門的観点から何らかの違いがあるものである．例えば，科学者，技術者，会計士，個人専門家などが職種群を構成する．

◎経歴管理政策

経歴投資の時間決定の政策は，次の幾つかによって決定される．

・短期成果――この政策を意識するしないにかかわらず「現時点に」集中する．彼らは現在の仕事と報酬をよくするために，それぞれに従って採用し訓練をする．もし，彼らが良ければ，昇進する．――これは幾らでも機会がある――企業はこれを欲するものを与えるであろう．未来の事を考えたうえでの管理者訓練は，決して時間の無駄にはならない．こうした企業のトップ･マネジメントは，次のように多分云うであろう．「良い仕事を出来る人を得られれば，未来はそのことによって，考えている事になる．彼らは現在の仕事の中で能力を確かめ熟達するであろう．」

・長期計画――経歴管理を長期の考え方で行えると信じている従業員は，経歴管理に計画的にアプローチしている．彼らは，業績，潜在可能性，能力評価等があるかどうかを詳しく再点検し，high-flyer（高い階段）計画を作り，決定計画に基づき仕事に従事できるのである．

・長期の柔軟性――こうした計画を評価している従業員たちは，現在の成果を上げることに集中しなければならない．そして，これからもできるだけ前向きにである．この限りでは，短期の従業員と同じに受け入れているのである．しかしながら潜在能力は評価され，訓練によって開発されるが，職務異動やキャリア・パスの再方向決定を通して慎重に経験を広げることによっては，行われないのである．このアプローチは，今ここというような構造システムの政策，融通性のない現実に欠け，本来の短視眼的なことを避けることになる．

◎スペシャリスト，ゼネラリスト

キャリア・マネジメント政策は，組織が関わるスペシヤリストあるいは適正な数の一般管理を異動をしながらできるゼネラリストを何らかの形でカバーしなければならない．明らかにどのような組織でも，この2つのタイプのミックスがありこのことが純粋なスペシャリストを養成するために，2つの経歴経路を置かなければならないようである．

◎プラトー現象

避けられないことではあるが，多くの管理職は結果的には組織における彼らの経歴の中では，plateau[19] out（やる気をなくす）してしまう．このことは組織再構築とかリエンジニアリング計画の結果，中間管理職の仕事が排除される見せかけの階層組織の中でよく起きることである．

◎後継管理職

後継管理者の目的は，できるだけ昇進とか退職，死，離職，異動等によって欠員になった職位を適正な人で埋めることである．またそれは，管理者たちの組織構造が将来打ち立てられるであろう新しい約束を埋めるのに役に立つことである．後継管理者のための情報は，組織の見通し需給予測によっている．後継者計画は，組織のキャリア・ダイナミクスや業績や潜在性の評価などにより影響されている．これらのものはある限られた時々の情報を提供し現在或いは将来の計画された空位のために用意しているのである．

(7)　創造性開発

斉藤弘行の定義は，以下のとおりとなっている[20]．

「創造性（creativity）は，これまでにない考え方もしくはきまり（規範）から抜け出して新しいものを創り出す能力の程度をいう．これは高い次元での生産的思考ともいえる．個人的にはこのような力を持つパーソナリティのことである．しかしより一般化した存在となって誰もがこの能力を使用できる事情が形成されることもあるが，そのときは操作性の高い創造力として個人の存在から切り離された法則・きまり・戦略として具体化される．この能力は芸術分野についてよく語られるが，より一般的科学や技術についても存在するものとされる．経営組織については意思決定に当たってあらゆる種類の経営管理者にとって要請されるのが創造性である．この際特に新しくかつ有用な方法の生成が創造性であり，問題解決もしくは新しい機会の友好的利用をすることが創造性の発揮である．これによって組織が変化に対応できるようになる．」

この創造性開発の技法は，数多くあるが，村上幸雄は「創造技法の比較」の中で，日本の創造工学的技法について比較研究を，次のように記述している[21]．

「まず，日本の創造工学技法（以下創造技法と記す）の表を掲げる（表1）．

この表で示された日本の4種の創造技法の発散・収束パターンの比較を図2に示す．この図を見てわかることは，図1に示した“弁証法的対話の徹底型としての創造工学”を，共通パターンとしてただちに読み取ることができる．すなわち，どの技法も，次の3点において共通性を有するということできる．

表1　各種の創造工学的技法

名　　称	内　　容
等価変換思考法	市川亀久弥教授（同志社大学）の創始にかかるもので，日本における最も古い創造工学的思想が，これに示されている（ことにその動的定義）．
KJ法	川喜田二郎教授（筑波大学）により，文化人類学などにおける野外科学的調査から得られた基礎データをカード化し，これをグルーピングしてゆく作業を基軸として，そこに何があるかの創造的問題発見を行う．
NM法	中山正和氏（創造工学研究所長）の開発によるもの．NM法H型は，キーワードを最初の刺激材として，そこから得られる発想を絵カードとし，そのバックグランドを分析，その対応物を発散的思考で獲得する．
ZK法	片方善治氏（元東京工大講師，システム研究センター理事長）の発案によるものであり，低照度室内で発散的思考を行う点に特徴がある．

その他として，SET法，OUT法（高橋浩氏，元NHK中央研修所教授），また外国のものとしては，ブレイン・ストーミング（Alex F. Osborn），シネクティクス（W. J. J. Gordon）などがある．

(1) まず発散的思考のフェーズからスタートする．

(2) その後，収束的思考のフェーズが続き，最後のフェーズに到達するまでは，収束―発散―収束―……というように収束と発散の交互的継起，すなわちフェーズ交代現象（phasic alternation）が観察される．

(3) 最後のフェーズは，どの技法にも共通して，図1（創造性研究1P．197に図1が説明されている．著者加筆）に示したような発散収束カスケードとなる．

図2　諸種の創造技法の比較

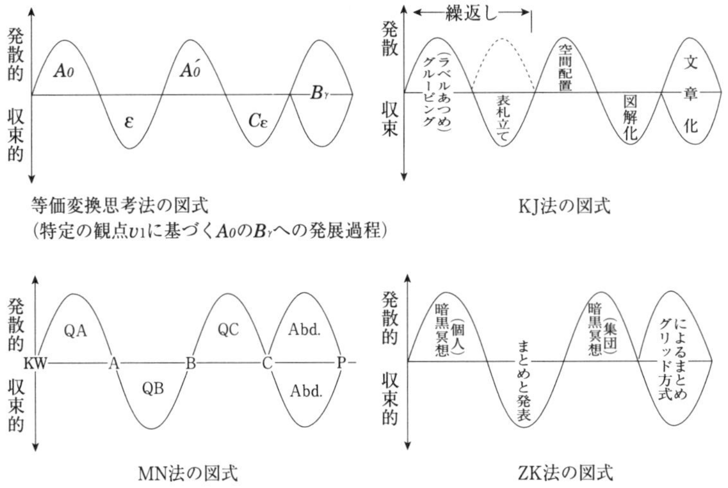

簡単にいえば，(1) 発散，(2) 収束―発散の交互的継起，(3) カスケードという三種のカテゴリーから成立しているということである．これは決して偶然の一致ではなく，人間社会の諸活動は，実務であると研究であるを問わず，このようなパターンとなるはずなのである.」

4　能力構造

能力とは何かを言葉のうえで解明するのは大変むずかしい問題である．

企業活動の中で発揮しているものを能力と呼ぶのか，結果として発揮されていない能力をも含めて考えるのか．また，たとえ能力が解明されたとしても，その能力がどの程度発揮されるかは，本人の努力だけではなく組織の環境要因によって大きく左右されるのである．最近は，competency[22] employability[23]　knowledge[24]　など能力概念に近い言葉が多く出現している．

経営を取り巻く人的，政治・経済的，技術的な影響はもちろんであるが，その他，次の要因によっても能力に変化を生ずる．

① 集団の中での組織成員の位置

集団の中では，人間関係，担当職務，グループの方向などによって組織成員の位置状況によって能力内容が影響を受ける．ベンチャー型組織，異業種交流，ボランタリー組織など組織編成のための目的が異なることにより，それぞれの組織の個人に要求される能力は多様である．

② コンティンジェンシー理論の上での能力

能力発揮の時期，機会，場所などのタイミングがうまく合わなければ保有能力を十分発揮することができず，このため職務遂行能力の内容にも変化を生ずる．組織論でいわれている条件依存，条件適応の考え方は，個人と組織の能力因子の構成に力を及ぼしていると考えることできる．

このように，単に職務遂行能力を把握しても，その場によって能力の内容に変化が生ずることを考えると，人間能力を客観的に把握することが至難のわざであることがよくわかる．

そして，能力を考えるときには，個人能力と組織力を考えることが必要となる．個人能力の総和が組織力を形成するわけではないが，現在のように組織細分化，ネットワーキング化をし，組織観の変曲点にあるとき，個人の能力と組織力の関係についての研究も必要となってきている[25)]．本書では，個人能力につき検討を加える．図表Ⅴ-4に能力の内容を図示したが[26)]，この中で筆者は，

①「ヤル気」や「働きがい」は能力の重要な一部であり，能力開発のための原動力である……自己実現能力

② 組織人として要求される重要な能力，問題を発見し，これを解決していく能力である……実践能力

の2つの能力，すなわち自己実現能力と実践能力が能力要素の中でも重要要素として区分定義してみた．従来の能力把握（評価）では，キャパシティ，パーソナリティ，蓄積能力と実践能力の一部が取り上げられ，特に知識，技能といった蓄積能力にウエイトがかけられていたようである．知識については，記憶・努力の量で知識量が定まるという悪い点がみられ，これが偏差値教育として，現代社会の序列づけに暗い陰を落としているといえる．創造性開発，実践能力の軽視が日本の教育の欠陥となってきている．これからの能力開発の中では自己実現能力と実践能力が個人能力の主要要素として重要視されざるを得ないのである．

図表V - 4　能力構造図

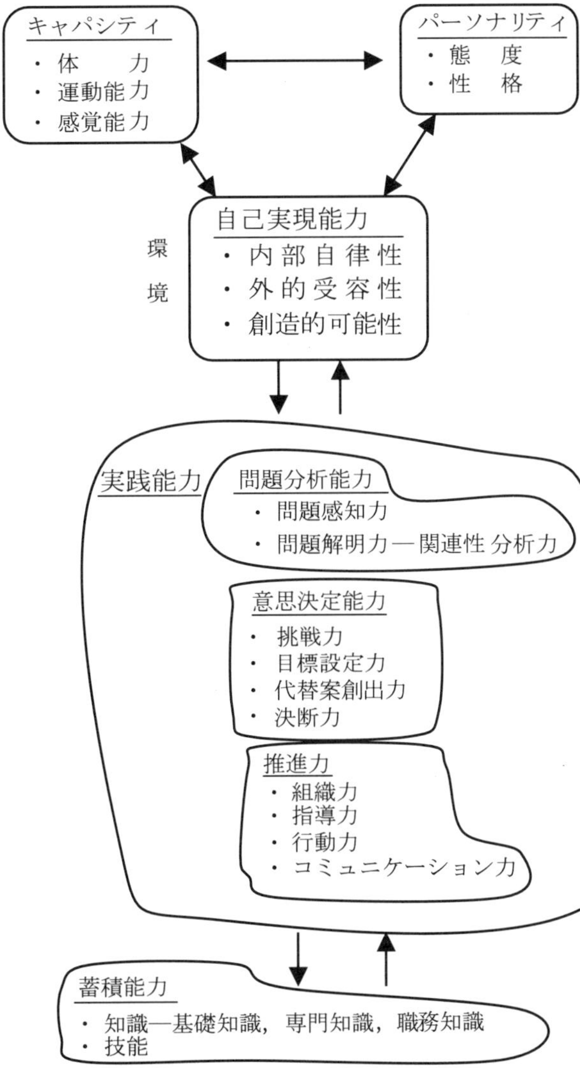

以下に，能力の具体的な内容を検討してみることにする．

(1)　キャパシティ

キャパシティ（capacity）は容量，収容力，能力，資格といった意味内容を持っている．ここでは，感覚能力，運動能力，体力といったものをキャパシティの意味に入れることにする．

このキャパシティは，頭脳的側面，つまり一般にいう能力とは違うもので，物量的な尺度や単位で測定することができるものといえる．これは，図表V-4「能力構造図」を見てもわかるとおり，パーソナリティとも互いに影響し合い，相互の内容形成に影響し合っている．また，自己実現能力とつながりを持ち，このキャパシティは，はかり知ることのできる唯一の能力要素ということができる．

(2) パーソナリティ

職務遂行能力の一要素としてのパーソナリティ（personality）は，個性ともいえるもので，職務遂行能力で最も重要である実践能力に大きな影響を与えている．

しかしながら，パーソナリティという言葉は大変多くの解釈があり，あいまいな概念の1つである．

斉藤弘行は，次のように理解しやすくまとめている[27]．

「人間は感情，知覚，態度，動機，目標などを持つとしても，さらに1つの特色が加えられてはじめて人間の理解が完全に近づく．つまり個人をつくり上げている生理学的ならびに心理学的側面を1つの動態的な全体へまとめ上げるもの，またその過程の理解ができれば人間を知ったことになる．それがパーソナリティ，別名を性格，人格という．全体としての個人を形成するあらゆる部分を超えた構成要素ともいわれる．より定義らしく説明すれば人間の心理的行為（思考，感情，動作）のなかにある共通性と差異を決める種々な特性と性向のしっかりした組合せのことをいう．この場合この特性と性向を相対的に変化しない（またはゆっくり変化する）とみる．また共通性と差異につき前者は人がある状況において共通に示すものであり，後者は人が異なる行動を示すというものである．この両特性をまとめ上げて1人の人間としての特色を出すようにするのがパーソナリティである．」

また，槙田仁等によれば，「個人は物理的，社会的，文化的環境の中に住み，それらの影響を受けながら，しかもまた，それらに対して，ある影響を与えていく一つの存在である．そのような個人の統一体がパーソナリティである．しかして，パーソナリティとは，その個人の生まれてから死ぬまでの一連の系列（人生）である．すなわち，パーソナリティの歴史がそのままパーソナリティそのものである.」としている[28)]．

パーソナリティの定義については以上のように論者によって表現は異なってはいるが，共通していえることは，パーソナリティというのは，部分的にとらえることができるのではなく，それぞれの構成要素が相互に関連してそれらが全体を形づくっていることであろう．

槙田によれば，パーソナリティはその形成の過程から4つの層に分けられる．

1つは，比較的先天的要素の強い気質（持続力，馬力，機敏さ，内閉性など），これに後天的な環境によって形成される要素の強い性格（神経質，勝気，依存心，責任感，協調性，社交性など）が加わる．この気質と性格がパーソナリティの骨格的な部分を構成し，これが態度，信念，価値観，興味などに影響を及ぼすことになるが，さらに人間の行動はそのときどきの役割に規制される．

これを図示すると，図表Ⅴ-5のとおりである．

このようなパーソナリティの構造から，次のことがいえる．すなわち，パーソナリティの中核である気質はほぼ人の生涯を通じて変わらないもので

図表Ⅴ-5　パーソナリティの構造

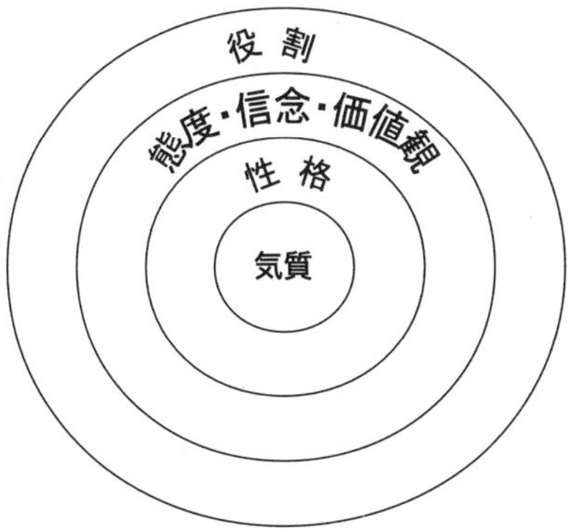

出所：佐野，槙田，関本他『新・管理者能力の発見と評価』金子書房，p.78に筆者が一部加筆．

あり，次の性格の層も5－10年という期間でないとなかなか変わらない部分である．

それに対して，態度・信念・価値観の層は，ある年月が経てば比較的容易に変わりうる部分であり，役割行動になると場面が変われば行動も変わるような部分である．

(3) 自己実現能力

自己実現につき，太田　肇は「自己実現人」仮説につき，次のように個人と組織との関係に触れ，個人の欲求と仕事との関係の重要性について示唆している[29)]．

「彼らの理論に共通するのは，つぎのような考え方である．人間は成長し続ける存在であり，本来保有している能力を最大限に発揮すること望んでいる（「自己実現人」仮説）．ところが，固定的な命令と服従の関係，権限の序列，職務の細分化などを特徴とする伝統的な組織と管理のもとでは，能力を伸長・発揮することができない．したがってそれを実現するためには，個人が組織全体に関係する重要な仕事に携わり，組織の枢要な意思決定に参加できることが必要である．

具体的には，全体と部分の相互作用，頻繁なコミュニケーションと参加の機会，権限の委譲などが重視される．それによって個人は高次の欲求を充足し，組織は個人から最大限の貢献を引き出すことができると考えるのである．」

個人が自己実現したい人間であり，これが能力の方向づけ，発揮のために引き金になっていると筆者は理解してよいのではないかと考えている．

すなわち，自己実現能力というもの存在を認めることになる．自己実現欲求（self-actualization needs）については，A. H. Maslowの欲求5段解説を借りて説明することにする[30)]．

マズローの「欲求段階説」または「自己実現モデル」によれば，すべての人は，全体を見通したい，成長を続けたいという生来の欲求があり，自身の潜在的能力を最大限発揮したいという欲求を持っているとされる．この欲求は，階層を成しているのである．

この考えによれば，自分が持っていないものによって満たされる欲求を欠乏動機とした．カネやモノ，さらには，尊敬や愛情に不足している人たちは，それらの欠乏を満たすことに動機づけられ，行動することになる．しかし，そのものが得られれば，その欠乏動機は充足されることになり，それ以上の行動を喚起することはない．次の，それより上位の欲求に関心が向かうことになる．これらの欠乏動機には，食欲や性欲，睡眠などの生理的な（physiological）欲求から，衣や住，職業の安定に関わる安全（security）の欲求，所属や友人を求める社会的（social）への欲求，さらに，自らが他よりも優れていたいとする自尊（esteem）の欲求へと，これらは順次低次から高次へ階層をなしている．この順序関係は不可逆的とされている．つまり，高次の欲求が充足されない場合，下位の欲求に戻ることはないとされた．

これらの下位に位置づけられる欲求がすべて充足されると，これらの動機により行動喚起はなくなる．下位の欲求とは，欠乏しているがために充足したいとする動機づけであるために，欠乏動機とされる．他方，上位の欲求とは，これら上位の動機づけが充足された段階では，満たされると関心がなくなるというよりも，満たされるほど，いっそう関心を強化されるので，成長動機としてまとめている．これらはやがて，このモデルにおける中核的な概念ともいえる．自己実現（self-actualization）の欲求の発見にいたるのである．これは，最も高次の，最も人間的とされる動機づけであり，行動によって報酬を得るのではなく，行動そのものを目的とする絶え間のない動機づけであるとされる．

① 生理的欲求

生命を維持するための最も基本的な欲求で，例えば，食欲，性欲，睡眠欲

図表Ⅴ-6　マズローの欲求階層図

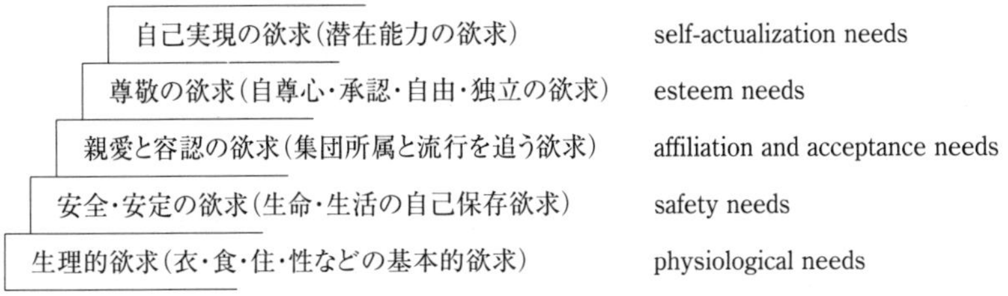

などがその代表的なものである．生理的欲求の中でも食欲がその典型であること示している．あらゆる生物にとって，この生理的欲求は基本的欲求中の基本といえる．

② 安全・安定の欲求

生理的欲求がある程度満足されると，そこに新しい一組の欲求，すなわち安全の欲求が現れる．もし身の安全がおびやかされる場合には，その個体は全力をあげて安全性を確保しようとするであろう．しかし，もし身の安全が保証されていない社会であれば，その生活上の主目標は身の安全を図ることであり，そのことが当人の現在の「世界観や考え方だけでなく，彼の将来の考え方についても強い決定要因となる」のである．

この安全の欲求は，生理的欲求の満足の上に発現することに特徴がある．

③ 親愛と容認の欲求

マズローはこの欲求について，「生理的欲求と安全の欲求がかなり充分に満足されるならば，愛と愛情，所属の欲求が起こってくるであろう．そして，今まで述べてきた一連の過程がこの新しい中心のもとに繰り返されるであろう．いまやかつてなかったほど，友達，或いは恋人，妻，子供のないことを痛切に感じる．人は一般に他のものとの愛情に満ちた関係，即ち，自己の所属しているグループ内での地位を切望しているし，この目標を達成するために一生懸命努力するであろう．人はこの世の中の何物よりもこのような地位を得たいと思い，自分がかつて空腹な時，愛を非現実的，或いは不必要な取るに足りないことと軽蔑していたのさえ忘れるであろう」と述べて，この欲求が生理的欲求と安全の欲求の充足の上に発現することを説明している．

④ 承認の欲求

マズローは，「人間社会では，すべての人々（少々の病的例外はあるとしても）は通常安定し，基礎の確立した，自己に対する高い評価や自己尊敬，自尊心，他者から尊重されることに対する欲求」があるとする．

この承認の欲求に属するものも数多くあり，マズローはこれを二分して，1つは「強さ，業績，妥当性，熟練，資格，世の中に対して示す自信，独立と自由に対する欲望」などの自尊心であり，もう1つは「他者から受ける尊敬とか尊重と定義できるいわゆる評判や名声，地位，他者に対する優勢，他者からの関心や注意，自分の重要度」などの，いずれも他者から理解を受けたいという欲求であるとしている．

⑤ 自己実現（self-actualization）の欲求

マズローが自己実現の特徴として，彼の研究の比較的初期に挙げたリストの大略は，次のとおりである（前掲訳書，第12章の項目）．

・現実を有効に認知する
・自己も，他人も，自然も，あるがままに受容する
・自発性を伸ばす
・自己中心よりも問題中心的である
・独自性をもち，プライバシーを求める
・自立性をもつ
・評価がつねに新鮮である
・神秘的経験を頻繁にもつ
・共同社会感情をもつ
・深い対人関係をもつ
・民主的な性格構造をもつ
・手段と目的とを区別する
・哲学的であって，悪意のないユーモアのセンスをもつ
・創造性をもつ
・文化的に組み込まれることに抵抗する

マズローの自己実現を理解するには，この時点で少なくとも上述15項目の記述を全体的に把握する必要があり，そこにイメージされる全体像がマズローの健康概念であり，価値観なのである．

要するに，自己実現者とは，「強い内的自立性と外的受容性をもって，創造的に自己の可能性を拡げていく人間」である．

「自己実現」は，本来の自己を実現することであり，別の言い方でいうと，個人目的（個人の人生の究極目標，または理想）の達成であり，一生かけて追求し，一歩一歩それに近づいていくものである．

自己実現は，自己の「夢」の実現であり，仕事を通して社会というキャンバスに絵を描くという自己実現の場として組織活動をとらえる人が多い．組織

という場を通して，自己実現をしなければならないのが，現代社会なのである．

(4) 実践能力

自己実現能力が企業の中で具体的に発現するためには，それが実践されることが必要である．われわれは能力が実践されるためには，企業行動を，①目標設定，②行動設計，③行動といった組織的・計画的行動のプロセスとしてとらえる必要がある．

企業行動は，企業が活動するための環境をとらえ，方向づけをしながら問題を発見し，これを解決しながら業務遂行することによって成り立っている．

すなわち，①問題分析，②意思決定，③行動推進，④結果のフィードバックというプロセスを通じて，行動実践が行われるのである．

問題解決のためにはまず問題を感知し，解明し，しかも他との関連性まで分析・把握することが必要である．このようにして問題を意識として顕在化したうえで，行動に移す場合，問題分析と行動とのあいだになんらかのプロセスがあるであろう．このプロセスがどのように働くかを究明することが，能力把握にとって必要になる．われわれはこのプロセスを意思決定として考えることにする．

以下，それぞれにつき簡単に説明を加えていく．

A　問題分析能力

実践能力，すなわち職務遂行の中で問題を解決していく能力の第1段階が問題分析能力である．

そして，ここでいう問題とは「基準からの逸脱あるいは，そうあるべき状態と実際にそうなってしまった状態とのあいだの不均衡である」(ケプナー＝トリゴー『管理者の判断力』15頁)．すなわち，あるべき姿と現状とのギャップとしてよいであろう．

問題分析は問題を認知することである．それは，①問題の発見，②問題の分析，③関係，原因の把握というプロセスでつかまえることができる．われわれが問題を認知するときは，経営の置かれている環境，またその中における自己の置かれているそれぞれの環境・状況の変化があるときである．環境・状況の変化すなわち不均衡の中で問題を感知する力が必要である．

そして問題を感知したあとはその問題が本当の問題としてよいかどうか，情報を収集・整理して分析解明することが必要である．

問題を解明するときにまず必要なことは，問題の内容を事実として見極め，自己の頭で修正を加えないで，ありのままを分析することである．

また，問題を分析するときに事実と事実のあいだの関連性を的確につかまえることが必要である．特に今日のように情報量が多くなってくると，事実の本質を把握するのに1つの事実を独立させて，他と切り離して考えることは真の問題把握を行いえないことになってしまう．

また，問題を認識するうちには，関連する問題が全体の中でそれぞれどのようなウエイトになるかは，関連性を考えて決定しなければならないことである．

B　意思決定能力

意思決定とは，①問題分析，②意思決定，③行動推進の流れ，すなわち問題解決プロセスの一部であり，目標を達成したり，問題解決のためのいくつかの手段のうちの1つを選択する活動である．

この意思決定は，次のプロセスによって成り立っている．

(A)　挑戦力

問題分析能力がとらえた問題，すなわち新しい仕事や困難な問題に挑戦したり，自己の目標をたえず向上させようとする意欲的な態度が必要であり，これを挑戦力と呼ぶことができる．

(B)　目標設定力

組織および自己の長期的なあるべき姿を設計し期間的ゴールを設定しうる能力であるが，この場合目標を明確にするだけでなく，目標達成のための方針すなわち行動をするとき，どのような態度で行うかといった価値前提や，技術水準，報酬，人材といった制約条件を明らかにしなければならない．

(C)　代替案創出力

設定した目標を解決するにあたって，異なった観点，立場から多くの代替案を設計しうる能力をいう．

問題解決案の作成は1つの案しかない場合もあるが，多くの場合いくつもの案を考えることができる．なぜ多くの代替案がなければならないかというと，その1つは，問題分析→意思決定→行動推進と進む問題解決を取り囲んでいる環境は，常に変化しているためであり，その2つは，行動主体（意思決定者）が全員同じ意思決定能力を持っているのではなく，個々人異なるものを持っているということ，そして第3に問題解決のための手段が1つのものでなく，数多くの手段によって解決可能であるという3つの変動要因によって複数代替案ができあがるのである．

代替案の作成には創造力，革新力，総合力といった能力が必要になる．

(D) 決断力

複数の代替案について評価し，評価結果にもとづいて1つの最適案を選択しなければならない．この選択も，その場面の全体的状況の中で判断をしなければならないので，論理的，合理的な思考だけでなく積極的な意欲が必要になってくる．これを決断力と呼ぶ．決断をするには相当のリスクを負担しなければならないことが多いし，また決断するタイミング，機会を把握する力も含まれる．問題発見から意思決定までのプロセスを図示すると，次のようになる．

C　推進力

企業の中で組織成員としてものごとを実践していくために問題発見，分析，

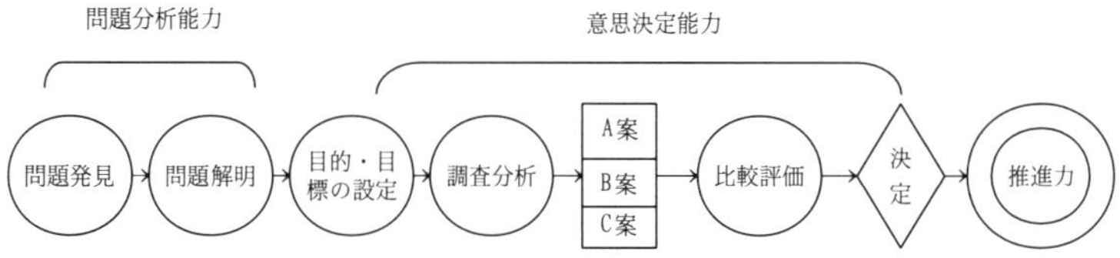

創出，意思決定というプロセスをふむが，その究極は意思決定したものを推進し実現させる力である．

推進力は組織力，指導力，行動力，コミュニケーション力の4つに分けることができる．

(A) 組織力

組織力とは，企業目的達成のために成員個々の力を結集させ，小集団，ネットワークによる組織シナジーを追求し，総合力を最大にする力をいう．

(B) 指導力

成員に対しグループ運営上や，職務遂行していくために必要な能力，コンピテンス向上をさせるための効果的なO.J.T.による指導訓練など個人の活動を導く力である．この力は高度の実務遂行に必要な知識，技能を持っているだけでなく，相手を受容し，業績向上に結びつく指導力をいう．

(C) 行動力

計画された目標を達成するための実行力である．この行動力を実現させるための困難への挑戦力をともなう実践的行動をいう．

(D) コミュニケーション

コミュニケーションの過程は情報源を送り手がシンボル化して発信し，受け手はこのシンボルを受け取って解釈するというプロセスを経る．

しかし，コミュニケーションには次のような問題がある．

①いかに正確にシンボルを相手に伝達するか．

②伝達されたシンボルがいかに正しく本来の意味を伝達するか．

③受けとられた意味がどの程度ねらった方向への行動に影響を与えうるか．

組織の中でのコミュニケーションは，情報伝達によってねらいの方向への意思決定もしくは行動がとられなければならない．こうしたコミュニケーションを力としてとらえるとき，この力を構成している要素は，情報収集力，情報整理力，表現力，折衝力および対話によって成り立っている．

(5) 蓄積能力

各人が各様の生活環境のもとで生活年齢の経過にともなって，種々の経験を堆積するのである．

日常の生活，学校教育，仕事または文化活動を実践行動したりすることにより自分自身を啓発し，成長するのである．この成長の糧となっている各人が得た情報が知識であり，手法が技能ということができる．

知識は次の3つに大別される．

①基礎的知識……いわゆる一般教養によって生ずる社会人，職業人として必要な知識

②職務知識……過去に得た習熟と経験による知識に今後必要な知識を加えた職務遂行に必要なもの

③専門知識……現在その知識が職務上必要であると否とを問わず，持っている専門的な知識をさす．

以上のようにして得られた蓄積能力は，蓄積され活用される．その一部はパーソナリティ，キャパシティにも影響されるが，大部分は自己実現能力や実践能力に波及し，個人を育成開発することにより職務遂行能力が発揮される．

【注】

1）人的資産，human assetsについては，会計学の上で，human assets accountingを人間資産会計と訳している．若杉　明著『人間資産会計』ビジネス教育出版社，1979年，p.3.

そして，若杉は人間資産の資産化および費用化モデルをp.7に次図のように示している．

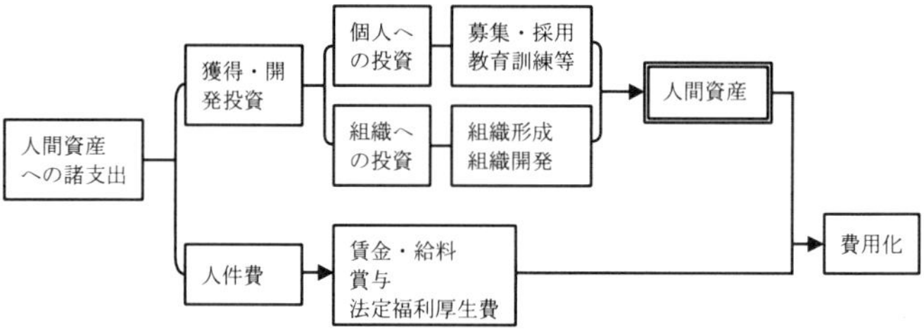

筆者は，人間資産という訳語でなく人的資産という訳語を用いることにする．

2）人的資本human capital，人的資本については，『人材開発事典』キャリアスタッフ刊，1998年の中で，次のように記述している．同書p.367から抜粋，「労働は，技術と生産的技能を通して生産に貢献する．生産への貢献という意味では実物資本と同等であり，その生産的価値を人的資本として把握することができる．資本を増大させるのは投資であり，人的資本の場合，人的投資（investment in human capital）と呼ばれる．教育，訓練が人的投資の主たる形態である．……」

3）M. Armstrong, *Human Resource Management Practice*, 7th edition, 1999, p.475.

4）John P Wilson, *Human Resource Development*, Kogan Page, 1999, pp.9-10.

5）Nadler, L and Nadler, Z (eds), *The Handbook of Human Resource Development*, 2nd ed., New

York, Wiley.

6）Galagan, P（1986）Editorial, *Training and Development Journal*, 40, 3, p.4.

7）Frank, E（1988）, 'An attempt at a definition of HRD', *Journal of European Industrial Training*, 12, 5, pp.4-5.

8）Torraco, RJ and Swanson, RA (1995), 'The strategic roles of human resource development', *Human Resource Planning*, 18, 4, pp.10-21.

9）Drucker, P (1993), *Post-Capitalist Society*, Oxford, Butterworth-Heinemann.

10）ADAMS研究会『日米管理職行動比較研究調査』（財）日本生産性本部，1984年，p.99参照.

11）Tracey（ed.）*Human Resource Management & Development Handbook*, AMACOM, 1994, p.806から引用.

12）P. Hersey *et. al., Management of Organizational Behavior.* 山本成二他訳『入門から応用へ行動科学の展開 新版』生産性出版，2000年，pp.155-157.

13）横山哲夫他『キャリア・カウンセリング』生産性出版，1995年，p.78.

14）同上書，pp.81-82. G1とは，横山他著のp.78にある〔G1〕キャリアのglossary（用語解説）であり，〔G1〕は，その省略.

15）同上書，pp.82-83.

16）M.Armstrong, *Personnel Management Practice*, 1977, Kogan Page Limited, p.548

17）*Ibid*. p.549.

18）*Ibid*. p.552.

19）キャリア・プラトーについては，山本　寛著『昇進の研究―キャリア・プラトー現象の観点から』創成社，2000年に研究成果が発表されている．昇進の停滞という観点からキャリア・プラトーを考察している．筆者のDiversity調査でも『出世』に対する個人の価値観が変わってきており，組織内での昇進の意味づけが大きな問題となってきている.

20）斉藤弘行『経営組織・人間小辞典』同友館，2000年，p.132.

21）村上幸雄「創造法の比較―新しい学的体系と原理発見への道―」日本創造学会編『創造性研究1，創造の理論と方法』共立出版，1983年，pp.198-200.

22）コンピテンシーについては，本書第Ⅵ章「評価とHRM」に詳述している.

23）エンプロイアビリティについては，本書第Ⅶ章「コスト管理とHRM」の労働市場に説明している.

24）野中郁次郎によって唱えられている言葉であり，「知識創造」とは，企業における組織知を継続的に生み出すこととし，知識創造プロセスを暗黙知（tacit knowledge）と形式知（explicit knowledge）の2つのタイプに分けて考えている．そして，思考のスキルや行動のスキルの暗黙知と文章，定量的データなどの形式知との間の知識変換に4つのモードを考えている．詳細は参考文献，野中郁次郎著『知識創造の経営』日本経済新聞社，1990年，野中稿「知識創造と人材開発」『人材開発辞典』日本マンパワー出版，1998年など参照.

25）太田　肇は，個人と組織の関係につき，「個と仕事」という観点から新しい論点を展開している．詳細については，次の書を参考にされたい．

太田　肇著『仕事と組織』有斐閣，1999年

太田　肇著『個人尊重の組織論』中公新書，1996年

太田　肇著『ベンチャー企業の「仕事」』中公新書，2001年

26）図表Ⅴ-4「能力構造図」は，花岡が（財）日本生産性本部（現，（財）社会経済生産性本部）経営指導部に主任経営コンサルタントとして勤務していたときの『職能開発人事管理』白桃書房，1973年，pp.71-92に，共著者である向　摯（前同本部主任経営コンサルタント）との共同作業で，概念規定したものである．作業は，2人でKJ法により能力要素を書き出し，KJ法でまとめた．図表Ⅴ-4は，この図表に花岡が加筆修正した．

27）斉藤弘行『経営組織・人間小辞典』同友館，2000年，p.181.

28）佐野・槙田・関本共著『新・管理能力の発見と評価』金子書房，1987年，pp.43-44.

29）太田　肇『仕事人と組織』有斐閣，1999年，p.71.

30）Maslow, A. H., *Motivation and Personality,* Harper, 1954.（小口忠彦監訳『人間性の心理学』産能大出版，1971年，pp.8-14, pp.67-143.）

第Ⅵ章

評価とHRM

はじめに

評価は，何かの価値をある判断基準によって，世の中の現象を位置づける行為のようなものである．人間が自己の存在を確認し，世の中での位置づけをするにも評価行為を欠かすことはできない．

10年前，20年前に美しいとされたファッションは，現在のファッションの美的感覚からすれば美しくないかもしれない．美の評価基準が変化したのである．何かを位置づけする基準は，時の経過によって変化する特質を持っているということができるのではなかろうか．いわゆる環境の変化によって，評価基準が変化するのである．この現象は，社会一般に認められることである．本章では，環境の変化に，HRM（Human Resource Management）の評価システムが，どのように変化しているかにつき考察する．

HRM（人的資源管理）の中で，評価の果たす役割は大きなものがある．評価制度の中での評価に対する従業員の意識，現在の評価システムの課題など評価とHRMとの関係につき考察し，組織の中で個人，グループがどのように活動し，組織目的達成にどの程度貢献したかを明らかにする．いわゆる評価制度が組織活動の管理に効率良く影響することがHRMの機能の1つとして重要なことである．

1　評価とは

評価という言葉をどのように概念規定しているかを，文献により検索してみる．英語でも評価は，evaluation, estimation, assessment, appraisal, estimate, valuation, value, opinion, grade, graduation, measurement, classify, rank, group, sort, assort, ratingなど数多くの表現がある．日本語で評価に類する言葉を探すと，価値，評価，査定，等級，身分，階級，分類，測定，階層，地位，群，格づけなどがある．このように評価に関する表現が多いということは，評価に関係する社会現象がいかに多いかということでもある．

HRMの中での評価システムでは，人事考課，人事査定，人事評価，業績評価，能力評価，職能評価，職務評価など数え切れないほどの管理システムが存在するが，その呼称については，全部を包括しHRMに関するシステムと包括的に呼ぶことにする．

本書で考察する評価とは，HRM（人的資源管理）の中での評価であり，社会一般での評価概念とは，評価の概念規定は同じではないといえる．その理由は，HRMでは，組織管理の手段・方法としての評価であり，一般社会でいう評判，世評，批評，評定などとは，評価の目的，手続きなど組織管理・運営のために評価を手段として用いるという点で差異がある．評価とは何かという，評価に関する本質的な概念検討の文献は見当たらず，ほとんどの文献は，評価制度の制度論に関するものである．

本項では，HRMの中での評価概念としてMichel Armstrong[1)]の著述を参考とし，評価の概念化を試みる．Armstrongは，HRM機能が，戦略レベル，支持レベル，そしてサービス対策について，どのように効果的であるかの測定（評価）について論じている．そして，ArmstrongとLong（1994）[2)]によって実施された研究調査の中で，取締役や管理者たちが持っている評価の最も一般的な概念的基礎は，以下の9つの要因に関係したものであるとしている．

①組織の理解（組織の使命，価値観，重要な成功要因，製品，マーケティング戦略，操作と特徴的なコンピテンスの技術或いは方法）

②企業 / 事業問題について意思決定するトップ・マネジメント・チームに対する効果的貢献

③革新的･現実的，そして説得力のある提案がHR戦略政策，計画になされた程度

④約束事をなす容量

⑤提供したアドバイスやサービスの品質で，これらは，主として主観的な言葉で評価されたものである.――例えば，それは実際的だとか，私の必要性に合うとか，私の課題を解決するとか，サービスは十分だとか，援助またはアドバイスの要請にすぐに応ずるといったものである.

⑥労働組合との安定と協調の関係をつくり維持する能力

⑦減量革新（downsizing）のような困難な状況に対処できる能力

⑧非常に一般的な表現ではあるが企業文化の発展への貢献，経営スタイルの影響，そして，変化への促進者，管理者としての能力

⑨トップ・マネジメント・チームのメンバーとしての全体的信頼度と能力

筆者は，ArmstrongとLongの調査結果について，図表Ⅵ‐1「Armstrongの評価の考え方」のようにまとめることができる.

彼らの評価要素は，企業組織全体と労働組合との関係も含めている．特に，目的達成に行動する企業経営の統合システムへの貢献度を評価要因，いわゆる何を評価するかとしている.

Armstrongは，同書の中で[3)] 評価の全体的方法論の中で，TsuiとGomez-Mejia（1988）[4)] の明示を取り上げている．それは次の2つである.

①過程基準（process criteria）――どのように物事がうまくなされたか

図表Ⅵ‐1　Armstrongの評価の考え方

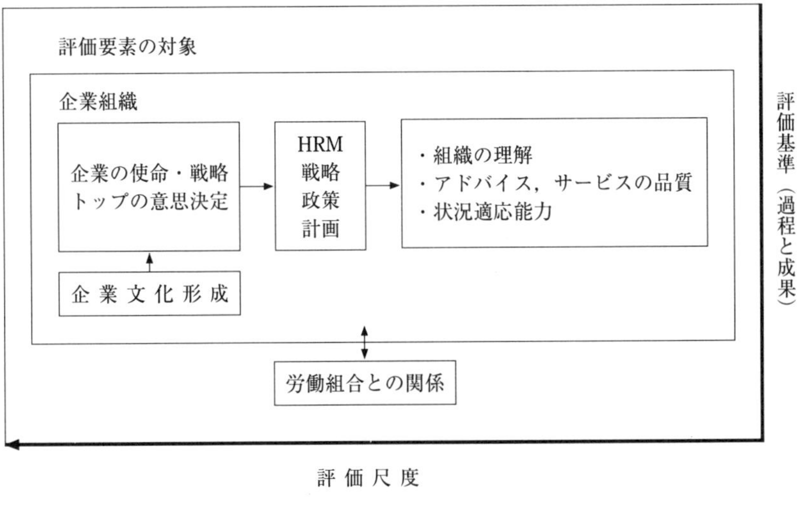

②成果基準（output criteria）――組織過程によっての影響や運営による成果，例えば，最終結果の効果

そして，成果の尺度として，次の4つをあげている．

①金銭的尺度（money measures）収入の増加，経費の圧縮，収益性の改善

②時間的尺度（time measures）日程計画表の達成，未処理の量，行動・反応のスピード

③効果の尺度（measures of effect）標準達成，行動の変化

④反応の尺度（reaction）同僚の評価，内外の顧客或いはコメント，不平の分析などによる評価

以上，簡単にArmstrongの著書，Human Resource Management Practiceを参考とし，企業における評価についての概念化のための検討を試みた．

一般的にいう評価とは，評判，世評，批評，評定といった表現を含んでいるのであるが，これらは，評価する世の中のどのような対象物でも図表Ⅵ - 1に表示した縦軸，横軸の評価基準・評価尺度に基づき位置づけをするといった行為としての評価である．

筆者が概念規定するHRMにおける評価とは，評価要素・評価対象を企業の組織活動ならびに労働組合との関係まで含んだ企業活動トータル・システムと被評価者との関係を評価することである．そして，この評価は，評価基準として，被評価者の行為を行為の過程と成果に置き，評価尺度を設定した評価制度をいう．

2　評価の歴史的変遷

評価制度が，どのような歴史過程を経て，発展してきたかについて遠藤[5)]，山田[6)]は，1916年から1924年にかけての制度開発であるとし，特に1917年の図式評定尺度法（ rating scale ）をあげている．米国で開発された評価方法が日本に紹介された時期は，テイラーの科学的管理法の1つとして紹介されたとされている（遠藤1999年，p.119, 山田1983年，p.66）．その後，第二世界大戦中に，組織効率向上の必要にせまられ，数多くの研究がなされた（遠藤1999年，pp.119-123）．本項では，第二次世界大戦後の評価制度の歴史的過程

を明らかにすることにより，評価制度が1945年から今日まで実務社会にどのように導入されてきたかにつき考察していく[7]．

図表Ⅵ-2に従い，わが国の評価制度がどのような環境適応の道程を辿ってきたのかを検証することにする．

① 1945年以前

第二次世界大戦以前に，既に身分制あるいは身分的資各制度が，導入されていた[8]．この身分的資格制度は，1950年代に導入･普及され始めた職能資格制度，職能分類制度とは，その内容を異にしている．また，米国の民間企業の人事評価を初めて日本に紹介したのは，増田幸一の1925年の著書『適正考査法要領』であるとされている[9]．

② 1945－1954年

未だ生活苦の時代であり，労使関係論が華やかな時代であった．人事部以外に勤労部，労政部といった人事・労務担当の専門部署を置き労働組合対策に力点を置いていた．職務分析・職務評価の紹介がなされ，製紙，製鉄などの企業によって職務給導入の手段として活用された．また，人事考課の近代化が注目されMTP（Management Training Program）の実施によって，管理者に対する人事評定者訓練が盛んに行われた．人事考課は，主として能力評価，態度評価が中心であった．この年代には，人事考課の制度確立が多くの企業で行われたばかりでなく，自己申告，上長観察というシステムも登場し，業績評価などのシステムも導入され始めた．最低生活を考慮しなければならない電産型賃金が終わりに近づくこの時期には，一部企業ではCDP（Career Development Program），専門職制といった現在（2001年）においてもHRMの重要な課題となっている同じようなシステム検討が既に行われていたのである．

③ 1955－1964年

人間関係論が，組織活性化の手法として紹介され「肩たたき」の有効性がマスコミを賑わせた時代でもある．提案制度，従業員態度調査などが話題となり，各種のセミナーで紹介され，人事制度の近代化が多くの企業でなされた．また，この時期には職務分析技法の研究，職務分析・職務評価の実施が一部企業でなされ，職務分析士の養成が日本生産性本部，日本経営者団体連盟などで実施された．そして，身分的資格制度に反省の声が出だし，職能・能力的資格制度が導入され始め人事評価の中でも自己申告・上長観察制度が目立ってきた．人事考課，業績評価が継続的に企業に導入された時期でもある．

④ 1965－1974年

行動科学理論が説明され，長期経営計画の中で長期人事計画，企業年金基金化など計画的人事管理が強調されたときである．1965－1970年の前半では，職能分類制度，職能資格制度といったいわゆる能力主義思想を背景とする制度と説明された資格制度の流行的普及が急であった．1971－1974年の後半は，日経連の『能力主義管理』『能力主義時代の人事考課』が出版され能力主義を旗印とする資格制度，人事考課，業績評価などについての改善作業が目につく時代であった．また，資格制度運営のための試験制度，性格テスト，CDPが導入された．自己申告，上長観察制度の導入が盛んになり，この時代の特徴である少数精鋭主義，能力主義への認識高揚など，評価システムのレベル・アップの動きが出ていた時代でもある．

⑤ 1975－1984年

第二次世界大戦後をみると1945年，1950年代は日本の伝統的経営体質の復興時代であり，1960年台は米国経営の模倣時代である．そして，1970年代は日本の経済成長が飛躍的に伸び，日本的経営として世界の注目を浴びた，いわゆる日本的経営の優秀性誇示の時代とすることができる．良い悪いにかかわらず日本の伝統的文化の特殊性が日本の優れた経営特質に結びついているという学説を振り回す学者，実務家が多く現れた日本的経営万能の時であったのではなかろうか[10)]．目標管理制度が盛んになり，この時代にQC，ZDなど小集団活動が目立ち始めた．昇進，昇格のための面接，論文，学科試験，性格テスト，教育研修評価，インバスケット，専門職制，選択定年制，一定年齢以上昇給停止など数多くの評価制度が導入された時代である．この5年間は，わが国にとって人事管理における評価制度が注目を集めるとともに再吟味されたときである．

後半の1980－1984年を見ると日本的経営論が引き続き華やかに論議され，一部，文化論的日本的経営論批判の動きも出始めた．また，環境適応論が盛んに紹介され日本的経営特質の環境適応性が論議され始めた．こうした中で，各企業とも評価システムの全般的改善作業に注力していた．

⑥ 1985－1994年

1985年から1989年の前半は，バブル経済の絶好調期であり，企業経営も膨張，拡大，右上がりの成長を当然の前提としていた．しかし，1990年には，バブル崩壊期に入り，企業成長の基本的考え方を修正せざるを得ない．厳しい経済・経営環境におおわれることになった1986年4月には，男女雇用機会均等法が施行され，また低経済成長化での雇用の多様化の動きが活発になり，日本的経営の特質とされる閉鎖的労働市場と終身雇用制が揺らがざるを得なくなってきた．そして，同時に，失業率の増加，人事関連諸コストの圧縮など，年功序列制崩壊の必然性が高まり，この結果，HRM評価に対する企業側，従業員側双方の関心が高まらざるを得ない経営環境であった時代である．

⑦ 1995－2000年

経済環境は，日本の地価格指数は，下降の一途を辿り，景気低迷期は，1995年から現在まで，ほぼ下降傾向にあるといえる．1999年に入り，景気の下げ上がりの雰囲気にあるともいわれるが，失業率は，増加傾向にある．そして，金融ビッグ・バンの進展は激しく金融界での超大型の合併，買収が発表されている．山一證券の倒産，日産のリストラクチャリングと衝撃的な，意思決定が発表され，雇用関係への不安を駆り立てている．

HRM戦略では，雇用戦略計画を各企業がどのように設定するかが，最重要な課題となってきている．グローバリゼーションの中で競争に勝ちぬくため，年功的考え方を捨て去り，職務基準の業績主義管理に移行することが求められている．HRM評価では，コンピテンス評価，360度フィードバックといった業績評価システムの導入が盛んにならざるを得なくなってきている．

⑧ 2001年－

経営環境の要因として，主たるものは高年齢化，雇用形態の多様化，IT革命，グローバル化の4つを掲げることができる．この環境変化に個別企業がどのように適応するかには，共通性は薄く，どちらかというと個別企

図表Ⅵ-2　HRM環境適応

区分＼年代		1945年以前	1946−1954年	1955−1964年	1965−1974年
基本的な考え方運営		年功序列主義			
一般状況			◆昭和22年労働基準法施行 ◆組合結合高まる ◆占領政策 ◎労使関係論	◆週休2日制企業きわめて少数 ◆週5日労働は普及の段階でなくムードの誇張期 ◆技術革新の進展 ◆長期経営計画化 ◎人間関係論	◆労働力不足 ◆主婦のパートタイマー進行 ◆時短，定年延長の動き出る ◆少数精鋭主義，能力主義への認識高まる ◆高学歴化傾向増加 ◎行動科学
HRMの課題			◆職務分析技法の導入 ◆近代的人事考課導入 ◆TWI，MTP教育 ◆賃金体系整備	◆提案制度実施率高 ◆従業員態度調査実施率高	◆長期人事計画 ◆厚生年金基金制などの年金化
資格制度			◆身分制 ◆身分的資格制度	◆職階制の導入 ◆直訳的職階制 ◆身分制崩壊から年功的資格制度へ ◆能力的資格制	◆日本的職務分類制が普及 ◆職能分類制普及
評価制度	その他 HRM評価制度	◆適性考課法　他	◆人事考課(能力考課，態度考課)の導入 ◆自己申告，上長観察 ◆業績評価の導入	◆目標管理導入始まる ◆業績評価導入	◆試験制度導入 ◆人事考課制度の改善 ◆自己申告，上長観察導入盛ん ◆CDP導入 ◆性格テスト導入

[注]　・一般状況欄での◎印は，その時代の学問的中心課題である．
・シャムロック型組織とは，Charles Handyの唱えるものであり，クローバーに似た，3つ葉をつける小型の植物で，シャムロ
『経営革命大全(訳書)』日本経済新聞社, 1999年, pp.326-327.
・ビジネスモデル構築とは，企業が競争力を強化し，市場での優位なポジションを獲得することを目標とし，開発するビジネ
ルティング『Eビジネス経営(訳書)』東洋経済新報社，2000年, pp.250-251.
・感情コンピテンスとは，Emotional Quotient に立脚した能力であり，その構築は，個人的コンピテンス(自己認識，自己統制
(訳書)』東洋経済新報社，2000年，pp.42-43.

の評価体系

1975−1984年	1985−1994年	1995−2000年	2001年～
能力主義(職能主義を含む)			業績主義
◆ロボット普及 ◆先端技術とOA化 ◆高齢化への対処 ◎組織活性化 ◎日本的経営論	◆先端技術への対応 ◆日本的経営論への再検討 ◆男女雇用均等法施行 ◆低経済成長下における雇用形態の多様化 ◆円高不況による失業率 ◎環境適応論	◆情報・グローバリゼーション ◆金融･ビッグバンの進展 ◆地球規模のエコロジー ◆NPO，NGOなどネットワーク･システムの重要性大 ◆高齢化と福祉社会 ◆失業率の上昇 ◆ダイーバーシティの重要性 ◆リストラクチャリングの一般化 ◆介護保険の施行 ◆高齢者介護事業 ◎多様化への適応	◆IT革命の浸透 ◆シャムロック型組織　[注] ◆ビジネスモデル構築 [注] ◎グローバリゼーションへの適応 ◎IT革命への適応
◆フレックスタイム制 ◆出向社員制 ◆海外駐在員制 ◆コンピュータ専任者 ◆QC，ZDなどの小集団 ◆選択定年制 ◆役職離職制	◆年功序列制の崩壊 ◆生涯雇用慣行の多様化 ◆人事関連諸コストの圧縮	◆雇用創出の必要性大 ◆雇用流動化大 ◆雇用の多様化，アウトソーシング ◆派遣労働法，変形労働時間制、裁量労働制実施 ◆年俸制等賃金支給形態の多様化 ◆HRM戦略 ◆職業能力の開発と向上	◆労働力需給のミスマッチ大 ◆外国人労働力問題への対応 ◆アクティブ・エージングの観点重要性大 ◆若年労働力の価値観変化への対応 ◆多様な労働力に対する環境整備 ◆感情コンピテンス[注] ◆在宅勤務，SOHO勤務への対応
◆職務中心思想の後退 ◆能力的資格制度が大勢を占める ◆職能分類制全盛	◆専門職制度再検討 ◆資格制度の再構築 ◆役職定年制(任期制) ◆役職定年制	◆待遇職一般化 ◆未来型資格制度の検討	◆課業・役割基準の分類制度
◆MBO ◆インバスケット導入 ◆業績評価制度の改善 ◆自己申告，上長観察改善 ◆CDP改善 ◆面接，学科試験，性格テスト，教育研修評価	◆人事評価制度 ◆業績評価改善 ◆自己申告，上長観察改善 ◆キャリアカウンセリング導入	◆コンピテンス評価 ◆360度フィード･バック	◆課業・役割基準の評価 ◆評価制度の多様化

ックの3つ葉を中核を担う専門職，外部の契約社員，臨時社員，パートタイマーの多様型組織構成をいう．(ボイエット

スモデルであり，Eビジネスの発展に伴い，ビジネスモデルの特許問題が浮上している．(デロイト・トーマツ・コンサ

モチベーション)，社会的コンピテンス(共感性，社会的スキル)によっているとされる．Daniel Goleman『ビジネスEQ

業の文化特性，独自的能動的戦略性が優先的誘導力となるのではなかろうか．それゆえ，どこの企業にとっても有効な評価システムは存在しないということを認識することが重要である．評価制度は多様化し，1つの企業の中でも，職種，職務状況に応じ適切な評価システムを開発し，定着させる努力が望まれる時代に入っているのである．

3　年功序列主義，能力主義，業績主義と評価

年功序列主義，能力主義，業績主義は，経営管理における人間と仕事との関係の基本的部分を制度・体制，或いは態度として主張する考え方である．これら3つの異なる特質を持つ制度は，いずれも評価と共通の関係項として，それぞれの概念化がなされている．以下3つの概念と評価との関係につき明らかにしていく．

(1)　年功序列主義，能力主義，業績主義の概念

(A)　年功序列主義

年功序列につき，筆者は次のように概念規定している[11)]．

「このまさに日本型特質と言われている年功序列制は，経営組織構成員の価値観，行動特性に立脚したものである．それゆえ，年功序列は，ただ単に勤続，学歴，年齢，性別のみを評価基準とするものでなく，評価基準の中に，人的バランス，集団の団結を維持するためなど相対的評価を評価基準とするものである．この評価基準によって，労務管理システムのメイン・システムである資格制度，および昇進・昇格・賃金，その他の労務管理サブ・システムが，年功運営されることを年功序列制とする．」また，占部都美は，「年功主義は，決して年齢や勤続年数と同義語ではない．アベグレンは，年功昇進制を『年齢と勤続年数にもとづく昇進制度（promotion system based on age and length of service)』と定義しているが，それは日本の年功主義の真意にたいして重大な誤解を招いたきらいがある．……年功とは，たんなる年齢や勤続年数を意味するのでなく，勤続年数とともにそれにともなう熟練，職務知識，人間関係能力，リーダーシップ能力，忠誠心や責任感などの成熟度を仮

定しているのである．……年功制には，過去の業績に報いるという意味も含まれている．……」[12] とし，年功は単に年齢と勤続と同義語ではないとしている．以上の概念規定以外に年功序列制についての概念は数多く見られるが[13]，上記両者に共通することは，年功とはただ単に年齢と勤続年数によってコントロールするものでなく，他の種々の評価要素を勘案して評価を行う評価基準の考え方と運営実態である．

(B) 能力主義

能力主義につき，日本経営者団体連盟は，次のように定義づけている[14]．

「能力主義管理とは，労働力不足・賃金水準の大幅上昇・技術革新・開放経済・労働者の意識の変化など，経済発展段階の高度化にともなうわが国企業経営をめぐるきびしい環境条件の変化に積極的に対応して，従業員の職務遂行能力を発見し，より一層開発し，さらにより一層有効に活用することによって労働効率を高める，いわゆる少数精鋭主義を追及する人事労務管理諸施策の総称である．とくに現在の段階では，従来の年功・学歴を主な基準とする人事労務管理から可能な限り客観的に適性・能力を把握し，それにもとづく採用・配置・教育訓練・異動・昇進・賃金処遇・その他の人事労務管理への移行をすすめることである．それはいわゆる画一的年功制からの脱皮である.」

また，日経連職務分析センター編著『能力主義時代の人事考課』の中で能力主義には2つの意味が含まれていると，次のように記述している[15]．

「1つは，わが国の伝統的人事管理慣行の欠点を見きわめ，そこから脱皮してゆく体制への指向という意味である．こと新しくいうまでもないが，かつて，レビーンやアベグレンなどの見解を契機に日本の人事管理慣行に対する批判が湧き上がった．すなわち日本の経営内部にある人事制度の土壌――企業がそれ自体で他と無縁な1つの社会的組織を形成し，従業員の関心も，もっぱら企業集団内部に向けられ，その全生涯が企業社会に密着していること，あるいは，企業への帰属意識が極度に存在していること――ここに根ざし，そこに生育した人事制度は，欧米のように職務を媒介として労働力を能率的に管理するという姿勢が欠如し，もっぱら，学歴，勤続，年齢などという属人的なものにすがって運命共同体的秩序維持をはかることに終始してきたと批判される．このような人事体制から脱皮してゆくことが，能力主義といわれるものの一面である．

今1つは，これよりも，一層，積極的な意味を期待するものであって，今日の経営が受けとめるべき多様な内外からのチャレンジに対応して，従業員の使い方のムダを排し，従業員の持てる“能力”の面に視点を集中して，その能力の積極的な開発伸長をはかり，それをフルに発揮する機会と場を与え，そしてその結果として，いわゆる少数精鋭主義を追求してゆく人事体制という意味である.」

両著とも，年功序列的秩序維持の人事体制から，より能力開発に結びつく人事労務管理への移行を強調している．この観点からみると，能力主義も評価基準の考え方と運営実態に触れた基本的考え方といえる．こうした能力主義管理の考え方を推し進めた基本姿勢として，職能主義が能力主義の一部として追加されてきた．これは職能（職務遂行能力）開発，職能分類制度などとし，人事システムの中心システムとして採用されてきた.

筆者は，能力主義を展開する重点として，次の3点を指摘している[16]．

「人間尊重を基盤とし，新しい能力主義を展開するための，人事管理システムの重点は

①職能開発の積極化

②職能分類制度を中核とするサブ・システムの統合化

③ラインによる人事管理

の3点である.」

(C) 業績主義

業績とは何かという概念規定をした文献は見当たらないが，伊丹・加護野は，「計画とコントロールのシステム」という項目の中で，次のような業績についての定義式を提出している[17].

「単純に考えれば，ある人のある期間の業績は，次の3つの要因の掛け算で決まっているといえるだろう.

業績＝環境×事前計画×制御の努力とうまさ

この式の背後にある図式は，次のようなものである．仕事を任された人はまずなんらかの形で事前計画を作る．その計画の実行は始めると，環境が事前に想定したものとは変化していることを発見する．その発見にもとづいて計画を修正し，環境に合わせた仕事のもっていき方を工夫する．それが制御活動である．そこには，努力と工夫のうまさの2つの面がある．

ここで掛け算の記号が用いられているのは多少の意味がある．それは3つの要因が業績を決めるプロセスは決して加算的ではなく，相乗的だということを象徴的に表したかったからである．業績の良し悪しは，環境が事前に立てた計画とどの程度マッチするかで，まず決まる．」

ここでの業績とは，定められた役割を達成した度合いといえる．

業績に近い言葉で，ほぼ同じ目的に用いられている類似語に，成果という表現がある．

守島基博は，成果主義に関し，次のように述べている[18]．

「もちろん，ここまでの『成果主義』の氾濫にもかかわらず，人々の間に，成果主義とはなんであるのかについての共通の理解があるわけではない．また成果主義への動きが，人的資源管理においてどのような考え方の転換に基づいているのかも必ずしも十分な理解があるわけではない.」とし，成果主義概念の未規定化に触れているが，人的資源管理における成果主義につき，能力主義，年功序列主義との関係につき，次のように記述している．

「まず成果主義が評価・処遇において採用されはじめているとすれば，それはどのような変化のことを指すのか，これまで言われてきた能力主義とどう違うのか，などを考えてみたい．成果主義はよく『年功主義』と比較される.」

「また，成果主義とよく対比されるもうひとつの言葉に，『能力主義』がある．能力主義も，成果主義と同じように共通した理解のない言葉だが，一般的に従業員が長期間にわたって培った『職務遂行能力』によって評価・処遇が行われる場合をさす.」

「これに対し長期的に形成した潜在的な職務遂行能力ではなく，顕在的な成果やアウトプットに基づいて評価や処遇を行うのが成果主義だと言われる.」

「企業は成果主義を取り入れることで，年功主義はもちろん，高度成長時代の産物である能力主義からの脱皮をも念頭においていると言うことができよう．そうすることで，従業員一人ひとりの生産性にあわせた処遇ができるというのが成果主義の主な目的である.」

ここでいう成果主義の概念は，長期的に形成した潜在的な職務遂行能力ではなく，顕在的な成果，アウトプットを成果といっている．いわゆる実績であり，具体的な結果なのである．

このことにつき，伊丹・加護野は次のように論述している[19]．

「『この環境のもとで適切な制御行動が取られたなら，この程度の成果が上がってしかるべきだった』と言う成果の水準としての事後基準は，上の掛け算の式になぞらえて書けば，つぎのようになる．

事後基準＝現実の環境×事前計画×あるべき制御の努力とうまさ

これにたいして現実の業績（実績）は

実績＝現実の環境×事前計画×現実の制御の努力とうまさ

となる.」

以上の2著を参考とし，業績主義の概念をまとめてみると，次のようになる．

ある環境下で，事前に定めた役割（目標）をどの程度具体的に達成したかという成果（実績）で，管理システムを律していこうとする考え方である．

(2) 年功序列主義，能力主義，業績主義と評価との関わり

年功，能力，業績の概念を比較していくと，そこに共通して関連づけられている要素は，評価である．

評価とは，何かについて前項で考察したが，この中で以上の3つの主義には，評価概念の構成要素として，評価基準・尺度があることを確認した．

①年功序列主義は，評価基準を勤続，学歴，年齢，性別などの絶対的評価要

素のみでなく，人的バランス，集団の団結を維持するなど相対的評価に置く考え方と運営である．

②能力主義は，評価基準を年功序列から脱皮し，可能な限り，客観的な適性，能力或いは職能（職務遂行能力）に置く考え方と運営である．

③業績主義は，評価基準を事前に定められた役割（目標）をどの程度具体的に実現したかという成果に置く考え方と運営である．

4　環境適応の評価体系

HRMシステムも経営システムの1つとしてオープン・システムである．オープン・システムは，システムを取り囲む外界とシステム自体が相互作用を起こし，影響し合うものである．

前項で考察した年功序列，能力，業績を中心とした人事管理，HRMシステムは，時の経過に従って，年功，能力，業績と外部環境との関係を保ちながら，考え方，運営面での変化を生起し，吸収し，調整しながら環境への適応を行ってきたのである．環境変化とHRM，そして評価制度との関係を時系列に分析するために図表Ⅵ－2「HRM環境適応の評価体系」を作成した．以下，環境適応システムとしての評価体系につき整理検討を加える．

(1)　資格制度の環境適応

資格制度は，英語でclassification systemと表現されている．この分類制度は，1974年の書で，筆者は4つの類型に分類している[20)]．

① 身分的資格制度

職員，行員の差別が行われ，学歴，性，入社条件，勤続年数などの属人的要素により序列の定められる制度である．日本の古い年功序列制度を維持するのに都合のよいシステムである．

② 年功的資格制度

職員，工員の差別は撤廃されているが，資格要件は身分的資格制度とほぼ同様の要素で定められる制度である．特に学歴別，性別区分を基準にして運営されるものであり，わが国では，資格制度の導入当初は，以下の③，

④を望んだのであるが，運営結果を見るとこのタイプになってしまっていた．

以上の2つの類型は，年功序列主義中心時代の資格制度といってよい．

③ 能力的資格制度

職務遂行能力という属人的要素を中心に序列の定められる制度であって，個人の能力把握をなんらかの方法で行うよう努力がなされている．総合的に知識，態度，情意などにより評価する制度である．

④ 職能的資格制度

上記③の能力的資格制度に職務系統の考え方がはいり，職掌・職群・職種といった区分がされ，等級，職務系統別の職務内容，職務遂行要件が明らかにされている．

この職能的資格制度は，職能分類制度とも呼ばれている．

以上の③，④は，能力主義（職能主義を含む．）中心時代に適応した資格制度である．

1995年以降，能力・職能主義の資格制度の下では，重要な環境要因として，グローバリゼーション，IT革命の浸透，労働力ダイバーシティの進化が顕著になってきた．この結果，以下のような図表Ⅵ-3に示すような資格制度の変更，修正の心要性に応じたプロセスが起きているとみることができる．

図表Ⅵ-3　環境要因と資格制度

主要な環境要因	HRMに関係する影響因子
グローバリゼーション	外国人労働力増加 価値観の差が大 共通のコミュニケーションの必要性大 グローバル・スタンダードの必要性大
IT革命	SOHO労働増大[21)] コミュニケーション不足増加 労働力需給のミスマッチ 専門的知識・知能の必要性大 War for Talent の激化[22)]
Diversity	専門職，契約社員などペリフェラルワーカー[23)] の増大 派遣労働の増大 裁量労働者の増大

→ HRMに関係する影響因子は組織における契約意識の高揚を必要としてくる。

→ これに応じる資格制度が必要となる。

資格制度は，身分的資格制度→年功的資格制度→能力的資格制度→職能的資格制度から職種別分類制度，そして，今日，各企業で実践的に導入検討がされている課業・役割基準の分類制度[24]へと移行もしくは，別言すれば環境適応しているのである．

(2)　評価制度の環境適応

資格制度以外の評価制度につき，環境適応の状況と歴史的変遷を参考とし整理してみたのであるが，次のようなことをいうことができる．

①各時代を通して，人事考課，業績評価が中心の評価システムとなっている．また，これらのシステムの改善作業が，絶えることなく常に行われている．

②自己申告・上長観察，目標管理など行動科学を理論的背景とする評価システムが1960年代，1970年代後半に導入された．

③能力開発関連評価システム（面接，論文，学科試験，性格テスト，教育・研修評価，インバスケット，CDP）は，1971年から1980年頃の間に集中し，いわゆる多面評価の考え方が導入された．

④年功序列修正の評価システム（専門職制，選択定年制，退職勧奨性，役職定年（任期）制，役職離職制，一定年齢以上昇給停止）は1975－1985年の10年間に主として導入されている．

⑤業績評価，コンピテンス評価システム（成果主義，年俸実力主義，360°フィードバック）が雇用体系の多様化，スペシャリストの必要性，派遣法の施行などを背景とし，1995年から2000年まで評価の主課題となっている．

以上のように，人事考課を初期・基礎的評価制度としながら，1945年以降の評価制度の歴史的変遷をみると，数多くの多様化した評価制度が開発・導入され，なお，今日急激な制度変化の渦の中にあるということができる．

5　現評価システムの特徴と課題

1996年に産能大学の人材戦略研究会は，『ネットワーキング時代の組織・人事ビジョンとその課題』を発表した[25]．

この中で人事制度の将来の課題について6つのテーマを提唱し，「情報付加価値制度の提唱：職能資格，職務中心主義を超えて」という資格制度の今後の方向性を指摘している．この中で，従来のコア・ワーカー中心の内部蓄積型組織観からシャムロック型組織への移行の必然性として，次のように新しいパラダイム転換の必要性を述べている．

「新しい人事制度のパラダイムは，この職能資格制度をベースとした内部蓄積型とコスト中心型に変わる新しいものでなければならないであろう．内部蓄積型に代わって，これからの新しい組織の人事パラダイムはむしろ外部の情報知識に大きく依存し，その外部とのネットワークをいかに構築・運用するかの外部情報発見獲得型にベースを置くようになる．そして，この新しいパラダイムでは，外部の情報を組織内に取りこみ，外部との関係を良好に保つため，従来の管理者や専門職とは異なるタイプのコーディネータが組織にとって重要な役割を担う様になる．また，企業内の情報を内部のみで共有化するのではなく，積極的に外部に発信することが重要となってこよう．」

この外部情報発見獲得型につき，情報付加価値型人事制度とし，次のようにその特徴をプロセスとしてまとめている．

このプロセスで，重要なことは，①潜在，顕在能力を把握しようとする職能資格制度から②コストに目を向け，潜在能力にではなく，発揮能力にウエイトを置く評価による日本型仕事主義，そして，研究会がHRMの中心システムとして機能する資格制度の未来像は，評価は「能力発揮による成果」とすべきであるとしている．資格対象が社会システムの組織メンバー活動として情報付加価値増殖媒体もしくは因子として作用することを期待している．

この情報付加価値概念は，未だ確定したものはないようであるが，研究会

情報付加価値型人事制度

職能資格制度：潜在能力，顕在能力

↓

日本型仕事主義：コスト中心
評価は「発揮能力」にウエイト

↓

情報付加価値制度：プロフィット・サービス価値
情報の重要さ，外部に与える影響度
評価は「能力発揮による成果」にウエイト

では，次のように説明している．

「仕事がどれほどの情報価値を有し，その情報がどれほどの付加価値を生み出すかにほかならない．そのためには，付加価値或いはその仕事が生み出す情報価値をベースとした仕事のランキングを行い，そこから人事制度を組み替えていくことがこれからの日本企業において必要不可欠なのである．仕事のランクづけを基本に，その仕事が有する情報の重要度，市場価値でみた重要性でくくり直していくことが新たなランキング策定に重要な要素となるのである．」

以上の産能大の報告は，21世紀の組織人事パラダイムを踏まえてのものである．2000年5月に，同じく産能大総合研究所で「近未来の企業の人材戦略」に関する調査研究報告書を発表した[26]．本報告書の人事制度・施策の実施状況の中から評価に関する回答を報告書の中から抜粋すると，次の図表Ⅵ-4を作成することができる．

以上の結果につき，産能大の調査研究プロジェクトは，次のような分析考察結果を記述している．

「職務・評価・処遇システム領域は，ここ数年，人事改革の最大の焦点であり，年功要素を払拭し成果・能力主義的なシステムの導入が課題とされてきた．まず，処遇（報酬）制度の改革で最も代表的な『年俸制度』をみると，

図表Ⅵ-4　人事制度・施策の実施状況

n=432

		1	2	3	4	5	1+2+3	4+5
		有効に機能	改定検討中	廃止検討中	実施検討中	実施予定なし	実施済	未実施
職務・評価・処遇システム	目標による管理	49.8	23.2	0.2	19.0	7.8	73.2	26.8
	ジョブ・グレード制度(職務等級制度)	35.2	14.5	0.5	20.0	29.8	50.2	49.8
	職能資格制度	55.1	25.7	1.2	8.6	9.5	81.9	18.1
	年俸制度	19.6	7.9	0.5	40.1	32.0	27.9	72.1
	人事考課制度	60.4	32.8	0.0	5.9	0.9	93.2	6.8
	目標面接制度	42.9	25.7	0.0	17.0	14.4	68.6	31.4
	評価基準の公開	39.6	20.4	0.5	23.9	15.6	60.4	39.6
	評価のフィードバック	35.9	25.3	0.2	26.7	11.8	61.5	38.5
	昇進昇格試験制度	37.2	15.6	0.2	18.5	28.4	53.1	46.9
	多面評価制度(360°評価)	7.6	4.3	0.5	34.2	53.4	12.4	87.6
	退職金前払い選択制度	1.2	1.0	0.0	25.0	72.9	2.1	97.9
	コース別(複線型)賃金制度	13.1	5.0	0.2	31.9	49.8	18.3	81.7
	歩合給	5.5	2.4	0.2	11.9	80.0	8.1	91.9
	成果配分制度	14.0	8.1	0.2	34.6	43.1	22.3	77.7
	ストックオプション制度	7.2	2.6	0.0	32.5	57.7	9.9	90.1
	業績優秀者の表彰制度	54.7	14.0	0.2	11.8	19.2	69.0	31.0

実施率27.9%に対し実施検討中は40.1%となっている．1998年の㈱リクルートHRD研究所の調査結果では，それぞれ25.6%，26.3%となっており，本格的な導入はまだまだこれからと考えられる．次に，年俸制度と特に関連性の高い『目標による管理』，『目標面接制度』，『評価基準の公開』，『評価のフィードバック』をみると，それぞれ実施率は73.2%，68.6%，60.4%，61.5%と高いが，すべての項目で3割以上の企業が改定を検討中である．特に『評価のフィードバック』は41.2%の企業が改定検討中で問題が多いようである．年俸制度の運用にあたり，目標設定と成果の評価時に双方向コミュニケーションを行うことによって相互納得性を高めることは非常に重要な要件となるが，この点からも現在の評価のしくみは多くの問題を抱えているものと思われる．また，より評価の透明度，公正さを増すための制度として，『多面評価制度（360°評価）』の導入を検討する企業（34.2%）も多いようである．その他，成果主義的な処遇制度で現時点の実施率はそれほど高くないものの，実施検討率が高い制度に『成果配分制度』（34.6%），『ストックオプション制度』（32.5%）があげられる．いずれも企業業績を個人の処遇にリンクさせることにより，従業員の組織コミットメントを高めることを目的とした制度であり，前者は短期，後者は中長期的な対策と言える．」

1996年の報告と，2000年の報告との関連で，次のことが指摘できる．

2000年の職務・評価システムの実施状況をみると，実施検討中が20%を超えるものは，ジョブグレード制度（職務等級制度）20%，評価基準の公開23.9%，評価のフィードバック26.7%，多面評価制度（360°評価）34.2%である．1996年の報告の情報付加価値制度（評価は「能力発揮による成果」にウエイト）は，2000年の段階で，顕著に具現化されているとはいえない．すなわち，成果主義への移行は，予測ほど進んでいないといえる．しかし，年俸制度が増え，コース別賃金制度，成果配分制度などの実施検討中は，いずれも30%を超えている点などをみると，IT革命，雇用の多様化などHRM環境の変化は顕しく，成果主義HRMの移行速度はますます加速するとみることができる．

以下，最近（2001年現在）筆者が著者，雑誌などの出版物の出版件数などにより，現在，近未来に向かって，日本の評価制度が検討・導入しようとしている成果主義評価として主要課題の1つであるコンピテンシー評価につき考察する.

コンピテンシー評価

competenceとcompetencyという2つの単語が経営書の中にも混在して使われている. 英語（米語）としては, 明確な区分があるようではない[27]. 本書ではcompetency（コンピテンシー）を用いることにする.

(1)　competencyの概念

M. Armstrongは, Personnel Management Practice[28] の中で多くの研究者の見解を整理し, 次のように述べている. 能力は, 組織環境の媒介変数の範囲内で仕事の要求に合うように行動を導く人にあるものであり結果的に望む結果をもたらすものである（Boyatzis, 1932）.

彼は, コンピテンシーの構成を次のように示している.

・ゴールとアクションの管理
・部下との関係
・HRM
・リーダーシップ

コンピテンシーについては, 多くの概念規定がその後出てきた.

・仕事を成し遂げる能力, 意欲（Burgoyne, 1988a）
・職務結果に影響する行動次元のこと（Woodruffe, 1990）
・個人的な特性であって, 効率的にものごとを成すかどうかの重要な差異点によって測られるものである.（Spencer, *et al.*, 1990）
・仕事をうまく達成する基本的な能力（Furnham, 1990）
・仕事を成功裡, 効果的に成すことに直接関係する個人の特質, 技能（Murphy, 1993）

以上の, 概念規定の共通性は, 仕事の役割演じに影響を与える個人の特性にある.

以下のような, 概念がある.

仕事の達成, コンピテンシーの構成については,

① 仕事の達成

何をしなければならないか，達成しなければならない問題に立ち向かい，計画し，組織し，日程計画を立て，権限委譲しそして，フォロー・アップすることである．

② 経営上の一般的コンピテンシーの構成（Dulewicz, 1989）

・知識（戦略的見方，分析と判断，計画と組織）

・対人関係（人の管理，説得力，判定と決定，対人感受性，話術）

・適応性（適応と弾力性）

・結果（精力的と積極性，達成の意欲，仕事のセンス）

以上は，M. Armstrongのまとめたものを一部引用した．

このコンピテンシーは，わが国の経営管理の中でも最近，特に多く取り上げられている課題となっている．例えば，HRMに近い専門情報雑誌である労政時報（労務行政研究所刊）でも，コンピテンシー関連記事として，次のような情報が発表されている．

・3306（97. 6. 6）

[事例] 武田薬品工業

・3341（98. 3. 6）〜3343（98. 3. 20）

[問題研究] コンピテンシーとはどういうものか（本寺大志…タワーズペリン）

・3349（98. 5. 1）

[事例] スミスクライン・ビーチャム製薬

・3351（98. 5. 22）

[特別解説] 本格的な業績重視時代に向けた評価制度とは（大滝令嗣…ウィリアム・エム・マーサー）

・3381（99. 1. 15）

コンピテンシーと職能資格との接点を見る（太田隆次…国際人事研究所）

・3399（99, 5, 28）

コンピテンシー・ベースド・マネジメント（3回連載）（有田暁生…ODS）

また，『人材教育』May, 1999年では，「高業績の秘訣〈コンピテンシー〉」という特集雑誌を組みコンピテンシーの経営管理の適用につき実践的面から紹介している．

以下，Competencyの代表的著書として，Spencer, Lyle M.とSigne M.のCompetence at Work[29] からコンピテンスの概要を考察する．

彼らは，コンピテンシーの概念化につき，次のように述べている．

「コンピテンシーは，個人の基本的特徴についてのことである．これは，仕事・状況についての基準に関する効果とかあるいは優れた業績に関する因果のことである．

①基本的特徴とは，コンピテンシーが個人の個性にかなり深く，かつ，恒久的な部分であり，そして，巾の広い変化のある状況や仕事の面で個人の態度を予測できることである．

②因果関係とは，コンピテンシーが態度とか業績の原因となり，予測できることである．

③基準に関するとは，コンピテンシーが現実に人が良くことをなすか悪くなすかを予測する．そして，これは特別な基準とか標準によって測定される．」

そして，以上の3つの項目について詳述しているが，①の中でMotives（動機），Traits（特性），Self-Concept（自己概念），Knowledge（知識），Skill（技能）の5つの要素をあげ，次の図表Ⅵ-5によって説明している．

図表Ⅵ - 5の左図氷山モデルの上半分は，技能，知識というコンピテンシーの部分が見えやすい人間の特性としては相対的に表面的なものを指し

図表Ⅵ - 5　氷山モデル

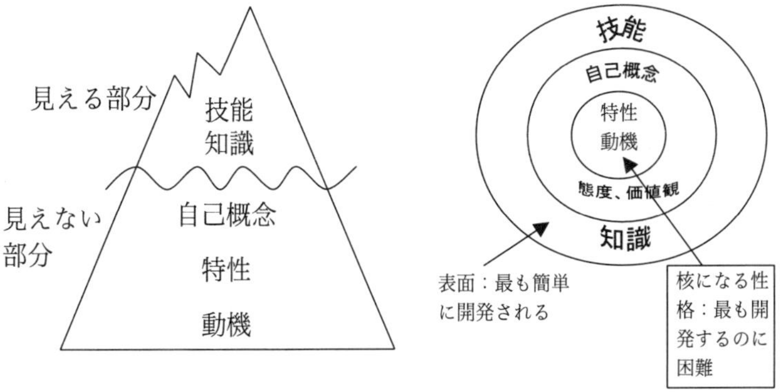

ている．下半分の自己概念の特性と動機といったコンピテンシーは見えにくく，深く人間の性格の中核になることを意味している．

図表Ⅵ-5に示すように表面の知識と技能コンピテンシーは，相対的に開発しやすく，従業員のこのような能力を確保する方法として，知識，技能を訓練することは，最も効率的な費用となる．

氷山の下部で示している人間の基礎である核としての，特性，動機は評価したり開発するにはより困難であるコンピテンシー部分である．これらの特性を選別することは最も効率的費用である，とSpencerは説明している．

(2) コンピテンシー評価

コンピテンシーが仕事（課業）を通して，どのような成果を出しているかの測定が，コンピテンシー評価といえる．多くのコンピテンシー評価の著書が出版され，実践的にコンピテンシー管理の努力がなされているがSpencerの著書に理解しやすいコンピテンシーのフローモデルが記述されている．以下，これを紹介する[30)]．

次の図表Ⅵ-6は，課業（task），projectなどの目的達成のために，コンピテンシーを傾注することにより，より高い成果を獲得するためのコンピテンシー管理，コンピテンシー評価の関係因子をフロー化したものである．今日，わが国で各社で導入され，もしくは導入を検討している企業は多く，また，これを指導する専門機関も増えている[31)]．

図表Ⅵ-6　コンピテンシー関連モデル

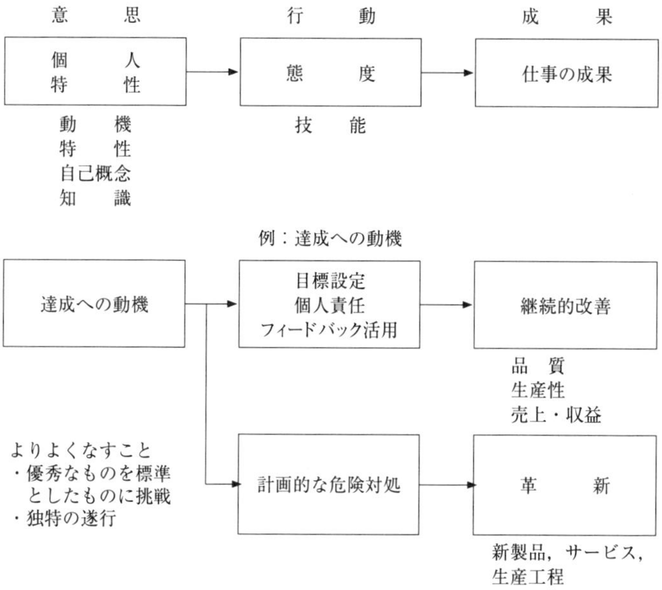

【注】

1）M. Armstrong（1999）, *Human Resource Management Practice,* Kogan Page Ltd., pp.66-67.

2）M. Armstrong and P. Long（1994）, *The Reality of Strategic HRM*, Institute of Personnel and Development, London.

3）*Ibid.*, pp.68-69.

4）Tsui and Gomez-Mejia（1988）Evaluating human resource effectiveness, in *Human Resource Management Evolving Roles and Responsibilities*, ed. L. Dyer, Bureau of National Affairs, Washington DC.

5）遠藤公嗣『日本の人事査定』ミネルヴァ書房，1999年，pp.116-119.

6）山田 茂「アメリカの人事評価に何を学ぶか－第２回人事評価方法の発展」『賃金実務』1983年，pp.63-64.

7）この実態を明らかにするため，花岡『日本の労務管理２訂版』白桃書房，1983年，pp.130-131の調査結果に基づく評価制度の実態分析に，1980年以降の実施状況を林　琍玲が文献調査により追加することによって作成・検討した.

8）同上書，p.27参照.

9）遠藤公嗣前掲書に，戦前の人事査定については詳述されている.

10）この日本的経営論については，花岡『日本型労務管理特質に関する実証的研究－収斂論仮説構築と実証－』1996年，『日本型労務管理の特質』白桃書房，1994年，序章，に日本的経営批判論を柱としHRMシステムの収斂論を記述している．
11）花岡正夫『日本型労務管理の特質』白桃書房, 1994年, pp.217-218.
12）占部都美著『日本的経営を考える』中央経済社, 1978年, pp.70-71から一部引用.
13）前掲花岡著, pp.205-218参照.
14）日経連能力主義管理研究会編『能力主義管理－その理論と実践－』日経連広報部, 1969年，pp.52-53.
15）日経連職務分析センター編『能力主義時代の人事考課』日経連広報部, 1969年, p.3.
16）花岡・向共著『職能開発人事管理』白桃書房, 1974年, pp.40-41.
17）伊丹・加護野共著『ゼミナール経営学入門』日本経済新聞社, 1989年, pp.292-293.
18）守島基博「成果主義の浸透が職場に与える影響」『日本労働研究雑誌』日本労働研究機構, NO.474/December 1999年, pp.2-3から一部抜粋.
19）前掲伊丹・加護野, 1989年, p.293.
20）前掲花岡他『職能開発人事管理』1974年, pp.95-96.
21）SOHOは，Small Office / Home Officeの略で，情報通信などを用い，サテライトオフィスや自宅で在宅勤務をするなどの労働形態.
22）今日の労働力需給のミスマッチの最大原因は，IT化推進の能力保有者の不足であり，いかにIT才能のある人材を確保するかといった競争をいう.
23）Coreワーカー（企業の中心となる人材群）に対し，専門的，短期的，個別課題別に対処するPeripheralワーカー（周辺労働，コンティンジェントワーカーともいわれている.）をいう.
24）後出の「コンピテンシー評価」でコンピテンシー概念のHRMへの導入の中心は，能力主義的資格・分類制度が年功的運営により，行きづまり状況にあり，これからの脱却のためコンピテンシーによる分類制度の実用的導入が研究されている.
25）人材戦略研究会『ネットワーキング時代の組織・人事ビジョンとその課題』産能大学, 1996年７月12日，pp.46-47.
26）産能大学，総合研究所『近未来の企業の人材戦略』産能大総合研究所，2000年，pp.39-43．この調査は，次の調査概要によって実施された.

調査方法

郵送による質問紙調査

調査対象

全上場，店頭登録企業の「人事担当責任者」と「経営企画担当責任者」

調査基間

1999年2月19日から3月9日

配布総数

6,474通

有効回答

・件数：432件

・企業数：432社

27）*Websters Encyclopedic Unabridged Dictionary of English Language*によっても，competenceにつき意義を記述し，competencyについては，competenceを見よとしている．また，*Shogakukan Random House English Japanese Dictionary*もWesbsterと同じである．また，日本語の訳も，コンピテンシー，コンピタンシーなど表現がまちまちである．

28）M. Armstrong（1995），*Personnel Management Practice*, Kogan Page Ltd, pp.327-339.

29）L. & S. Spencer, *Competence at Work----Models for Superior Performance*, 1993, John Wiley & Sons, Inc., pp.9-12.

30）*Ibid*., p.13から引用.

31）コンピテンシー管理，コンピテンシー評価に関する，いくつかの文献を紹介しておく．

ウィリアム・マーサー社『実践Q&A戦略人材マネジメント』東洋経済新報社, 2000年

太田隆次『アメリカを救った人事革命コンピテンシー』経営書院, 1999年

大上・早勢（アンダーセンコンサルティング）『人材マネジメント革命』東洋経済新報社, 2000年

アーサーアンダーセン『人材革新マネジメント』生産性出版, 2000年

ダニエル・ゴールマン訳著『ビジネスEQ』東洋経済新報社, 2000年

以上の他，コンピテンシーについての文献情報は，上記太田隆次著，pp.190-195に「資料コンピテンシーの情報源」とし，リストされているので参考にされたい．

【参考文献】

Burgoyne, J.（1988a），*Competency Approaches to Management Development*, Centre for the Study of Management Learning, University of Lancaster.

Woodruffe, C.（1990），*Assessment Centres*, Institute of Personnel Management, London.

Spencer, L., McClelland, D. and Spencer, S.（1990），*Competency Assessment Methods*, Hay/McBer Research Press, Boston.

Furnham, A.（1990）"A question of competency", *Personnel Management*, June, p.37.

Dulewicz, V.（1989）"Assessment centres as the route to competence", *Personnel Management*, November, pp. 56-59.

第Ⅶ章

人的資源コスト管理とHRM

HRMにおけるコスト管理は，組織成員に対して支払われる費用を総称して管理対象としている．

人的資源と職務システムが効率的に機能することによって，そこで働く組織成員は，組織目的・目標達成のために職能発揮をすることができる．しかし，これだけでは十分でなく，人的能力に対する支払費用サブ・システムとしてのHRコストが必要になる．また，人的資源コスト・システムは，費用の支払を目的とするだけでなく，組織成員が積極的に職務遂行意欲を燃やすためのサブ・システムとして機能することが，組織活動のために必要である．HRコスト管理は，ただ単に支払人件費をどのように管理するかということのみでない．現在のような企業の激しい競争社会のなかにあっても，ただ単にコストを低めることだけでなく，企業が長期的に継続発展するための原動力である成員に対する発展のための費用として，コストを考えねばならない環境に企業は置かれている．よく個別企業で見受けられることは，優秀な人材もほしいし，コストも抑えたい，世間水準並の労働条件で他社よりすぐれた人の活動を得たいという一方的な態度である．これからの人的資源コストについての考え方は，世間水準以上の能力をもつグループをつくりたいのであれば，世間水準以上の労働環境をつくることが要請されている．

最近の米国におけるコスト管理の課題は，報酬（reward management）として研究されており，わが国の実務についての文献も[1),2)]，報酬という用語を用いはじめている．この報酬という表現が，わが国にも入り始めているということは，HRコスト管理がただ単に費用のコントロールであるという考え方から，コスト管理が組織の活性化，強化の主要な支援システムであるという考え方に変わってきているとみてよい．

1　人的資源コスト管理の概要

コスト管理は，雇用量と成員1人当たり人件費コスト水準の積で計算された額の管理となる．図示すると図表Ⅶ‐1が作成できる．

雇用量戦略は，事業戦略を受けて決定される組織成員の数である．この雇用量は，単純な数量と質を含んだ質的，量的の2つを含んでいる．通常この雇用量の管理は，雇用管理として論じられている[3]．

人的資源コスト戦略は，労働市場での必要労働力の獲得ができるかどうかの獲得競争水準である．これに対し，企業支払能力水準は，個別企業内での人的資源費用の支払可能水準を課題とするものである．

図表Ⅶ‐1　HRコスト管理とHRM戦略

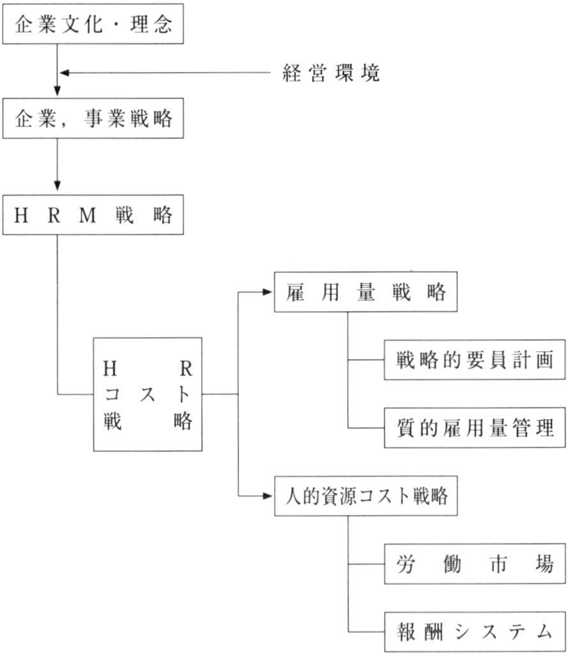

2　雇用量戦略

雇用量をHRM戦略の中で，計画するとき要員計画，要員充足の策定が必要となる．

(1)　要員計画

要員計画は，長期（5年以上），中期（2~3年），短期（1年，6カ月）といったある期間の事業展開に必要な人員の計画化を戦略的志向することである．どのような仕事に，どのような資質の人間を，どのような雇用形態で，何名，いくらの人的費用で確保するかを策定することである．すなわち，要員計画は，①仕事の質量，②人的資源の質量，③人件費，の3つの側面から策定される．そして，要員計画の策定は，①将来の能力構造の予測，②現状能力構造の把握，③要員の算定，の3つの段階に分けられる．

A　将来の能力構造の予測

要員計画は，あくまでも将来に必要な人的資源量を計画するものである．将来予測をする場合は，特に不確実要素が多い中で計画をしなければならない．このためには，図表Ⅶ-2の戦略段階の策定手順を経なければならない．特に要員計画策定にあたって考慮しなければならない環境要因として，重要課題としてあげられるものだけをみても，グローバル化，雇用の多様化，ジェンダー問題，年代層価値観の多様化などの環境要因の重要性は数多くのものがあげられる．

B　現状能力構造の把握

能力構造をどのような尺度で把握するかによって，次のように分類することができる．

① 年齢，勤続，学歴，性別などの年功基準

② 職員，工員などの身分的資格基準

③ 職掌，職群，職種といった職務系統を区分する職能資格基準

④ 職務を単位とする職務基準

⑤ コア労働，周辺労働（パート，アルバイト，派遣社員……など）のよう

図表Ⅶ-2　人的資源管理戦略と経営戦略の関連図

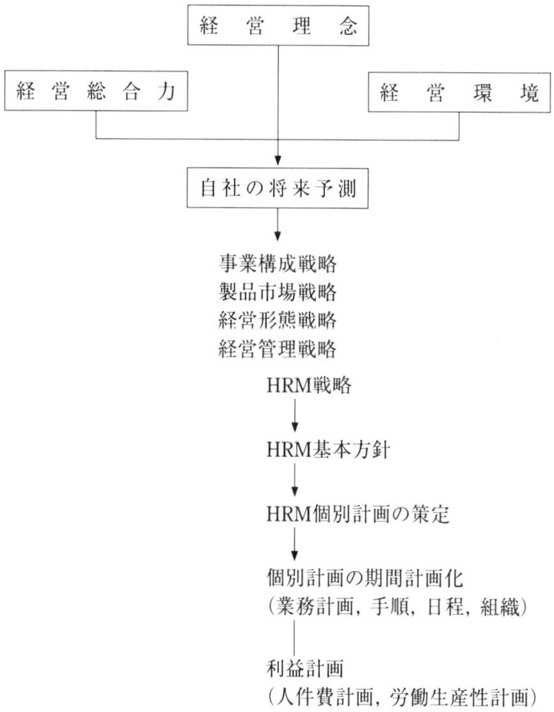

な雇用の多様化群による基準

⑥ コンピテンス（competence）役割基準による分類

以上の6つの中で，わが国では①，②，③の基準によって能力構造を把握することが一般的であったが，最近の経営環境に即応するために④，⑤，⑥のように欧米のごとく職務・雇用形態・コンピテンス分析による分類が確立しだした．年功基準で能力構造を把握することは容易であるが，これに比し③，④，⑥のような分類資格基準で，能力構造を把握することは，難しいことである．しかし，該当する分類基準を正確に把握し，この分類基準該当能力群の企業の保有内容を明らかにすることが，要員策定上重要なことである．

C　要員の算定

将来の能力構造から現状の能力構造をマイナスしたものが，必要要員ということになる．算定方法は大別して2つに区分できる．1つは，売上，工数などの経営数値を基準にして算出するものであり，他の1つは，職務分析など何らかの分析・把握の方法により仕事・能力の具体的内容を調査することにより要員算定をするものである．

〔経営数値基準〕

(A)　生産量基準

労働生産性を基準にして算定するもので，$雇用係数=\frac{従業員数}{総生産数}$ すなわち，労働生産性の逆数値をとり，総生産数×雇用係数＝従業員数を用いる．

(B)　売上高基準

売上の計画に対し，どの程度の人件費率（売上高単位当たり人件費）を見込むかを基準にして雇用量を予測する方法である．これを算式に表すと，次のとおりとなる．

予定売上高×予定人件費率＝総支払人件費…………………………　(1)

総支払人件費÷1人当たり平均人件費＝雇用量……………………　(2)

(1)，(2) 式をつくり上げるためには，予定売上，人件費率，1人当たり平均人件費の3つの要素を計画しなければならない．

こうした計画値には，もちろん経営方針が反映されなければならないが，市場環境の伸び率などを参考にすることも考えなければならない．

(C)　付加価値基準

付加価値を基準にする計算は，要員算定方法として特に参考になると考えられる．それは，付加価値はどちらかというと，売上などの基準より算出基準としての適性を備えているからである．すなわち，付加価値は簡単にいえば，企業が経営活動の結果自己の力で生み出した価値ということができるからである．企業が消費者から得た売上収入は，自社の活動によって生みだされたもの（付加価値）と，他社の努力によって生みだされた価値（購入価値）によって構成されている．例えば，いま売上金額がいかに大きくなっても，売上増額分だけ購入コストが増加すれば，自社で生みだすものはゼロということになってしまう．

以下，労働分配率（付加価値単位当たり人件費額）を基準にして雇用量を予測する式を掲げてみると，次の一例を示すことができる．

付加価値×労働分配率＝総支払人件費………………　(1)

↓（付加価値）

予定売上高×予定付加価値率

↓（労働分配率）

$$\frac{\text{1人当たり平均人件費}\times\text{雇用量}}{\text{予定付加価値}}$$

$$\text{雇用量}=\frac{\text{予定付加価値}\times\text{総支払人件費}}{\text{予定売上高}\times\text{予定付加価値率}\times\text{1人当たり平均人件費}}\quad\cdots\ (2)$$

(2) 式について，これをもう少し展開してみると，

$$\text{雇用量}=\frac{\text{予定付加価値}\times\{\text{予定付加価値}\times(\text{実績労働分配率}\pm\text{修正労働分配率})\}}{\{\text{売上実績}\times(1+\text{売上拡大目標値})\}\ \{\text{実績付加価値率}\times(1+\text{コスト・ダウン，資産回転率向上})\}\times\{\text{1人平均実績人件費}\times(1+\text{ベ・ア率})\}}$$

これら算式については，各変数を将来どうのように計画するか，という方針をもとにして雇用量が計算される．

(D)　損益分岐点基準

$$\text{損益分岐点}=\frac{\text{固定費}}{1-\text{変動費率}}\ \cdots\cdots\cdots\cdots\ (1)$$

(1) 式が損益分岐点の算式であるが，この中身を細かにみると，固定費は，固定人件費＋その他の固定費に，また変動量は，変動人件費＋その他の変動費に分けられる．したがって，損益分岐点算式およびグラフは，次ページのとおりとなる．

図表Ⅶ-3のうちで実務上一番問題になるのは，それぞれの費用に分解することである．例えば，人件費を変動費，固定費とに分けるとき，出来高あるいは生産高の増減に比例して変化するから変動費であると単純に決めてしまうわけにはいかない．能率給，成果配分給などの刺激給は，ある刺激に比例して人件費支出が変化するので変動費とみてよいのであるが，毎月のトータル金額をみて，一定額を保つ傾向をもつなら，それは固定的費用としてみることもできる．また，時間外費用について考えてみてもわかるであろう．通常時間外費用は，必要投入工数がふえればふえるほど増加

図表Ⅶ-3　損益分岐点の一例

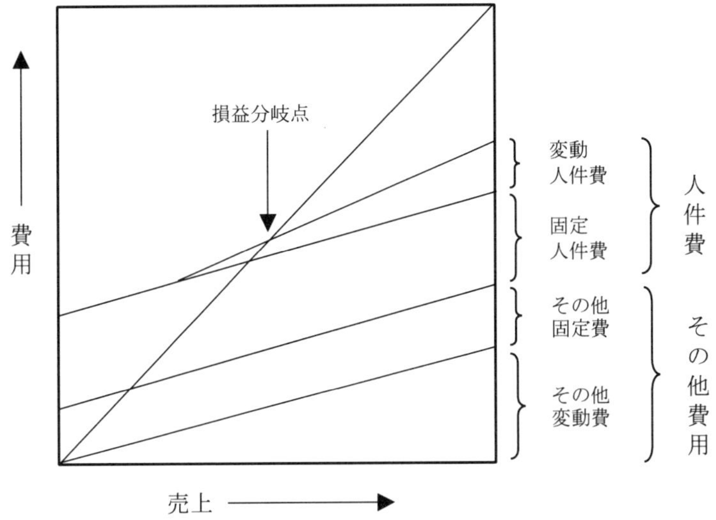

するので，変動費とみられがちであるが，しかし，毎日平均ある時間ずつ残業が固定化してきているときには，時間外費用を変動費とみるよりは，固定費とみたほうがよいであろう．こうした費用分解は，直接損益分岐点に影響を与えるので，自社独自の基準を作成することが必要である．

なお，固定人件費を変動費化することは，人的資源コストのコントロール上最重要な管理点となる．例えば，core workerを少なくし，peripheral worker（派遣労働，契約社員，パート，アルバイト等々）に労働力を移行することにより，固定的人的資源コストを低く抑えることができる．

このことが，人的資源コスト関係の損益分岐点を下げることになり，いわゆる身軽な経営体質に改善することになる．

損益分岐点によって雇用量を算出してみる基準としてだされている労働省方式は，次のとおりである．

① $\text{賃金支払能力最高限度} = \dfrac{\text{人件費}}{\text{損益分岐点における売上高}}$

② $\text{賃金支払能力可能限度} = \dfrac{\text{人件費}}{\text{危険点における売上高}}$

③ $賃金支払能力適性限度=\dfrac{人件費}{剰余金保留点における売上高}$

$$（注）危険点=\frac{固定費+超過支出金+利益積立金}{1-\dfrac{変動費}{売上高}}$$

$$剰余金保留点=\frac{固定費+超過支出金+利益積立金+\dfrac{配当金+剰余金保留金}{1-所得税率}}{1-\dfrac{変動費}{売上高}}$$

以上の算式をもとに雇用量を求める式を作成してみると，次のようになる．

$$人件費支払限度=\frac{人件費総額}{損益分岐点売上高}$$

この人件費支払限度の算式をもとに，次の式が成り立つ．

$$最高雇用量=\frac{人件費支払最高限度}{1人当たり人件費}$$

$$目標利益点売上高=\frac{固定費+目標利益}{1-変動費率}$$

$$人件費適正限度=\frac{人件費総額}{目標利益点売上高}$$

$$適正雇用量=\frac{人件費適正限度}{1人当たり人件費}$$

(E)　投入工数基準

実働時間を基準にして，雇用量を算出する方法であるが，この方法はどちらかというと，技能職系統の雇用量算定に向いている．

$$\frac{技能職年間実績工数\times(工数削減率)}{年間実働日数\times出勤率\times1日当たり実働時間\times(1-時間短縮率)}$$
$$=技能職の雇用量$$

技能職雇用量に対する各職掌別の構成比率を定め，技能職雇用量にこの比率を乗じて全体の雇用量を決定する．

[分析積上げ基準]

経営数値にもとづく算出方法に対し，仕事を分析し，要員算定をすることを，分析積上げ基準による要員算定と呼ぶことにする．分析積上げ雇用量を算出するには，職能分類基準のようなマトリックスができているか，あるいは職務分析，標準時間などの資料が整備されていることが必要である．

(A)　職能分類基準

職能分類による等級，職掌，職種別に，要員予測と算出をするものである．

以下に，雇用量予測の一例を掲げておく．

［作成上の注意］

① 等級別現人員2001年284名，ただし等級付与をしないものは除く．

② 2001年総生産量3,285個

③ このときの雇用係数L/O＝人員/生産量

④ 2001年～2004年までの3カ年の労働生産性向上率を30％とすると

⑤ 3年後の雇用係数は，2001年度雇用係数÷(1＋生産性向上率)

⑥ 3年後の2004年の生産量予測5,259千個とすると

図表Ⅶ-4　職能分類基準にもとづく雇用量予測の一例

等級	① 等級別 現人員	③ 雇用係数 ①÷② ×100	④ 等級別 生産性 3年間 向上率	⑤ 3年後の 雇用係数 ③÷1 +④	⑦ 3年後の 必要人員 ⑤×⑥ ÷100	⑧ 3年後の 退職率	⑨ 3年間 推計 退職者 ⑧×①	⑩ 3年後 推計 在職者数 ①−⑨	⑪ 3年間 昇格 見通し	⑫ 3年後 等級別 在職者数 ⑩+⑪	⑬ 過不足数 ⑦- ⑫
8	6	0.18	30	0.14	7.4	0.1	1	5	2	7	0
7	7	0.21	〃	0.71	8.9			7	3	8	1
6	27	0.82	〃	0.63	33			27	10	34	△1
5	53	1.61	〃	1.24	65	0.1	5	48	8	46	19
4	31	0.94	〃	0.72	37.9	0.2	6	25	20	37	1
3	81	2.47	〃	1.9	99.9	0.2	16	65	12	57	43
2	46	1.40	〃	1.08	56.8	0.1	5	41	9	38	19
1	33	1.00	〃	0.77	40.4	0.1	3	30		21	19
計	284名				349		36	248	64	248	
	②総生産量 3,285千個		⑥3年後総生産量 5,259千個								

⑦ ⑤×⑥によって2004年の必要人員349名となる．

⑧ 2001年から2004年までの等級別退職率

⑨ 3カ年間の推計退職者数36名⑧×①

⑩ 3年後推計等級別在職者数248名

⑪ 3年間の等級別昇格見とおし

⑫ 3年後推計在職者＋昇格者－上位昇格者＝3年後等級別在職者

⑬ 3年後必要人員≧3年後等級別在職者

(B)　職務分担量基準

職務分析により組織成員の担当課業の業務量を把握し，これにもとづき課業の再配分を行い，また，職務の編成，定員の確定を行う．わが国にあっては，職務分析を実施した企業は多数を占めるが，このうちほとんどの企業が，分析のフォローアップをしていないのである．それゆえ，職務の変化に応じて要員を算定することは，習慣づけられていないといってよい．

(C)　目標管理，コンピテンス管理表などによる職位分担基準

個人目標を設定し，年間の担当課業（Task）と達成目標を定め，自己管理を中心としながら組織全体の目標達成の統合化をは図ろうとする制度であり，目標管理カードの職位数により，必要雇用量が算出される．

コンピテンス管理表は，個人コンピテンス（第Ⅶ章「評価とHRM」参照）とグループ・コンピテンスに分け，課業の成果達成のための管理表であり，目標管理とほとんど同じ機能を働かせていると見てよい．

(D)　標準時間基準

IE（Industrial Engineering）手法の時間研究によって作業の標準時間を設定し，これにもとづいて，必要工数を計算し雇用量を算定する方法である．標準時間の設定方法には，直接時間分析法，PTS法（Predetermined Time Standard），標準時間資料法などの方法があるが，いずれも，動作，要素作業，工程などの細かい時間分析ができる技能職掌に向いているといえる．

(2)　要員充足

要員充足は，必要な職能の持ち主を，必要な職位に配置するための要員確

保である．この要員の確保は，異動，昇進，昇格および能力開発など現有能力を活用する方法と，外部から必要能力を補充する方法がある．前者の内部能力の活用は，別項能力開発で詳述するので，本項では，外部からの必要能力補充としての採用につき，以下述べる．

A　採用の種類

採用にはコア・ワーカー採用，①新規学卒採用，②中途採用，を採用方法の中心として行うコア・ワーカーの採用，そして，周辺労働採用としての③パート，アルバイト採用などの一時的採用の2つに大きく分けることができる．

①コア・ワーカー採用

◎新規学卒採用

わが国の採用の中心は，いわゆる新卒採用といわれる新規学卒採用である．学校を卒業し，社会に初めて出るものを迎え入れ，自企業の社風に合う成員養成をし，生涯雇用慣行を貫くことがわが国の採用の特徴である．また，わが国では，定年まで長期継続勤務することが今日まで一般的慣行となっていたが，最近の調査データは1つの企業に定年まで働く意志はほとんど消えてしまっているとみてよいであろう．しかし，日本における採用側は，当面の職務担当能力よりも，幅広く活用できる能力の持ち主，すなわち，将来の期待可能性を採用時に把握する傾向が強かったが，今日では，職種別の採用が一般化しており米国の採用方法とそれほど大きな差がなくなってきているといえる．

◎中途採用

中途採用は，定期新卒採用に対する言葉であり，米国では，いわゆる中途採用がほとんどであるので，中途採用という言葉も米国にはなく，わが国固有のものである．女子労働の増加，パート，アルバイトなどの臨時雇用の増加などにより，中途採用は増加傾向にある．しかし，生涯雇用慣行による内部能力開発方針が崩れないかぎり，わが国の採用は，中途採用よりも，新規学卒採用に重点が置かれるであろう．この見方に対し，人的資源固定コストの変動費化が進んでくると，労働の流動化を促進する力が企業側からも働き，生涯雇用慣行の弱化速度がより速くなってくる．

中途採用者については，担当予定職位の職務遂行有資格者を選んでいる．といって，採否の決定権が，中途採用者に関してもラインに置かれていない企業が未だ多い点をみると，ラインによる人事管理（採用を含む．）がより浸透することによって，生涯雇用慣行を前提とした要員確保が崩れてくるとみることができる．

◎嘱託，契約社員

新規学卒採用および中途採用者にしてもほとんどのものは，原則的に企業側は，生涯雇用慣行の上で雇用を考えているのであるが，ここでの嘱託契約社員は，生涯雇用慣行でないものである．嘱託は，従来からわが国の雇用形態の1つであった．通常，定年退職者が引き続き雇用継続する場合，ならびに高年齢者の雇用条件を一般従業員と区分するために用いられている資格（身分）区分を，この嘱託は特徴としている．

契約社員は，一般の従業員と異なる特殊な労働条件により雇用される従業員で，通常毎年の契約更新が必要となる．特性としては，勤務時間，勤務場所が限定されている職種，あるいは特別な賃金水準など処遇面で一般と異なる場合などに適用されている．

これらの雇用形態は，生涯雇用慣行下にある基幹的労働力量を調整する役割を果たしている．

◎パート，アルバイトなどの臨時採用

生涯雇用慣行からはずれた採用形態として臨時，季節雇用があり，これを，パートタイマー，アルバイトなどと区分し，雇用している．

パート，アルバイトの増加理由の1つは，職務を単純化，専門化することにより高質労働力が必要でなくなったとき，高い経験と能力を必要としないパート，アルバイトに切り換える点にある．また，他の1つは，正規従業員の人件費が固定費化している実態から，パート，アルバイトを用いることにより人件費の変動費化と低コスト化を試みている点にある．

◎派遣社員

人材派遣会社といわれている企業が増加している．ここでは，専門的技能・技術を必要とする人材を雇用・教育し，個別企業の要請でヒューマン・リースをする企業である．ガード・マン，秘書，システム・エンジニア，受付，一般事務等々幅広い数多くの職種を取り扱うようになってきている．

1986年7月に労働者派遣法が施行され，専門性と経験性そして当該業務が派遣でなければ処理できないもので，特別の雇用管理をするものに限って派遣を認めていた．しかし，1999年12月に，改正労働者派遣法が施行され，「港湾運法」「建設」「警備」の3業務，「医師もしくは歯科医師または看護婦等の診療の補助の業務」など政令で指定された業務以外は[4)]，労働者派遣の対象となり，より自由化が進んだといえる．

◎人材紹介

日本における人材紹介は，職業安定所（ハロー・ワーク）が行っていたが，1999年の改正職業安定法の施行により，人材紹介会社（正式には有料職業紹介事業会社）の開業が労働大臣の許可で，できるようになった．これにより，オープンな労働市場形成が促進され，新規学卒採用中心の雇用が，必要時必要人材の獲得といった形に変えることが容易となってきている．特にIT関係スタッフ，スペシャリスト，管理職，CEO（企業のトップ，Chief Executive Officer）などのハンティングが活発化してくることになる[5)]．

◎裁量労働制

通常労働時間に多様的変化を付した労働時間が裁量労働制である．

「裁量労働制」とは，業務の性質上，それを進める方法を，大幅に業務に従事する者の裁量にゆだねる必要があるため，その業務を進める手段や時間配分の決め方などの具体的な指示を使用者がしない，と決めた業務について，労使協定や決議であらかじめ労働時間を定め，労働者をその業務に就かせた場合には，その日の実際の労働時間が何時間であるかにかかわらず，みなし労働時間を労働したものとする制度である[6)]．

これには3つのタイプがある．①企画業務型，②専門業務型，③事業場外労働制，である．

労働時間の管理に自由度が高まり，例えば，SOHO（Small Office / Home Office），ベンチャーへの取り組み，特別課題コンピテンスのみの請負など，役割本位の組織運営のための新しい雇用形態の1つと考えられる．

B　北米の採用

北米の採用の特徴を整理してみると，次のとおりである[7)]．

◎長期雇用計画と新卒採用

各社とも呼称は違うが，2〜5年の長期雇用計画をもっている．

この長期雇用計画は，人事担当部署（Human Resource, HR）が中心となり，他部門の意見を聞き策定している．6〜7月の時期に翌年度の計画策定を行っている．いわば，2〜3年の長期雇用計画の短年度適用のための修正をしているということになる．

採用予定人員の決定は，B社のように社長が最終決定する企業，C社，E社のように副社長クラスが意思決定するところがある．HRに採用枠の最終決定権があるわけではない．

大卒採用の方法は，ほとんどの企業のHRが大学を訪問し面接を行い，第1次選抜を行っている．

F社の場合年2回秋，冬に新大卒採用を行い，年間55の大学訪問をしており，また90%は本社所在の近隣都市の地域社会から採用している．E社では，大卒者は3回以上のインタビューにかかり厳選されている．

◎外部人材斡旋期間の利用

調査企業の全部が何らかのかたちで，外部人材供給機関利用がなされている．これらはいくつかのタイプに分けることができ，次のように区分することができる．

- clericalレベルの雇用であり，代理店への支払手数料は，C$1,000（約8万円）と，exclusiveレベルのC$40,000（約320万円）の40分の1の低コストである．
- 高いレベルの雇用であり，head huntingともいわれている．
- 専門技術者の雇用であり，技術，技能，システムエンジニアなどprofessional staff群を取り扱う．
- その他，the first nationといわれる先住民の雇用促進を目的とする代理機関や，人種差別化に対処するアメリカのAffirmative Action Actsに対応する雇用促進のためのもの．

◎採用決定基準ウエイト

採用の決定基準をどこに置いているかについては，各企業でウエイトの置き方は異なっている．例えばD社では，次の優先順位のように基準にウエイトを置いている．

・期待潜在能力

　ウエイトとしては，一番高い，特に上級クラスのポジション候補者については，anticipated potentialityにウエイトを置く．この潜在能力チェックのためには，attitude testを実施する．通常，採用に当たっては，コンサルティング会社のマネジメント・スタイル評価方式に従って評価された結果によって判断資料とする．

・実践能力（demonstrated ability）

ウエイトとしては，2番目である．中，下級のポジションでは，どちらかというと実践能力に重点は移動する．

・経験

経験のウエイトは少ない．しかし，職位評価法（position evaluation method）の中での評価要素である知識能力では，判断力，教育，経験，積極性の4つの構成要素の中の1つとしてexperienceがみられている．

B社をみても，職務（job）ができるかどうかに力点を置いている．しかし，職務記述書（job description）のメインテナンスにコストがかかり大変な作業であり，jobの担当能力を正確にはかることは困難になっている．このことについては，jobの内容に，より柔軟性を要求されている現在，ますます強くなってきていると言うことができる．E社では，原則としては，今求められている仕事の責任，権限に関しての能力にウエイトを置いている．そして管理職の選考基準としては，特にその地位に求められる管理能力，人間関係能力，技術能力に重点が置かれる．

◎コメント

・雇用計画，新卒採用については，日本と大きな差は認められない．優秀な学生を採用するためのHRMの努力が日本と同じようにみられる．

・外部人材斡旋機関の利用は，日本よりも盛んに行われているように見受けられる．特に，政府指導の先住民雇用促進などは，わが国にはない現象であるが，今後，わが国にあっても，職種専門化，身障者雇用促進，外国人雇用促進などの条件変化により外部人材斡旋機関の利用は高まるであろう．

・採用決定基準のウエイトは，職位の段階によって選考基準は動いており，潜在能力，実践処理能力に対するウエイトは変化している．

3　人的資源コスト戦略

雇用量戦略がHRコスト管理にとっては，最重要な管理点である．この雇用量戦略は，その裏側に労働市場（外部労働市場と内部労働市場）と支払い報酬システムが張り付いていると考えることができる．従来の労務管理関係の著書では，賃金管理は，雇用管理（採用，配置，異動，昇進，昇格など）と同じ章の中で処理するというようなことは考えられなかったことであるが，筆者は，雇用量とコスト管理は表裏一体で同じ土俵上で戦略的に考察されるべき事項であると考え，1つの章で記述した．

以下，労働市場と報酬システムの2つに区分し，説明する．

(1)　労働市場

労働市場には，外部労働市場（the external labor market）と内部労働市場（the internal labor market）の2つがある[8]．

M. Armstrongは，次のように概念づけている[9]．

Elliott（1991）[10] は，「労働市場は，抽象概念である．労働用役の配分と価格づけするために労働力を売る側と買う側が一緒に集まるところであるとする分析的モデルである．」としている．

外部労働市場（the external labor market）は，地方，地域，国，国際労働市場で構成される．人的資源計画を組むとき，そして欲しい人材をどこで見出すかを意思決定するとき，これらのどこの労働市場が最も良い人材を得られるであろうかと考察することが必要である．

明らかな技能とか，職業が労働市場を形成する．例えば，IT専門化の市場があり，ここでは，人材獲得の有用性と価額を示しているのである．

内部労働市場（the internal labor market）は，企業内の労働市場である．入社してから退社するまでの従業員のキャリアの種々な段階での企業内での（人々の有用さと流れの在庫をいっている）人々の有効活用を示している．内部労働市場は，未来に必要になる主な源となるであろう．それは，開発の方針とか訓練，内部での昇進，経歴計画，そして管理後継者などである．人的資源計画は，未来の労働力供給に関するものであり，会社内（企業内労働市場）あるいは外部（外部労働市場）から満足できる人材必要要求の度合いを評価することになる．内・外部労働市場，両方の源は，常に用いられているが，しかし，程度は異なるが，企業の規模によるか，企業の成長率あるいは縮小率，そして，従業員を求める方針などに影響されている．

後者（内部労働市場）は，明らかにわかる政策，みえない政策を含んでいる．これらの政策は，企業が内部労働市場に頼り，内部市場自身の技能ベースを開発している．例えば，それは徒弟制度あるいは年少者訓練計画などによる．そして，このことにより，スタッフに長期キャリアを提供することになる．この替わりとしては，暗黙の政策は主として外部労働市場に頼っている．特別な採用，訓練のために他の企業を離れ，多分，組織に新鮮な血液を入れるための人材補充ということになる．

外部労働市場，内部労働市場については，わが国の文献も多くのものがある．

井上詔三は，内部労働市場につき，次のように論述している[11)]．

「我が国では，内部労働市場が大企業セクターで確立しているばかりでなく，中小企業セクターでも少なからぬ比重を占めていると推論されている．したがって，日本の労働市場では，内部労働市場における高い労働異動が，外部労働市場における低い移動を補完することにより，人的資源の配分機能を有効に果たしていると類推される．たとえば，小池（1977）は，職場内でキャリアが形成されるという日米の共通点と，工場内移動は，アメリカよりも日本のほうが広範で，ひんぱんに行なわれており，しかも柔軟であるという相違点を明かにした．すなわち，日本の労使が，内部労働市場をより高度に利用しているという観察事実を示した．

いっぽう，小野（1981）は，英米に比べて我が国では，企業間移動の水準が低く，また，離職率は，賃金格差に非弾力的だが逆に就業機会の多寡に感応的であると言う特徴を明かにした．そして，日本の外部労働市場のこれらの特徴が，年功制度に律された内部労働市場に規定されたものであることを推量し，日本と英米の内部労働市場の間には，無視しがたい差異があり，類似性よりも異質性のほうが大きいと主張した．」

井上の論文が出版されたのは，1982年である．この約20年の間に，日本の外部労働市場の特徴は，より流動性の高い市場に変化しており，英米の内・外労働市場に類似性の高いものに収斂しているとみてよいのではなかろうか．

小池和男は，米国においても内部労働市場の重要性につき，考察を加えている[12)]．

「特殊熟練の内容に立ち入って定着性の根拠を明らかにしたのが，内部労働市場論Internal labor marketsである．労働市場とは労働力を配分し価格をつける．その配分と価格づけがおもに企業内でおこなわれることを内部労働市場という．というと重々しいが，じつはごく当たり前のことをいうにすぎない．企業のなかで経験を積みより高度の仕事に昇進していくしくみをいい，かのアメリカ鉄鋼企業や日本の大企業の状況そのものをさす．ところが，かつての経済学はまったく流動的な外部労働市場しか考えなかった．」

小池は，仕事を通しての熟練の積上げの重要性を柱として，内部労働市場論の標準的な著作，ドーリンジャーとピオレの本 Doeringer, Peter B. & Michael Piore [1971] *Internal Labor Markets and Manpower Analysis*, Heath.を取り上げ，次のように記述している．

「それまでの研究がごくわずかな事例の観察と推論であったのにたいし，この本は70余企業を調査し内部労働市場の実態を明らかにした．第1，アメリカ内部労働市場が仕事の序列をつくり，内部で下から昇進していく．当然，労働者は定着的になり，賃金カーブも右上がりとなる．配分と価格づけが内部でおこなわれている．第2，内部労働市場が内部で成立しながら，効率よく外部の変化にも対応する．需要の減少にたいし，仕事の序列の下につくものから解雇する．逆に需要の増大には仕事の序列の下位から上位へと昇進させ，もっとも下位の仕事に外から採用する．第3，内部労働市場成立の要因として特殊熟練，OJT，先任権をあげた．だが，OJTでも大工など職人型のばあいは内部化しない．さらに先任権制のない日本でも内部労働市場は成立する．結局，もっとも重要な要因は特殊熟練となろう．そして，その内実を機械のくせやいっしょに働く仲間たちの人柄とみる．こうした見方がいまも広く世界に普及している．」

寺本・中西は，今日の企業倒産の多さに引き続きエンプロイアビリティ（employability，雇用可能性）の概念を説明している．

「こうしたことは，特に安定志向タイプの人々にとっては脅威である．したがって，終身雇用に変わる代替案が必要になる．それがエンプロイアビリティ（employability，雇用可能性）である．エンプロイアビリティとは，わかりやすくいえば，ほかの会社に行っても十分仕事ができるような能力のことである．日本の企業でも，自社でのキャリア形成を通じて，一人ひとりがエンプロイアビリティを向上させていくことができるような枠組みをつくることが次第に重視されてきている．

しかし，エンプロイアビリティは，企業だけの問題ではない．むしろ，社会全体の中で考えなければならない問題である．すでに見てきたように，少子高齢化や情報化，グローバル化の一層の進展によって，社会構造は大きく変革を遂げつつある．こうした中で，新たな雇用機会の創出や円滑な労働の流動化などとともに，働く人々のエンプロイアビリティ向上のための施策を検討する必要がある．」[13]

エンプロイアビリティと外部労働市場との関係で，労働力市場価値（社外価値）に次のように言及している．

「個人が何らかの理由で転職を余儀なくされたり，あるいは自主的に転職を図るような場合，その人の持っている能力の価値が問われることになる．その人の持つ能力が他でも十分通用するということであれば，その能力の市場価値（社外価値）は高いということになるが，反対に，それが一つの企業でしか通用しない限定的なものであれば，組織価値（社内価値）は高いかもしれないが，市場価値は低いことになる（図表23）．この市場価値という視点から能力を見たのが自社内だけでなく，外部労働市場でも通用する職業能力，すなわち第1章で指摘したエンプロイアビリティの問題である．」[14]

このemployabilityにつき，M. Armstrongは，この言葉を次のように使っている[15]．

「Employability ― a policy of increasing individual employability by providing career development and learning opportunities」

また，外部労働市場とインセンティブ（成果評価と報酬との関係）につき，伊丹・加護野は，次のように個人のエンプロイアビリティとの関係を記述している[16]．

「たとえば，個人の事情，組織の事情，労働市場の事情，他の経営の仕組のインセンティブ効果などの状況に応じて，望ましいインセンティブ・システムのあり方は変ってくる．とくに，インセンティブを受取る個人の側の状況に依存するところが大である．たとえば，外部労働市場が発達し，労働の流動性が高い状況（たとえばアメリカ）では，個人への給与が単純に金銭的なインセンティブという性格をもつのみならず，個人への組織からの評価の程度の大きさの指標としての意味をとくに大きくもつようになる．そこでは，評価的インセンティブと物質的インセンティブの連動を大きくしないと，個人に受け入れられないインセンティブ・システムになってしまう危険がある．」

Eビジネスの急速な広がりが，社会的課題となり，IT革命といった流行語まで飛び出している今日であるが，デロイト トーマツ コンサルティングの著書に，次のような一文が目についた[17]．

「純粋インターネット型ビジネスモデルの企業では，年功序列型の報酬・評価制度にとらわれることなく，柔軟な報酬制度を採用しているところが多い．その理由の一つとして，人材の流動化が激しく，旧来の年功序列的な報酬制度では優秀な人材を採用できないことがあげられる．さらに，会社の歴史が浅く社員の平均年齢も低いため，報酬制度の構築・改革が『既得権』という障害にとらわれずに実行できるためである．

人的資産に対する報酬の考え方も再度検討すべきであろう．成果主義型の賃金制度を導入するにあたっては，よく『同世代で最大X倍の年収格差がつく』ということが強調される．しかし，年収格差がリテンション効果につながるわけではない．海外では，給与の市場水準を給与サーベイなどから入手して，市場競争力のある総合報酬を決定している．日本では従来，労働市場が流動的でなかったために，給与の市場水準がわかりにくいという問題があった．しかし，特にEビジネスの分野では，今後人的資源の市場の市場流動化が進むにつれて人材の市場価値が明らかになっていくはずである．有能な人材確保のためには，個人の市場価値という評価要素をふまえて最適な報酬体系・報酬額を検討することが必須となるだろう.」

以上の諸文献を参考に，わが国の労働市場の特性が，今後どのようになってくるかをまとめてみると，外部労働市場は，前述の「派遣社員」，「人材紹介」，「裁量労働制」などに関する労働法の改正により，今後，ますますオープン化が進行し，欧米の外部労働市場の特性に近づくことであろう．

当然のこととして，年功序列制の崩壊現象は，年功基準による評価・報酬制度と関係のない役割（勤続による技能蓄積は役割コンピテンスの向上である）・成果基準の内部労働市場を形成し，より内部労働市場の醸成・活用が進む風土を築くことであろう．

(2)　報酬システム

最近のHRM（労務管理を含む.）に関する著書で扱う賃金・給与管理は，報酬という言葉で論じられているのが顕著となってきている．英語では，reward management, reward systemとして取り扱われている．

M. Armstrongは，報酬管理（reward management）につき次にように記述している[18]．

報酬管理の過程は，組織，チームそして個人の成果の改善に適合する報酬システムの設計，実施，維持に関わっている．

英語のcompensation（報酬，給与）は，rewardの替わりに使われているが，compensationは，従業員がより利のある仕事の時間を過ごすというより，仕事をすることは必要悪を含んでおり，これを行うことを保障するといった意味を含んでいる．すなわち，Armstrongは，rewardのほうがcompensationより組織活性化を考慮した概念であるとしているのである．

報酬管理は，人の管理をするHRMアプローチの多くの部分を扱っており，これらの主要な特徴は，次の点である．

・企業戦略達成の援助

・他のHRM戦略を統合し，特に人的資源開発に関するもの
・明確にされたHRMの考え方――これは，事業のHRM哲学と矛盾しない一対のものであり，従業員たちに報いる方法である
・人的資本への投資について，合理的な反対給付を従業員から要求されるならば，HRMシステムとしてこれを受け入れる．このことは，従業員たちそれぞれの貢献に応じた報酬システムを設計するということとなる
・技能の開発，企業の資源ベースの能力を増加するための従業員のコンピテンシーへの集中化（コンピテンシーあるいは技能ベースの支払）
・自由に操作できる統合プロセス
・資源，開発そして従業員諸関係の分野での他のHRM

Armstrongのreward概念は，rewardは，経営戦略に結びつき，人的資源充実に貢献すると同時に，コンピテンシー（成果・能力）の向上を図り，これに対応した報酬システムの統合システムであると要約できる．そしてArmstrongは，次のように付言している．

欧米におけるHRMコスト管理は，Rewardとして説明されていることがほとんどといってよいが，最近は，この報酬という表現が多く使用されるようになってきている．

斉藤弘行は，報酬システム（reward system; Belohnung system）を次のように辞典の中で記述している[19]．

「組織において人間は自己のニーズを満足させるためにあることをするのだという見方は動機づけ（理論）の教えるところである．何かを行う前にその場合，人は利益の分配もしくは報酬を探し求める．それは給与の増加，ベニフィット，より有利な（自己の好みの）仕事割当であるかもしれないが，どれにしても組織的制約を受けているといえる．マネジメントの裁量のもとにあるこの種の報酬は次の仕組にあると考えられる．内在的報酬は個人が自分のために受取るもので，仕事満足の結果である．例えば職務豊富化，仕事の再設計による個人の評価の増大などである．外在的報酬は，直接および間接的報酬と非金銭的報酬のことである．前者について給与そのもの，超過時間や休日出勤手当て，業績に基づく賞与，ストックオプションなどが入る．当然従業員はこのような報酬を好むのが一般的である．それは他の人との比

較が容易だという理由もある.」

ウィリアム・マーサー社は，その著書の中で，「何故給与ではなくて報酬と呼ぶのか，給与と報酬のちがいは」という一項を設けている[20].

「本書においては，原則として，給与の代わりに報酬という言葉を用いています．報酬という言葉を用いることによって報酬制度の論点が明確になるからです．すなわち，報酬という言葉を用いることによって，報酬の問題とは社員と会社とが，社員と会社双方のベネフィット/コストが最大になるようにいかに交換を行うかという問題である，ということが明確になるのです．

給与と報酬の語源

給与ないし報酬を表す英語のコンペンセーションという単語は，コンペンセート（補償する）という言葉を語源とすることからもわかるように，労働の投入に対する対価を意味しています．一方，日本語の『給与』という言葉は，広辞苑によれば『金品をあてがい与えること』『官公庁または会社などに勤務する者に支給する給料・諸手当その他の総称』とされています．また『給う（たまう）』という語源から来ていることからわかるように，お上から給わるものという，身分や権威の響きがあります．

現在の資本主義経済における報酬の機能の仕方の実際はどうでしょうか．

・経営者にとっては：付加価値貢献を引き出す（態度，行動，成果を高める）ためのコスト

・社員にとっては：付加価値貢献（労働，得意技の発揮，成果の創出）に対する対価

すなわち，経営者，社員のどちらの側から見ても交換のコストパフォーマンス（アウトプット÷インプット）が問題となる手段であり，権威的秩序や身分的秩序のシンボルとしての意味合いや，自己の存在の証としての意味合いは薄れています．

適切な報酬制度とは

社員と会社が効率的な交換をしている状態とは，報酬制度の運用を通じて次の項目が実現されている状態であると言うことができます．

・社員の定着

・人材・キャリアの開発

・業績の向上

・戦略の実現

・組織風土の活性化

しかも，それを実現するための手段のオプションは，あらゆる報酬や社員満足の形態を視野に入れて考えられなければなりません．すなわち，従業員から見た時にベネフィット（便益）が最大になり，企業から見た時にコストが最小になるように，総報酬の観点から考えられなければならないということです.」

以上，いくつかの報酬概念につき掲げてみたが，報酬の体系を図示すると次のように表現できる.

図表Ⅶ-5 報酬システム

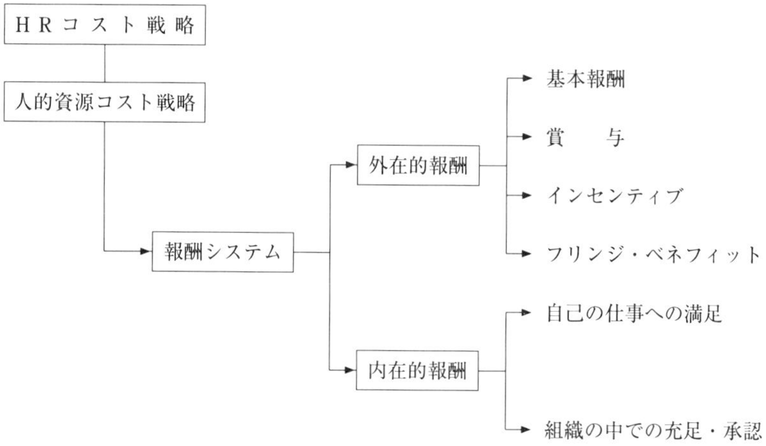

報酬システムを広義に解すれば，斉藤弘行が記述するように内在的報酬と外在的報酬の2つに区分することができる．Armstrongのいう人的資源開発を統合的に行うシステムは，内在的な部分と，外在的な部分の従業員欲求満足度を満たすものである．本項では，以下外在的な欲求満足度に関するシステムである，賃金，賞与，退職金，年金，福利厚生などを含んだシステムにつき記述する．また，狭義の報酬管理の中にも，付加給手当てが含まれるが，本章においては，これらについては論及せず，報酬体系のうち，主として基本給の日本的特徴と，その運営面である基本給管理（昇給管理）の日本的特

徴につき記述する.

A　報酬体系の特徴

報酬体系とは，報酬の支給形態，支給目的，支給基準によって異なってくる報酬支給項目の区分体系をいっている.

広義の報酬体系は，報酬（狭義の報酬体系）と付加給手当て（賞与，退職金，年金，福利厚生）に分けることができる．そして，狭義の報酬体系は，基本給と諸手当てによって構成される.

報酬管理の中で報酬体系管理の占めるウエイトは大きなものがあり，特に報酬体系管理をとおして，HRMシステムのサブ・システムとしてのHRコスト・システムの役割を機能させる主要因となっている．逆にいうと，HRMの他のサブ・システムであるマン・パワーと，職務システムの目的を達成するために，HRコスト・システムとしての報酬体系管理が機能するのである.

森・西嶋の賃金体系管理は，次のように定義されている.（報酬管理という言葉は，新しい表現であるので，本書で引用する報酬に相当する表現は，原著の表現に従って用いる.）

「賃金体系の管理とは，賃金体系が含んでいる諸モメントについて，これを労務管理も目的達成と維持に役立つように，あらかじめ計画し，その実施を統制して，その効果を確実にする活動である.」[21]

すなわち，賃金体系の管理によって，労務管理の目的とする①経営内での従業員秩序の確立維持，②従業員の能力の増大による労働成果の獲得[22]などを達成するのである.

(A)　基本給とは

基本給とは，報酬の基本的部分を構成するものであり，報酬体系の特徴は，基本給によって代表されている．基本給は，昇格，昇進，賞与，退職金などのHRMサブ・システムと連動し，HRM運営の１つの管理基準として機能している．基本給は，報酬管理上，便宜的に使われる言葉であるが，一般的に通用する言葉として，重要な役割を果たしている．例えば，基本給がどのような基準で支払われているかで，時間給，定額給，能率給，成果給，役割給などの報酬形態がわかる．また，基本給の決定がどのような要素によって組まれているかによって，報酬の特質が定まってくる．基本給の決定要素としては，職務，能力，年齢，勤続，成果，コンピテンスなどの諸要素が働いているわけであるが，報酬管理の特質を形成する主要点は，この基本給決定要素に置かれているといってもよい．

(B) 基本給の種類

日本における基本給は，大きく分けて，代表的なパターンとしては，次の4つに区分できる．1つは職務給であり，2番目は職能給であり，3番目は年功給ともいわれる生活給である．そして，4番目は，最近の流行となっているコンピテンシー基準の基本給である．この4つの基本給の概要は，以下のとおりである．

(a) 職務給

職務給とは，職務の価値と賃金額との間に何らかの相関を求めて体系化するものである．すなわち，職務分類制度(job classification system)による基準に従って賃金額を決める制度であり，欧米における一般的賃金決定基準である．この職務給導入には，次のような手続きが必要だとされている[23]．

「①職務分析によって，職務の内容を秩序的・体系的に明らかにする．②職務評価によって，各職務の難しさを判定する．③1つの組織体に含まれている職務を10〜15くらいの職級に区分する．④各職級に所属している代表的な職務の市場賃率や自社の賃率を調べる．⑤支払能力その他を考慮しながら，労使の交渉によって職務賃率を決める．」

職務給確立の必要性が最初に提唱されたのは，昭和7年，商工省が新しい賃金秩序の確立として発表したのに始まるとされている[24]．その後昭和23年，国家公務員の職務分類制にもとづく俸給体系，昭和37年の鉄鋼大手各社の職務給導入，その間，通商産業省産業合理化審議会による職務給の普及研究が続けられたが[25]，後述のごとく，わが国においては，米国におけるような完全な職務給（担当職務の変更時に賃率を変更するもので，単一職務給，範囲職務給を含む．）はほとんど皆無に近く，職務給を導入しているとする企業でも，日本的職務給あるいは職能給ともいえる運営実態である．

(b) 職能給

職能給とは，職務遂行能力を基準として決定される日本的特徴が強い仕事給体系の1つである．職能給は，職務賃率による職務給と年齢，勤続，学歴，性別など，属人的要素によって決定される年功給の中間をとった基本給体系ともいえる．それゆえ，職能給は，各企業の職能給導入経緯，報酬管理システムを取り巻く他の人事管理サブ・システムの特質，運営実態などによっていくつかの異なった職能給体系が成り立っている．年功給に近いもの，職務給に近いもの，そして，その中間という3つのタイプに区分することができる[26)]．

以上のような，ある意味ではあいまいさをもった職能給が，日本的組織風土に合致する体系として，また，逆にいうならば，職能給を運営することにより，組織の動態的運営を可能にする基本給として，職能給の重要性が多くの企業で認識され，わが国に現在普及しているともいえる．

(c)　年功給

年功給とは，年齢，勤続，経験年数，学歴，性別などのうち，1つまたは2つ以上の要素によって支給される報酬である．そして，以上の諸要素を中心として決定された基本給が，毎年の定期昇給運営面で人事評価配分により成績，勤怠，能力などの影響を受けているのが一般である．このような評価配分の意味からすると，年功の功は成果への貢献度を表しているともいえる．年功給が残存する理由につき，日本生産性本部経営力強化専門委員会では，次のように述べている[27)]．

① 人事管理費用の節約分配の意味がある．

② 勤続年数は企業の存続・成長への貢献度を示している．

③ 労使にとり効用がある．

④ 高齢者の生活費補償に好都合である．

⑤ 生活の安定，安心感により忠誠心が期待できる．

しかし，以上のごとき利点があるにもかかわらず，年功給では，人件費増加抑圧が困難になり，能力主義管理が貫けないなどの理由で，修正を受けているのが現実である．

(d)　コンピテンシー基準の基本給

competencyは，評価とHRMの章で詳説したが，「仕事の役割演じに影響を与える個人の特性」であり,「この役割によりどの程度の成果を発揮したか」の全体をコンピテンシーとする.そしてこのコンピテンシーを等級決定の基準要素として等級階層を構築し,classification system（分類制度）を作成する.この等級分類基準に従って,コンピテンシー評価を行い,個人の等級格付をし,この格付に応じた基本報酬を決定するシステムである.

B　わが国における職務給

もともと職務給は,欧米に普及した基本給形態であり,米国での発展は,1871年に連邦政府人事委員会が文官の俸給決定のために職務分類を試みようとしたのが始まりであるといわれている[28].そして,わが国にあっては,職務給ブームの時代があり,昭和30年代の初期から昭和40年代の始めにかけてが最盛期であった.八幡製鉄,富士製鉄,日本鋼管などは昭和37年に,松下電器産業が仕事別賃金を導入したのが昭和41年である[29].その後,多くの企業が,職務給導入を試みたが,わが国の組織運営に適応しにくいなど多くの理由により,普及率は低く,昭和54年2.9%,昭和55年1.7%となっている[30].

わが国における職務給は,賃金の全部を構成するのではなく,基本給のごく一部を職務給としており,また,単一職務給をとらず,範囲職務給重複型をとっている企業が多いなどの点からみて,欧米と比較すると,日本的職務給ともいえるものである.

藤田　忠は,次のような前提条件が整わなければ,職務給は導入しえないとするものがいるが,職務が分析・評価できるまで標準化されていることと,職務と就業者のバランスがとれていれば,職務給は導入できるとしている[31].

① 職能にもとづく組織が確立されていて,職務が分割・標準化されていること
② 最低職級の賃金で生活が保障されるまで,賃金水準が高められていること
③ はやくから職能別組合が組織されていて,職種別賃金が社会的に決められていること
④ 自由な労働市場が開かれており,転職の自由が確保されていること
⑤ 賃金が労働の対価であることを,労使とも生活感覚として身につけてい

ること

職務給は，職務あるいは職級[32]に賃金率を決めて設計されるものであり，藤田　忠の述べるごとく，①職務が確立（職務編成ができ職務記述書が作成できること）することと，②個人の仕事の役割（担当職務）が，個人別に限定されていることが，職務給成立に必要な条件であることは，確かなことである．

ところが，わが国にあっては，職務分掌規定を制定はしているが，ほとんど分掌規定に拘束されず職務遂行しているのが現実である．すなわち，「石垣論，レンガ論」[33]に代表されるごとく，石垣のように柔軟性の高い，職務設定・運営がわが国の特徴であるので，いわゆる職務の確立がなされないことになる．職務の分担が個人別に限定されているというよりは，グループに職務が割り当てられ，これをメンバーの能力に応じ，適宜分担し合っているとみることができる．すなわち，わが国では個人別職務の確立がなされず，仕事の役割分担が流動的である点が，職務給の普及しない大きな原因である．また，職務給では，人事異動を円滑に行うことが困難になり，職務と人が固く結びつくことを嫌うわが国の組織運営では，職務給の採用を拒む原因の1つとなっている．

C　わが国における職能給

職能給は，職務遂行能力を基準に決定される基本給である．職務遂行能力とは，現在担当している職務を遂行している顕在能力のみでなく，職務拡大，職務充実による期待可能性を見込んだ顕在能力をも含んだものである．職務価値を評価するのと異なり，確定したものではない将来の推定を含む期待能力は，評価の公平性，納得性という点に問題を抱えている．なお，期待可能性は，通常一般的に各企業で，昇格，昇給が年1回行われることを考えあわせると，将来1年間に発揮することが期待できるものをいうとすることが妥当である．期待可能性の期間をあまりに長い期間まで考慮することは，期待の不確実性が高くなり過ぎ，かえって，評価の公平性，納得性が薄らいでしまうことになる．

(A)　職能給の普及する理由

職能給がなぜ，わが国に普及しているのかを整理すると，以下のとおりである．

①職務分担の柔軟性を保つことができる．

職務のとらえ方が包括的であるので，関連職務の担当者が互いに補完し合える．

②異動が容易に行える．

配置換えを異動によって行っても，すぐ賃金に響かないので，異動による職務の流動化が行える．

③多能工化が促進できる．

異なる職務価値のものを，1人でいくつも経験することにより，単能工でなく，多能工化することができる．これにより，小集団作業，回し作業が可能になる．

④年功序列賃金管理からの脱皮が図れる

職務遂行能力基準による賃金決定であるので，年功序列賃金のように年齢，勤続基準によることなく，能力主義賃金管理となる．

⑤職能開発が促進される

年功序列賃金から，能力主義賃金管理へ移行することにより，業績達成能力，貢献能力を高めるための職務能力開発へのモチベーションが高められてくる．

以上のごとく，職能給は，わが国のように職務を個人別に明確に区分するというより，隣り合う関連の課業を重なり合いながら処理していく職務遂行形態に適合しやすい賃金体系なのである．

(B)　わが国の職能給

職能給という言葉は，わが国で職務給に対応する言葉としてできたものである．また，職務給という言葉は欧米には存在しない．英語では，basic salary based on job classification systemが，職務給といえるものである．職能給については，これを英訳することも困難であるが，basic salary based on job-manpower （job-ability）classification systemと訳すことができる．しかし，job-manpowerとかjob-abilityという言葉は，アメリカにはないのであるから，職能の概念は，アメリカ人にとってなかなか理解しにくいものであろう．それだけ職能給なり職能分類基準は，日本的なものといえる．

(C)　資格制度と職能給

職能給は，職務遂行能力基準で決定される基本給タイプであり，職務遂行能力の評価基準が一般に資格制度と呼ばれているものである．職能給は，仕事に関係する評価要素を含む基準によって運営されるわけであるが，この評価基準がどうのような内容をもつかによって，職能給の基本給形態も変化している．

是佐忠男は，これを次のような3つの類型に分類している[34]．

① 資格級とか能力給という表現でみられる職能給の型

② 職務遂行能力の種類と程度による分類，いわゆる職能分類制度による職能給の型

③ 仕事に応じた賃金の幅の中で職務遂行能力が向上すれば，それに応じて昇給する範囲職務給といわれる型

この③の分類に入る範囲職務給は，職能給ではなく，職務給の範疇に入れる[35] としているが，筆者もそのほうが正しい区分であると判断する．

資格制度の類型に応じた職能給の特色は，次の5つに区分できる[36]．

①身分的資格制度

職工員差別が行われ，学歴，性，入社条件，勤続年数などの属人的要素により序列の定められる制度である．この身分的資格制度を賃金決定基準とする基本給体系は，たとえ職能給と呼称していたとしても，実態は年功給である．

②年功的資格制度

職工員差別は撤廃されているが，学歴別，性別区分を基準に運営される制度である．資格制度の導入当初は，型のうえでは後出の③，④を望んで制度設計しても，運営結果をみると，このタイプになってしまうことが多い．基本給呼称を職能給としても，実際は年功給といってよい．

③能力的資格制度

職務遂行能力を中心に序列の定められる制度であり，個人の仕事を担当できる能力を，何らかの方法で把握しようという努力が払われている．しかし，能力把握の基準が単一であって，とくに職掌・職群・職種といった職能の縦割り区分が入っていないのが特徴である．この類型に入るものは，職能給といえるものであるが，職務遂行能力の評価も属人的要素（勤続，

学歴，職務遂行期待可能能力など）のウエイトが高く，仕事の側面の評価要素のウエイトが低くなっているので，年功給と職能給の折衷型といってもよい．

④職能資格制度

職務系統区分の職掌・職群・職種といった区分がなされ，等級，職務系統別の職務内容，職務遂行要件が明らかにされる制度である．今日のごとく，組織の動態化が注目を集めているとき，職能的資格制度も職能の動態化に即応できる制度維持がなされなければならない．このために職能の把握方法，職能把握のプロセスに工夫がなされている[37]．職能的資格制度に対応する基本給は職能給である．

⑤多様型資格制度

勤務態様の変化に合わせて資格要件，資格基準を別に設定していくものであり，大きく総合職，経営職コースの基幹的労働力群と，一般職，いくつかの専門職種コースなど個別企業のニーズに合わせて発生する補足的労働力群の2つに区分できる．職能，職務の2つの区分基準で制度設計，運営システムができあがる．

D　わが国におけるコンピテンシー給

コンピテンシー概念が，わが国に持ち込まれたのは，1995年以降とみてよい．Spencerの*Competence at Work*が出版されたのが，1993年であり，欧米でも1988年頃からcompetencyに関する文献が多くみられるようになってきたのである．このコンピテンシーがなぜわが国に入ってきたのかをみると，今日の（2001年）日本の企業経営の不況下における実態は，日本的職能主義（運営上年功的色彩の強いものとなってしまっているとみてよい．）といわれる人事制度が環境不適応に陥り，何とか企業競争に勝ち，生き残るために組織風土を年功的管理依存から脱却したいという企業側の必要性に応ずるかのように，外資系を中心とするコンサルタント会社の指導が入り，コンピテンシー志向のムードが流れ始めていると筆者は受け取っている．元々このコンピテンシーの考え方は，わが国にあったものでもあり[38]，企業競争が激しい環境下では，当然の考え方である．

competencyの概念図は，次の図表Ⅶ - 7のように図示できる．

図表Ⅶ-7　Competencyの役割

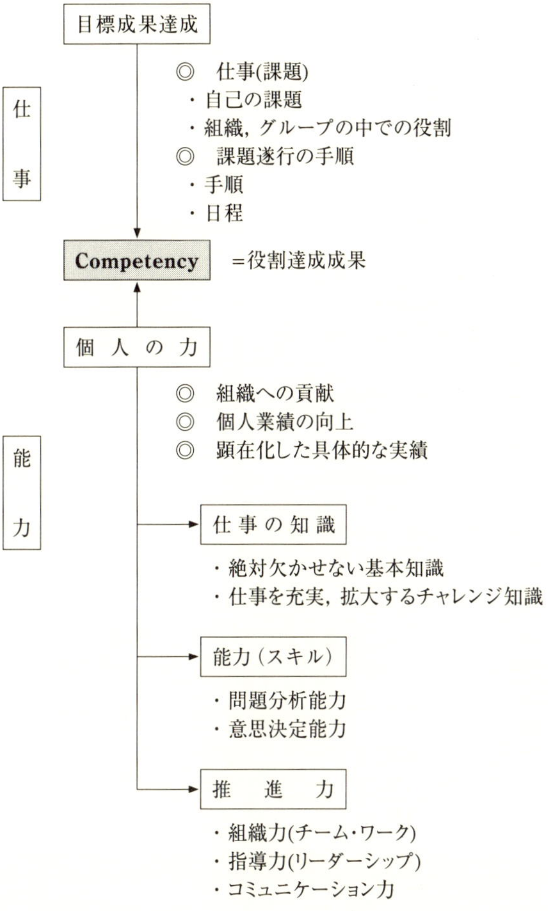

このcompetencyは，次ページのような図表Ⅶ-8「等級基準要素表（一例）」によって分類される．

〈重要度〉

重要度は，課業が会社にとって，どの程度重要な仕事であるかを表すものである．

そのチェックポイントは，次の点にある．

・会社の収益に対する影響度

図表Ⅶ-8　等級基準要素表（一例）

	等級	基準内容・キー	課業のレベル・評価尺度		
			重要度	難易度	リーダーシップ度
経営職	1級	・経営戦略の策定・決定参加 ・全社的利益計画の算定 ・部門全体の業績責任			
	2級	・部門方針策定決定 ・部または部門組織の統括・管理 ・担当部門の業績責任			
リーダー職	3級	・複数の課またはグループ及びそれに準ずる組織のリーダー ・総括グループ業績責任			
	4級	・単一の課またはグループのリーダー ・グループ業績責任			
オペレーター職	5級	・グループのリーダー補佐 ・オペレーションのOJT責任 ・業績責任			
	6級	・オペレーション単独遂行 ・遂行責任			
	7級	・比較的初歩のオペレーション遂行 ・自己能力・自己管理責任			

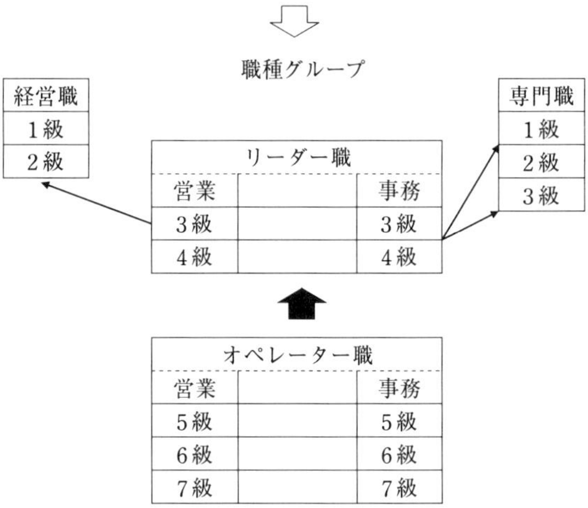

（定量的業績への影響度→直接，間接に売上に対するもの，定性的業績への影響度→会社の信用への影響度，過失の及ぼす影響度→意思決定のミス，過失の社外への影響度）

・会社の組織活動に対する影響度

（営業活動，事務組織改善活動，将来へ向かっての方向決定度，組織成員のヤル気アップ貢献度，他との関連での影響度）

〈難易度〉

難易度は，課業を遂行するための能力，努力，強調力などの結果を導くための職能要件を表すものである．

そのチェックポイントは，次の点にある．

・実践能力（問題分析能力，意思決定能力）
・やる気（自己開発力，自己活動力）
・知識技能（基礎知識，専門知識，職務知識）

〈リーダーシップ度〉

リーダーシップ度は，組織，グループの中で課題遂行のためにどの程度リードしたかの度合いを表すものである．

そのチェックポイントは，次の点にある．

・組織力（複数の人を組織としてまとめる力）
・指導力（メンバーを指導する力）
・行動力（理論，言葉だけでなく具体的に課題遂行のための貢献する力）
・コミュニケーション力（課題遂行のため必要な意思疎通力）

E　定期昇給とベース・アップ

欧米における職務給（base salary）では，上位職務への変更がない限り，昇給は行われないのが原則である．すなわち，個人別に雇用契約更新時に話し合いにより上位職務へ職務変更することにより，高い職務賃率を受けることになり，これが昇給となる．これに対しわが国では，毎年1回，全員が，一時期いっせいに昇給するいわゆる定期昇給が行われ，わが国報酬管理の1つの特徴といえる．もちろん，米国においても，まったく定期昇給制度がないわけではなく，一部の管理職につき，わが国と同じような昇給システムをみることもできる．

(A)　定期昇給とは

昇給とは，個々の従業員のもつ能力の向上（1年1回）に応じて，定期的に現在の報酬テーブルを上昇していくことである．報酬テーブルを上昇させ，前任者に追いつかせることにより，昇給基準線を維持するのである．

定期昇給は，基本給形態が職能給であっても，年功給であっても行われている．定期昇給は賃金形態に応じ，次のように分類することができる．

①自動昇給

年齢，勤続の増加につれ，自動的に賃金テーブルの上で昇給されるものであり，年齢給，勤続給などの年功給の定期昇給である．

②個別昇給

個人の職務遂行能力程度など賃金決定要素の内容を評価し，この変化を昇給に結びつけた昇給をいう．すなわち，職能の変化に応じて個別に，職能給が上昇する場合をいう．また，本来職務給には，定期昇給制度はないのが一般的であるが，わが国にあっては，職務給で定期昇給を実施しているところもあり，これは，職務給と呼称するより職能給と呼ぶほうが妥当である．

(B)　ベース・アップとは

ベース・アップとは，初任給上昇，生計費上昇，そして，世間並み賃金水準の維持などの理由により，賃金テーブルを書き替えることをいう．

初任給は，毎年1回，ほぼ市場初任給の動向によって決定されている．この初任給上昇が，カーブ全体のベース・アップの大きな修正要因でもある．また，ベース・アップが必要な他の理由として，賃金原則の1つである安定して生活を送ることのできる賃金水準の維持があげられる．

(C)　定期昇給とベース・アップの区分

昇給とベース・アップが区分される理由は，大きく分けて次の2つである．①昇給によって生涯雇用慣行のメリットである安定した生活感を高めるとともに，評価と結びつけることにより，能力主義賃金管理を進められる．②ベース・アップで昇給基準線の修正を行うことにより，賃金水準に対する公平性，納得性を高めることができる．

定期昇給およびベース・アップ区分の意味を明らかにすると，定期昇給とは，個々の従業員のもつ能力の向上（1年1回）に応じて，定期的に現在の賃金テーブルを上がっていくことをいう．

一方，ベース・アップとは，賃金テーブル自体を書きなおすことである．これをわかりやすく表すと，次の図表Ⅶ－9のとおりである．

図表Ⅶ - 9　定期昇給とベース・アップ

（年齢が23歳になった場合，ただし，同等級内での昇給）

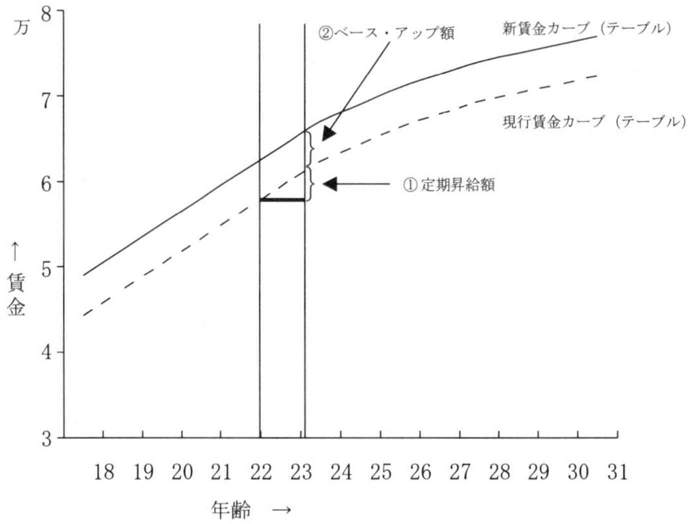

上図における「①定期昇給額」とは，現行賃金カーブの上で22歳から23歳の1年経過後の賃金の自動昇給額である．これに対し，「②ベース・アップ額」は現行賃金カーブに改訂した23歳時点での差額で示される．

・コンピテンシー報酬の昇給管理

昇給とは，第Ⅶ-9図表の①定期昇給額を現在の基本報酬額に積み上げることをいうが，この昇給は，通常は図表Ⅶ - 8に示すような等級段階別に昇給額が決定される．そして，等級別昇給額は，個人別評価結果を反映した額として配分される．等級別基本報酬額（コンピテンシー報酬）は図表Ⅶ - 10「等級別範囲基本報酬額分布表」として示すことができる．例えば，M1等級の分布を範囲給として設定した上限，下限額を4等分した．それぞれの範囲をQ4，Q3，Q2，Q1（Q1はquarterの略）とすると，Q3とQ2の境界線をM1等級のモデル昇給基準線（等級の中位数）という．

この昇給基準線は，労働市場では，報酬水準の基本として，労働力獲得のための競争水準を示している．企業の管理ポイントとしては，等級別範囲の上限と下限の幅を長期的に狭めていくことにより，より能力主義を反映したコンピテンス基本報酬とすることができる．このことは，同じ仕事で，同じ成果を上げると年齢，勤続，性別などの年功要素に関係なく，できるだけ同額に近い報酬を得られるようにすることになる．

この範囲基本報酬額表の改訂は，物価，初任給などの影響により，賃金市場の水準に変化があると認められたときに改訂される．

範囲基本報酬額表を，基本報酬額範囲分布とコンピテンス評価の2軸によって作成した下表によって運営することにより，評価結果を反映する．

評価 ＼ 基本給範囲分布	コンピテンス評価			
	A	B	C	D
Q4	1.00	0.95	0.90	0.85
Q3	1.05	1.00	0.95	0.90
Q2	1.10	1.05	1.00	0.95
Q1	1.15	1.10	1.05	1.00

[注]

・基本給範囲分布は，各等級の基本給分布を4分の1区分し，上位25%をQ4，以下25%ごとにQ3，Q2，Q1と名づける．

・コンピテンス評価は，A（特に優れている），B（優れている），C（普通），D（劣る）の4つの成績に区分する．
範囲基本報酬額表により，被基本給改訂者の現基本給の当該等級の範囲分布の部位置（Q4～Q1）とコンピテンス評価の交点を改訂指数という．そして，この該当指数に等級別の改訂平均額を乗じて改訂額を算出する．

図表Ⅶ-10　等級別範囲基本報酬額分布表

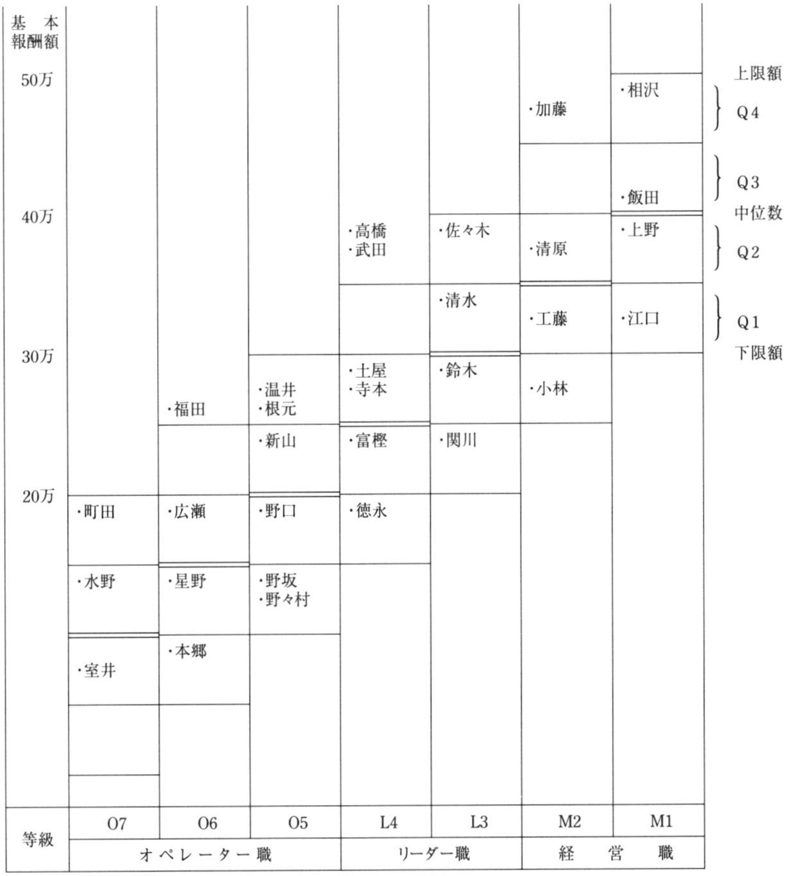
基本報酬額
50万
40万
30万
20万
上限額
Q4
Q3
中位数
Q2
Q1
下限額
・相沢
・加藤
・飯田
・高橋
・武田
・佐々木
・清原
・上野
・清水
・工藤
・江口
・土屋
・寺本
・鈴木
・小林
・温井
・根元
・福田
・新山
・富樫
・関川
・町田
・広瀬
・野口
・徳永
・水野
・星野
・野坂
・野々村
・室井
・本郷
等級
O7
O6
O5
L4
L3
M2
M1
オペレーター職
リーダー職
経営職

F　北米における報酬制度

(A)　報酬制度

a　管理職の個人別賃上げ決定要因

各社それぞれ企業別特質をもっている.

B社では，人事評価によるmerit paygridにより賃上げ率を定めている.

人事評価（performance rate）によって分配される賃上げ率の分布をみると，特にすぐれている6％，すぐれている30%，普通60%，不満足4％となっており，正規分布制度は行われていないが分配のための分布規制はあるといえる.

D社では，次の4点をあげている．

・インフレーション

・賃金市場における競争力

・個人業績

・チーム参加度

また，D社では，企業業績に従ってボーナス支給が賃金支給を修正する賃金総額修正支給方法としてとられている．

A社では，次の3つをあげている．

・生活費としての水準

・企業の支払能力

・賃金市場での競争力

F社では，次の2つである．

・個人業績

・チーム貢献度

E社では，次の5点をあげている．

・賃金表の中での職位価値

・職位での経験

・賃金支払源資の大きさ

・経験，技能あるいは能力

・業績

b　賃金水準の決定要因

一般従業員に賃金水準決定要因について，共通項は労働市場での競争力のようである．

B社は，第1に労働市場での競争力，第2に採用のしやすさとしている．

D社では，第1に外部競争力，第2に内部調和にあるとしている．

A社は，労働組合との力関係であるとしている．

F社では，基本的には労働市場関係最重視の考え方（philosophy）であるが，これは，市場調査とコスト変化を考慮して決定する．

E社では，次の3つを掲げている．

・労働市場における競争できる水準維持と業績貢献に見合う支払

・世界の最優秀のforest products産業としての目的達成のための優れた人材獲得とコスト構成の維持
・業績報酬の支払そして個人，チーム，組織における優れた力のモチベート化

c　インセンティブ・ボーナス

B社では，senior executive（vice president）以上にボーナスがあるのみであるが，将来は，senior management（部門長クラス）まで延ばしていきたい.

D社では，ベース・サラリーは賃金市場相場に近い水準で決められている．しかし，企業業績の高い年は，corporate performance bonusとしてボーナスが用意される．そしてこれにより，従業員の賃金水準は賃金市場相場より高くなる．利益の上がらない年は，ボーナス支給はない．ボーナスは，利益配分であり，個人の業績貢献度と評価によって分配する．ボーナスは，年1回，グループ（事業部門）ごとに支給される．A社では，senior management（部門長クラス）に対し，年1回インセンティブ・ボーナス支給を行っているのみである．

F社では，小さい部門の部門長からトップ･マネジメントまでインセンティブ・ボーナスを置いている．

E社では，全管理職にではないが，management incentive systemsがある．また，製造関係の従業員に対しても，それぞれに応じたインセンティブ・システムがある．ある仕事では，支払賃金額の一部がインセンティブとなっている．これは，組織，チームそして個人の業績に応じる報奨となっている．会社は，このインセンティブ・システムを常に改善しようとしている．特に，重要な挑戦に関係する従業員の努力や貢献に応えるインセンティブにしようとしている．

d　コメント

①管理職の個人別賃上げ決定要因は，各社それぞれ違いがある．賃金市場での競争力の維持は，優秀な労働力確保のためには，不可欠の要因となっている．職務概念の変化を受け，チーム参加度とかチーム貢献度という組織活動が目についてきている．また，企業の支払能力が決定要因になっていることも当然のことと思われる．

②一般従業員の賃金水準決定要因は，労働市場での競争力が共通要因となっている．わが国にあっても，初任給を出発点とするポイント賃金ベースが，入社時企業選択の主要な意思決定要因であるのは，北米と同じである．

③インセンティブ・ボーナス（わが国の賞与と同じ内容ではない.）は，わが国のように全社員に適用されるのと異なり，一部の上層部にのみの適用である．しかし，今後，この適用を漸次下層部に下げていくことが検討されている．特に，グループ活動へのインセンティブが今日的課題となってきている．

【注】

1）ウィリアム・マーサー社著『戦略人材マネジメント』東洋経済新報社，2000年には，給与をなぜ報酬と呼ぶのかなど，報酬について記述してある．

2）Michael Armstrong *Human Resource Management Practice*, "7th edition, 1999, Kogan Page Limited, p.567.

3）日本労働研究機構編『雇用管理』日本労働研究機構，1999年，この著書の中には，①日本の雇用制度と国際比較，②高齢化・定年延長と雇用管理，③ホワイトカラーの雇用管理，④女性の職場と雇用管理，⑤雇用形態の多様化と雇用管理といった内容が記述されている．

この中では，採用，配置，異動，昇進，昇格といった人事管理機能，そして，能力開発と雇用の多様化まで幅広い課題が論じられている．

4）三浦和夫『改正 労働者派遣法と派遣100%活用術』日本法令，1999年，参照．

5）菅野宏三『人材紹介業設立・運営』日本法令，1999年，参照．

6）労働省労働基準局賃金時間部編『新裁量労働制の早わかり』労務行政研究所，2000年，参照．

7）花岡著『日本型労務管理の特質』白桃書房，1994年，pp.145-146，北米における人的資源管理を次の調査方法により行った．

(1) 調査目的

われわれが，外国の実態を知ろうとする場合，文献によることが多い．しかし書物による情報には限界があり，常に真実を表しているとは言い難い．経営学の研究対策としての企業は，必ずしも理論と実践が常に一体となっているものではないので，practical fieldでの事実現象をみつめることが理論構築の上で要求される．今回の目的は，北米の中でも，ある程度，高い経営管理システム水準を有しているであろうと思われる企業への実践面のヒヤリング調査であった．

(2) 調査対象企業

以上の目的を達成できる企業で，Vancouverからそれほど遠距離にない企業を（財）日本生産性本部ワシントン事務所の協力で選定し交渉した．調査企業名は，次のとおりである．

①BC Gas Inc. カナダ，ブリティッシュ・コロンビア州に対する燃料ガスの生産供給

②BC Tel カナダ，ブリティッシュ・コロンビア州に対する電話サービス会社

③MacMillan Bloedel Limited カナダを中心とする製紙，森林業の会社

④Westcoast Energy Inc. カナダ，ブリティッシュ･コロンビア州に対する天然ガス供給会社

⑤The Boeing Company　アメリカ，ワシントン州，シアトルに本社を置く飛行機製造会社

⑥Weyerhaeuser Company　アメリカ，ワシントン州，タコマ市に本社を置く製紙，森林業の会社

(3) 調査期間

1992年7月～8月の期間に訪問調査

8) 井上詔三「内部労働市場の経済的側面」『雇用管理』日本労働研究機構編，日本労働研究機構刊，1999年，pp.209-213に内部労働市場の概念が記述されている．

9) *op. cit.*, M. Armstrong，1999，p.313.

10) Elliott, RF., *Labour Economics*, McGraw-Hill, Maidenhead.

11) 井上詔三「内部労働市場の経済的側面―ホワイトカラーの事例」『雇用管理』日本労働研究機構，1999年，pp.209-210.

12) 小池和男『仕事の経済学 第2版』東洋経済新報社，1999年，pp.159-160.

13) 寺本義也・中西晶著『知識社会構築と人材革新』日科技連，2000年，pp.55-56.

14) 同上書，p.108.

15) *op. cit.*, M. Armstrong, 1999, p.262.

16) 伊丹敬之・加護野忠男『ゼミナール経営学入門』日本経済新聞社，1989年，p.269.

17) Deloitte Tomatsu Consulting著『Eビジネス経営』東洋経済新報社，2000年，pp.146-147.

18) *op. cit.*, M. Armstrong, 1999, pp.565-567.

19) 斉藤弘行『新版 経営組織・人間小辞典』同友館，2000年，p.210.

20) 前掲，ウィリアム・マーサー社著，2000年，pp.108-109.

21) 森　五郎･西嶋　昭共著『これからの賃金体系』日本生産性本部，1965年，p.5 から引用.

22) 同上，p.6の一部援用.

23) 藤田　忠著『現代人事・労務管理論』白桃書房，1982年，p.203から引用.

24) 是佐忠男著『職務給・職能給　その設定運用の実際』労働法令協会，1973年，参照.

25) 通商産業省企業局編『職務給制度導入とその運営上の諸問題』同省同局刊，1965年，参照.

26）堤　要著『これからの賃金制度と職能開発』労務行政研究所，1973年，p.31参照.

27）日本生産性本部経営力強化専門委員会編『人事・組織管理の動向－実態報告書－』日本生産性本部，1971年，p.2から加筆引用.

28）日本経済新聞社編『賃金体系の知識』日本経済新聞社，1968年，p.117参照.

29）西宮輝明著『賃金管理』ダイヤモンド社，1976年，p.21参照.

30）『昭和55年賃金制度調査結果』労働省調査，参照.

31）藤田　忠稿「2　職務給における諸問題」『人事管理と行動科学』日本経営出版会，1967年，p.92から引用，p.93参照.

32）職務，職級などの用語および，職務分析，職務評価，職務給設定については，花岡正夫著『日本的能力主義賃金の展開』白桃書房，1975年，p.70-102参照.

33）土方文一郎著『能力主義と動態組織』産業能率短期大学出版部，1968年，第2章参照.

34）前掲（注24），p.49から加筆引用.

35）同上書，p.50参照.

36）向　摯・花岡正夫共著『職能開発人事管理』白桃書房，1973年.

37）同上書，p.97-100参照.

38）太田隆次『アメリカを救った人事革命コンピテンシー』経営書院，1999年，pp.100-103.

第Ⅷ章

日本型HRMに関する文化論，収斂論

日本型経営特質は，日本的文化背景（風土，食住，歴史，宗教，言語……などの特性）から強い影響を受けている見方，そして，日本的態度特性としての運命共同体意識，安定志向性，能力平等感，一体感……といった日本人の特殊性を強調する多くの言葉が，1970年にかけて一般化していた．

そして，日本型経営の編成原理として，経営家族主義，集団主義などが取り上げられ，文化的側面から見た日本的経営特質論が展開された．

以下，第2次世界大戦後の日本型HRMについて，文献の諸説を検討・整理してみることにより，日本型HRMの研究の端緒とする．従来から使われていた日本型労務管理に対し，本章では日本型人的資源管理（HRM）という表現を以下用いる．

ここでは，日本型HRM論を含んだ日本的経営諸論の推移を整理することにより，筆者の唱える日本型HRM収斂論の諸論の中での位置付けを明らかにする．

1　日本的と日本型の区分

日本的という表現がいつ頃から経営用語として一般化したかは，定かではない．Abegglenの著書『日本の経営』が1958年に出版されてから，彼が1973に記した *Management and Worker: The Japanese Solution* が出る15年間に「日本的経営」という名の付いた著書はそれほど多くはない．1961年に東洋経済新報社編の『日本経営の解明』が目につく程度である．

わが国で，日本的経営に関する著作が多く見られ始めたのは1973年，Ronald

Doreの*British Factory—Japanese Factory: The Origins of National Diversity in Industrial Relations*が出版されて以降である．特に1970年代は，日本的経営のブームであり，1978年には日本経営学会第52回全国大会の統一論題として，「日本経営学と日本的経営」が取り上げられたのである．この日本的経営が脚光を浴びた背景は，日本経済の驚異的な発展と欧米の模倣経営からの脱却の2つの要因があったと考えられる．そして，この日本的経営ブームが，マス・コミによって騒がれ，一層，学界，実務界での論議の的となったのである．

日本型という表現が，いつ頃から使われていたのかは定かではないが，1980年頃には，日本型という表現が論文などに登場している．

日本的という言葉は，どちらかというとジャーナリスティックに使用され一般化したもののようである．筆者は，この日本的というあいまいな感じを受ける表現より，日本における経営の理念，管理システムの型を表す日本型を本書で用いることにする．

2　1945年以降の変遷

1945年から今日までの日本の経営の推移を収斂性と分散性，そして自立性と従属性の2軸で区分し図示すると図表Ⅷ-1が描ける．

第Ⅲ象限では，第2次世界大戦後の戦後経済復興期であり，苦しい経済環境の中での経済再建であった．

第Ⅳ象限では，アメリカ経営方式の模倣時代であった．1955年（財）日本生産性本部が設立され啓蒙のための海外視察団の派遣により，先進工業国としてのアメリカから経営技法を吸収したときである．この時代は，米国から学んだ経営知識をそのまま鵜呑みにした時代ともいえる．第Ⅲ象限から第Ⅳ象限への移行は，戦後復興からアメリカ化へという特徴でまとめることができる．

第Ⅱ象限は，日本的経営について百家争鳴の時期である．多くの書物が出版され，特に日本的経営特質の源流を日本の伝統的文化に結びつける論説が多く見うけられる．例えば，源流を江戸時代の商家に求める中野　卓著『家と同族団の理論』（未来社，1968年），間　宏著『日本労務管理史研究』（ダ

図表Ⅷ-1　わが国経営システムの変遷

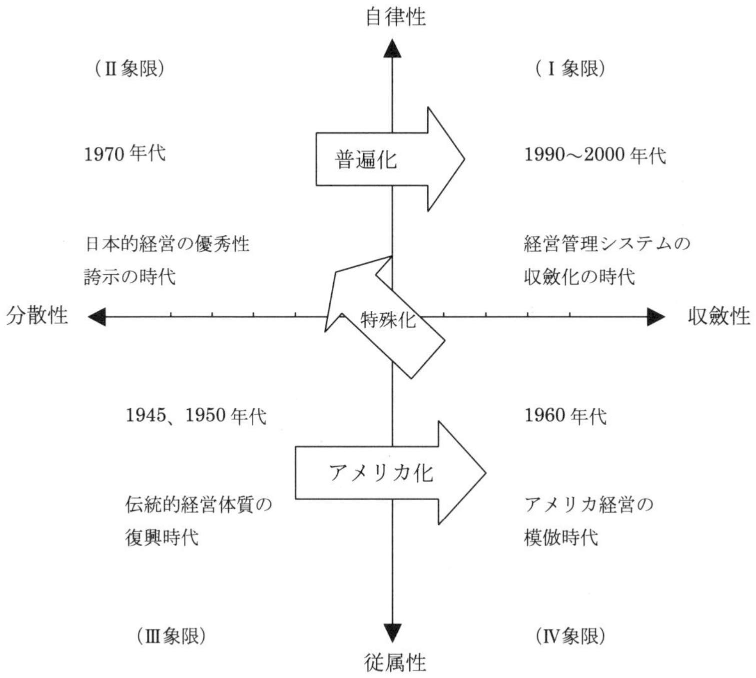

イヤモンド社，1964年），そして源流を江戸時代の武家制度に求める津田真澂著『年功的労使関係論』（ミネルヴァ書房，1968年），富安長輝著『終身雇用と年功序列』（労働法学出版，1973年），吉野洋太郎著『日本の経営システム』（ダイヤモンド社，1975年）などがその1例である．

また，以上の日本的経営文化論に対する批判論も多く出され，学界での論争も華やかに行われた時代である．

第Ⅳ象限から第Ⅱ象限への移行は，アメリカ化の方向をとっていた経営から日本的といわれる日本特殊化へとまとめることができる．

第Ⅰ象限は，日本的特殊経営から脱皮の時代といえる．第Ⅱ象限から第Ⅰ象限への移行は，グローバリゼーションの中での日本的経営特殊論から普遍論としての日本型経営論への推移であるとまとめることができる．

3　日本的経営諸論

日本的経営論に関する文献は，1970年代に入って多くの出版がみられた．それらの中のほとんどは，日本の経営の特殊性あるいは普遍性について強調するものであった．

倉田良樹は，日本的経営論の展開の中で，次のように日本的経営論の学説史的整理の困難性を述べている[1)]．

「日本的経営論が学説史的に整理する作業にはいくつかの困難な点がある．1つは，この領域が学問的な対象として論じられるようになってからまだ日が浅く，学説史として全体を鳥瞰しうる時点にまで達していないことである．いま1つの困難は，日本的経営論が数多くの隣接諸科学の業績に依拠していることによる．すなわち，日本的経営論は経営学，経済学，社会学，心理学，労使関係論などの先学の多くの業績を貪欲に摂取することによって学問領域として新たに確立されてきたわけではあるが，そのために日本的経営論の学説とそれぞれの隣接諸科学プロパーの学説との区分があいまいになる可能性が存在するのである．したがってもし日本的経営論の学説史の包括的な記述を試みた場合，そのなかにはみずからは日本的経営論とは自覚していない論者の所論をも組み込んでいかなければならないことになろう．それどころか，そうした日本的経営論プロパーでない論者の方が取り上げる数としては多くなるのではあるまいか.」

文献だけを取り上げてみても，数え切れないほどの日本的経営関連研究文献があるものと推定できる．

倉田は，日本的経営論者7人を選び，次のようなタイプに分けている．

① 小野豊明――組織管理の面から分析した稟議的経営論

② 山城　章――マネジメント理論に立脚した日本的経営論

③ 占部都美――環境要因の変化側面に注目した日本的経営論

④ 間　　宏――歴史研究による日本的経営論

⑤ 尾高邦雄――産業社会学アプローチによる日本的経営論

⑥ 岩田龍子――文化論的アプローチによる日本的経営論

⑦ 津田真澂――隣接諸科学を総合する日本的経営論

日本的・日本型経営に関する書物は内外ともに多く，これらの類型化も望まれることであるが，研究対象，領域の広さは，その困難性を高めている．

以下，日本的経営研究のうち，特に研究方法論として実証研究を柱としているイギリス，アメリカ，ドイツ，日本の論者について，その特徴を検討し，本研究の特色を明らかにする．

① James C. Abegglen

Abegglenは，日本的経営に関する主要著書を3冊出版している[2]．

Ⓐ *The Japanese Factory: Aspects of its Social Organization*, 1958.

いわゆる日本的経営の夜明けを導いたとされる書である．『日本の経営』では，日本のアメリカとの決定的な相違点としてあげられた終身関係（終身雇用制度）の短所が述べられている．すなわち,「終身雇用制は①非能率な従業員を会社から除くことが困難である，②着実な，かつ，効果的な生産に対するおもな刺激が取り去られる」[3] などである．

Ⓑ *Management and Worker: The Japanese Solution*, 1973.

ここでは終身雇用制の賛美論が述べられている．まず冒頭で，日本経済の偉業は,「その経済に利用可能な資本と労働資源の配分に関する制度が，高度に能率的であることを意味している．」[4] と述べ，1958年版で指摘した終身雇用制の欠陥を否定し,「実際には，日本の経済の成長と福祉を追求していくうえで，大きな強みの源泉をなしている」[5] との見解に立って述べている．

Ⓒ *KAISHA*, 1985.

ボストン・コンサルティング・グループの東京オフィスで長年のコンサルティング活動に従事してきた経験とコンサルタントらしい洞察力で，日本のカイシャ（経営）の分析を全体機能にわたって行っている．その中で，彼は，日本社会のユニークな歴史や文化が企業に独特な色合いを与えているとし，日本的経営に対する文化との関わり合いを感覚的に認めている[6]．そして，日本の良さ，強みの西欧企業への移転可能性を指摘している．雇用制度については，次のように意見を述べている．

「現行の雇用制度はカイシャにとってどんな利益があるのか，また社員の考え方や期待にどんな面で符号しているのか考えてみると，制度の変化がゆるやかなことがいちばんのメリットになっているようだ．社員どうしのつながりが弱く，労使がたえずいがみ合っている欧米企業において，雇用システムは不安きわまりない．それに比べると，日本のシステムは安定性が高い．そうはいうものの定年の延長によってこれまでの厳密な年功序列による昇給・昇進はすでに崩れはじめており，この変化はこれからも進行していくにちがいない．企業別労働組合や終身雇用もゆくゆくは滅びるだろう.」[7)]

Abegglenは，日本の経営に関し，コンサルタント的感覚をもって，日本の経営のメリット，デメリットをできるだけ客観的に把握する努力を長年にわたって行っており，われわれ日本人が，自国の経営を熟視すべき道を切り開いた点は，日本の経営学にとって大きな功績である．

② Ronald Dore

British Factory-Japanese Factory : The Origins of National Diversity in Industrial Relations, 1973.

日本とイギリスからそれぞれ代表的な電機産業企業，日立とイングリッシュ・エレクトリック社を選んで，それぞれの2つの工場の労使関係，経営組織に関して，従業員の意識から管理機能にいたるまで，さまざまな角度から克明に比較研究している．それぞれのシステムの持つ特徴，管理者，労働者の意識の違いなどについて実証研究している．研究の内容は，勤務時間，残業手当割増率，休暇，年金の額，年齢グループ別平均給与，労働組合の他の労働組織との関連チャート，福利厚生の役割の違い，職務範囲，等多岐にわたり，綿密な調査，分析である．

この著書の中で彼は，収斂理論を次のように提案している．

「日本の雇用制度は静止してはいない．しかし，イギリスの雇用制度へ近づいているわけでもない．社会学では今はやりの「収斂」理論——高度な技術の圧迫のもとで，産業社会は次第に相似たものとなっていくという見解——についてはさておくとして，逆の方向からの収斂ということは考えられないであろうか．イギリスの制度が日本の制度に近づきつつある徴候があるのではないか.」[8)]

また，この収斂化について，後発効果という概念を説き[9]，後発性効果の利点を有する日本は，イギリスが産業革命後たどった経済発展と異なる状況で，先進産業社会に特徴的な現象を日本の産業社会の特徴として取り入れてきたと分析している．またDoreは，「日本的雇用システム」の検討の最後に，次のように未来の予測をしている[10]．

「……不況になると新たな要因がはいってくる．製造業部門が全体として，年に15%から20%で成長しているようなときに，経営者が余分な労働者を解雇する権利を放棄するのはむずかしくはない．しかし，それが0%とかマイナス5%とかになり，とくに下請け業者切捨てという手段でショックを吸収できなくなると，そうきれいごとをいっていられなくなる．もちろん，解雇に対しては組合は頑強に戦うだろう．しかし，組合は1949年から50年にかけてのドッジ・プランによるデフレと「巻返し」に対しても頑強に戦い，そして敗北したのである（総力をあげての戦いということになれば，経営者側には手持ちの強力な武器がたくさんある――たとえば施設の使用権の取消し，特に組合役員が会社の仕事に復帰する権利の取消しなど）．ここで，もし経営者が終身雇用の原則を放棄したとすれば，全制度は崩壊するかもしれない．他方では，相殺要因として，不況になると身分が不安定となり，現在の労働力移動のゆるやかな増加を一部支えていると思われる安定感が失われるかもしれない．解雇されなかった者は，さらに懸命に自分の仕事にしがみつくことになる．忘れてならないことは，この「制度」の現代的慣行の多くは，戦後の極度に困難で不安定な時期に，組合の圧力によって確立したということである．

以上のような要因は，キッパリした予想を許すものではない．確かに言えることは，今までハッキリと現れている変化の動向を考えたとき，それが制度の本質を本当にゆるがすようなものでないということである．高成長と労働力不足の10年間が過ぎて，日本とイギリスの雇用制度の違いは依然として大きく，組合の組織や企業福祉は強固である．おそらくは，1980年，いや1990年になっても，雇用，昇進，給与支払，訓練，仲間づきあいなどは，はっきりとした日本的特徴を保持しているであろう．」[11]

この著書が出版されてから20年後に，Doreの予測を現時点に当てはめてみると，当を得た結果が出ているということができるのであろうか．彼の日本的経営に対する産業社会学的研究は，その後の日本的経営研究者に多大な影響を残しているということができる．

③ William G. Ouchi

Theory Z: How American Business Can Meet the Japanese Challenge, 1981. [12)]

日本企業への観察，調査，分析，そして多種多様な業界管理職へのインタビュー調査などを踏まえ，日・米企業の比較分析を行い，Zタイプの企業を優良企業として論じている．

セオリーZの企業とは，

・労働者，すなわち人が生産性向上の鍵である[13)]．

・そして第1のキー・ポイントは，社内の相互信頼が生まれ育っていくような経営慣行にある[14)]．

・日本の慣行のうち，“ゆきとどいた気くばり”はアメリカ経営に移植できる[15)]．いわゆる人間関係の重要性，親密さ．

以上のように企業の生産性は，特に人の側面の特質，すなわち，相互信頼，気くばり，親密さに左右されるという考え方の上に立った組織のモデルがセオリーZモデルであると主張している．

そして，このZタイプの企業は，次のような特徴を持つとしている[16)]．

・長期雇用形態をとっている．

・人事考課と昇進が比較的遅い．

・非専門的キャリア形成，すなわち複数キャリア・パスの経験によるキャリア展開．

・意思決定情報は，明示的なものと明示的でないものがバランスのとれた状態で存在する．すなわち，非定量的，非客観的な情報の大切さの主張．

Ouchiは，日本の企業の強みを数多く指摘している．例えば，意思決定の特徴として，日本の責任の曖昧さを正当化し，意思決定責任の集団的負担としている．そしてこの中で，アメリカでは職務記述書があり，権限の明瞭さは，日本の個人責任の不明瞭さに比較し，顕著であると記述している[17)]．しかし，Ouchiのこうした日米の認識が正しいのかどうか疑問が残る点が多くみられる．筆者が実施した日米管理職行動の比較研究[18)]をみても，職務権限規程のレベル，仕事のマニュアル化などのデータをみれば明らかである．

Ouchiの理論は，日本的特殊性を過大評価した点に特徴があるといえる．

④ Ezra F. Vogel

Japan as Number One：*Lessons for America*, Harvard University Press, 1979.[19]

実態調査（1958年から60年にかけての日本の家族に対しての心理特性の調査を含む.），フィールドワーク，文献研究，各種データ検証（日本の乳児死亡率，高校進学率，国際世論調査，ILO労働統計年鑑，ハーバード大学での講座での教授経験，学生とのフィードバック，日本の100名の財界指導者のインタビュー）などにより研究を行ってきた．

親日家である著者が，日本賛美論を展開した著書である．日本の特殊性を強さとして強調している．例えば，日本の制度がアメリカの最良の鏡となるとし，その理由として，第1に日本がすべての制度を合理的判断に基づいて築き上げたいという点，第2に日本は民主主義先進工業諸国のなかで唯一の非西欧国であり，さまざまなヨーロッパの諸制度をまったく新しい形で採用した国である．第3に，今日アメリカが直面している諸問題は，日本もずっと以前から抱えてきたという事実である．そして，日本が良き鏡となる第4の理由は，日本の諸制度が大成功をおさめている点である[20]．

しかし，多くの日本賛美論は，検証面でデータに基づく分析がなく，客観性に乏しい点が多いようである．

⑤ Hans-Peter Merz

“Sand im Getriebe：Aus dem Alltag der Arbeitbeziehungen in japanischen Auslandsniederlassungen”, *Japanisches Management in der Bundesrepublik* / Sung-Jo Park（Hg.）. Campus Verlag, 1991.[21]

この研究者は，日本企業の経営スタイル，風土には「神話」があることを前提としている．研究のタイトル「日本企業の海外支店における日常業務関連からくる障壁」からも推察されるように，西ドイツにおける日本企業に見られるとされる「特殊な」日本的企業文化，経営スタイルを紹介し，そこから招来される日本人以外のオブザーバーが予期しない事象について分析し，問題意識を喚起する．日本企業をその風土，経営スタイルによって，4つのパターンに分け，ケーススタディの手法で分析する．最後にいかにこのコンフリクトに対峙すべきかを「行動指針」という形でまとめている．

⑥ 石田英夫

Ⓐ「日本型ヒューマン・リソース・マネジメント―過程と構造―」『日本労働協会雑誌』285号，1982年12月号.

収斂論と分散論について，石田英夫は次のように述べている[22]．

「日本的経営論または日本型経営論は依然盛況を呈しており[(1)]，その外国へのトランスファーの可能性を探る調査研究も相次いで発表されている[(2)]．日本経営論の論調としては，岩田[(3)]や浜口[(4)]らの文化的要因を重視し，日本的経営の特殊性を強調する論者に対して批判的な，杉本・マオア[(5)]や伊丹[(6)]らの論争的な題名の書物が出版されている．日本経営の『特殊性』，『後進性』の代わりに，その『普遍性』，『先進性』を説くのが現時点の日本型経営論のファッションのようである．

国による企業経営や労使関係の差異はなくなっていくのか，それともなくならないのかという論争――収斂論と分散論――が日本経営をめぐる議論にも現れており[(7)]，それは日本型マネジメントのトランスファー可能性に関して重要な意味を持つと考えられる．収斂か分散かの決着は独断や予断によってではなく，経験的な資料にもとづいて判定を下さなくてはならないが，それは容易な作業ではない．事象全体のどの側面に注目するか，また観察期間の長短によっても，結論は自ずと異なってくるであろう．たとえば特殊性論は容易に変わらない側面に関心をもち，普遍論は変わり易い現象に注目する傾向がある．……

⑴ 雑誌の特集として「日本特殊性論の再検討」(『週刊東洋経済臨時増刊』昭和56年7月1日号),「日本的経営論の再検討」(『経済評論』昭和56年7月号）などがある.

⑵『わが国産業の協力による米国産業活性化―日米貿易摩擦への対応策の研究』(日興リサーチセンター，昭和56年9月),『日本企業の対米進出と技術移転に関する調査研究報告書』(日本在外企業協会，昭和56年3月)，植木英雄『国際経営移転論―ブラジル日経企業における日本的経営技術移植の実証的研究』(文眞堂，昭和57年)，Hideo Inohara, “Japanese Manufacturing in Western Europe : Personnel Management”(*Sophia International Review*, Vol 4, Sophia Univ. Dep. of CC, 1982)

⑶ 岩田龍子「日本の経営を巡る特殊論と普遍論」(『経済評論』昭和56年7月号).

(4) 浜口恵俊『間人間主義の社会日本』(東洋経済新報社，昭和57年).
(5) 杉本良夫，ロス・マオア「日本人は『日本的』か」(東洋経済新報社，昭和57年).
(6) 伊丹敬之『日本的経営論を超えて—企業経営力の日米比較』(東洋経済新報社，昭和57年).
(7) W. M. フルイン「日本的経営をめぐる国際的論争について」『組織科学』13巻3号」

Ⓑ「日本型人的資源管理の国際的適応性」『日本労働協会雑誌』1984年6月301号[23).

質問票調査に基づいて，日本企業の人的資源管理の国際的適応性を探る試みである．具体的には，1980年に，東南アジアとアメリカ在の日本人マネージャーを対象とする質問票調査を実施（回収数：東南アジア39，アメリカ18．所属企業：ほとんどが製造業．質問票の内容：日本企業の人的資源管理の主要な要素を指摘する15の命題を示し，それぞれについて5段階のスケールで評価させる.)．同年，西ドイツ，マレーシアで同様の調査を行う．さらに1982年に台湾で小規模の同様の調査を行った．質問項目は現地において，日本的経営の諸要素がどのくらいトランスファー可能かを問うものであり，これに盛られた日本的特色は以下である．1. 共同体志向　2. 階層平等主義　3. 能力平等主義　4. 雇用保障　5. 年功賃金　6. 年功昇進　7. 情報共有　8. 経営参加　9. 組織の非公式制　10. 職務行動の弾力性　11. 集団主義的役割行動　12. 組織のコミットメント　13. 定着性

以上の結果，次のことが認められたとしている．

1. 一般的にトランスファー可能な要素として，共同体志向という理念，雇用保障，一般層の経営参加の制度があげられる．
2. どこにおいても達成しがたいものとして，集団主義的役割行動組織コミットメント，定着性，職務行動の融通性があげられる．
3. 理念と制度のトランスファーは比較的容易だが，日本的モデルの特徴とされる行動成果の達成は低い．
4. マネジャー・ホワイトカラー層とブルーカラー層による日本型人的資源管理に対する受容度はかなり違うようである．

⑦ 奥田健二

『日本型経営の未来』TBSブリタニカ，1990年．

前川製作所を中心とするケース・スタディを研究対象とし，企業スタッフとの共同討議など実戦問題解決の上に立っての理論構築である．従来からの日本的経営に対する一般的認識に批判を加えている．特に職務概念・認識に洞察が及んでいる．

「1970年代に入って，いわゆる日本経営論がさかんになったが，多くの論者はいぜんとして職務内容が不明確であることが日本の経営の特色であり，手本とすべき欧米の近代的経営からのおくれを意味しているとする論調を繰り返すものが少なくなかった.」[24)]

としながら，これに批判を加え，「動的職務関係」概念を強調している．これは，「職務とは，他から切り離して，それだけを1つの独立の実体として捉えうるようなものではなく，輻輳する諸関係がたばねられたものとして捉えることが必要なのであろう．職務とは関係の中で創られ変化しつづけるもの，すなわちプロセスであるとすべきであろう.」[25)] とするものである．

また，動的職務関係が機能するためには，互酬性原理の働きを次のように主張する．

「互酬的関係は，定量的に計測できる経済的交換関係ではなく，好意の提供⇄返礼という関係であるゆえに，相手がいつ，どのような質の，どのような量のものを返礼してくれるかは，信頼する以外にないこととなる．このように互酬性原理はもともと信頼関係のうえに生まれ，そして信頼関係を一層強化する働きをもったものということができる．人間の集団が潜在的にもつ不定型のエネルギーを自由に発揮する場として，動的職務関係が機能するのも，このような互酬性原理の働きに支えられることによって可能となるのである.」[26)]

しかし，この互酬性原理は，市場原理との間に状況に応じた相互関係を保つことになるとし，次のように述べている．

「単位組織としての職場グループは少人数から成る対面集団として，互酬的関係を生み出す．またその単位組織に大幅の自律性が認められ，直接市場原理のきびしさにその単位組織がさらされる時，メンバー間の互酬的関係は一層強化される．しかも大規模組織の場合においては，メンバーは組織の固い鎧によって市場原理のきびしさから守られるため，互酬的関係は放縦的関係に堕す危険があるが，市場原理が浸透する開かれた小規模グループにおいては，この放縦的行動様式の発生を市場原理が抑制する働きをする．二つの異なる原理が，状況に応じて相互に促進し合ったり，あるいは抑制し合ったりする現象が見られるのである．」[27)]

ここでは，組織における職務関係は，いわゆる西欧的契約，市場関係で動いているのみでなく，より人間的な関係の力がこれに相互関係を持ってシステムとして活動することが大切であると強調している．この点は，今日の北米企業の組織運営の基本的な考え方となってきていると観察できるし，またグループ・職務に関する課題はHRMの中心テーマとなっている点をみても奥田の主張は，的確な指摘であると考える．

⑧ 小池和男

『日本の雇用システム』東洋経済新報社，1994年．

著者は，過去多くの著書，論文を発表しているが，本書は，過去の発表文献をベースにした著者の研究方法論，日本的経営（日本の雇用システム）に関する主張をまとめたものである．

日本の雇用システムを観察・ききとりを研究の中心的方法論とすることの大切さを強調している．はしがきの中で次のように述べ，長・中期視点での技術・技能の見方と日本の雇用システムとの関係の重要性を強調している．

「日本の雇用システムにたいする批判は，なにもバブル崩壊後にはじまったのではない．敗戦後半世紀，ほぼ継続して批判され，その崩壊が当然のごとく期待されてきた．『年功制』で競争がとぼしく非実力主義では，また，働きにかかわりなくサラリーがあがる『年功賃金』では，とうてい日本経済はたちいかない，という論議である．

もし実際に，非競争的で働きにかかわりなくサラリーがあがる方式なら，はげしい世界の競争のなかで，とっくの昔に崩壊していたであろう．この方式の内実は，じつはふつうの解釈とはまるで反対に，まことに個人間の競争のはげしい世界なのである．その競争とは，たかい技能や技術の向上をめぐる，長期の競争なのだ．長期の競争は，なかなか見えにくい．短期の競争なら，今月多く働けば，今月多くのサラリーが払われ，まことに見えやすい．だが，長期とは，ここ数年の技能の向上のあとに酬われる．技能や技量の向上と報酬との対応は，心して見なければ，見えてこない．見ようとしないひとは，しばしば競争が欠けていると非難する．

競争がかかっている技能の向上も，内容が高度なものである以上，じつは見えにくい．くりかえし作業なら，おなじ時間に何個つくったかでわかりやすい．しかし，現代の職場でもっとも肝要な技能や技量は，異常や問題への対処，変化への対応であって，容易には測れない．たとえば生産量の変動におうじ各人の職務内容を再配分し配置をかえたりするノウハウをいうのであって，見る目をもつひとでないと，その高さはしばしば見逃される．およそ，こうしたたかい技量と，それを促す長期の競争のしくみが，世界での競争を生き抜き，日本のくらしを支えている．その基盤をくずして，どうしてくらしを支えていくのであろうか．」[28]

長年の研究活動の中でとってきた方法論の主役は，“ききとり”であると強調している．そして，ききとりの重要さのポイントを次のように述べている．

「なによりも大きな誤解は，ききとり調査には理論をつくる力はいらない，いや理論などは事実の探求のかえって妨げになる，という見方である．とにかく語り手のところに赴き，知りたいと思うことについて，誠心誠意話をきき，それをあとで整理すればよい，という見方である．

だが，かりに知りたいことが明白でも，それをいかに聞くかという点で，わたくしの経験では，おどろくほどの構想力すなわち仮説設定力を必要とする．わたくしはこれこそまさに理論をつくる力だと思うのだが，それなしにはいくら聞いても，いかに話し手が誠実で親切な人でも，聞かなくともわかっているような，ごく常識的なことしかわからず，本当のところにはとうてい手がとどかない．」[29]

過去日本的経営研究を取り巻く多くの実証研究にあっては，日本および，比較研究のための諸外国の諸調査により，実態を明らかにする努力がなされてきたが，小池は，こうした実態把握と分析の結果が，多くの誤解を生んでいると述べている．そして，ヒヤリングの際の，仮説を構想する力の重要性にも触れていることは，当を得た指摘であると感じている．

また彼は，現場における事実，データを示して，人事労務管理についての日本と外国の一般論に反駁している．例えば，次のような点がそれである．

・一見日本は貿易立国，大いに海外輸出で暮らしを支えていると思われているが，GNPにしめる輸出の割合は先進国中最小の国の一つである[30]．
・アメリカの雇用システムの中で，弁護士業界を取り上げ，勤続に応じた報酬制度，内部昇進の一般性についてデータで示した[31]．
・ある日本の自動車メーカーでは，国内営業の人事を担当する課の担当業務では，各人の仕事の分担は歴然としている[32]．
・賃金が上の仕事への昇進は，ことアメリカのブルーカラーに関する限り，およそ日本では考えられない強烈な勤続順なのだ．先任権（seniority）という[33]．
・資格制度，範囲給，定期昇給，査定が西欧やアメリカのホワイトカラーにも共通する[34]．

等々数多くの点が指摘され，国際比較の要諦は，調査対象国をいかによく調べるかにあるとしている[35]．小池の研究態度は，経営学の研究方法論の基礎は，正確なる現状認識に置くべきであるとの主張と実践にその特質がある．

4　著者の収斂論確立のための方法論

日本型HRMの特質を明らかにするために著者が選んだ研究対象は，日本型経営特質とされる中から生涯雇用慣行，年功序列制の2つを選んだ．これらの特質を明らかにするためには，実践的経営における制度・組織成員の現象を把握しなければならない．この実態把握を正しく行うことが，実証研究にとっては必要なことである．正しく実態を把握するということは，事実をありのままに認識することである．

本研究は，生涯雇用慣行と年功序列に関し，以下のような点に配慮し研究活動をした．

① 研究対象

生涯雇用慣行，年功序列制を何によって確認し，また変化の状態を把握するかが研究対象の問題である．同じ年功序列をみる場合にも，研究者が何を対象とするかは異なっている．例えば，現場の人の意見を聞くことによって年功の実態を把握しようとすることも，その1つである．また，現場に行って現場での観察結果によって年功を把握しようとすることも1つの方法である．

筆者が研究対象としたのは，管理制度である．特に管理制度（system）の仕組を明らかにすることによって，年功の仕組を明らかにしようとした．なぜシステムの仕組を分析対象にしたのかといえば，例えば，次のような一例でも説明できる．賃金が年功的であるかそうでないかを判断する場合，賃金カーブ（昇給基準線による理論モデル・カーブあるいは実態モデル・カーブのどちらでも同じである.）の分布を比較することによって，どちらの賃金カーブがより年功的であるというようなことは当を得ていない．なぜならばモデル・カーブは，個別企業ごとに，学歴，勤続，役職などを基準とし，標準モデル者を選定し，これによってカーブ作成をしているのである．日本のどの企業をとっても，またたとえ，米国の企業で同じ手順でカーブ作成をしたとしても，結果は右上がりのいわゆる年功的カーブといわれる型になることは当然のことなのである．それゆえ，結果としての賃金カーブを比較し，どちらが年功的であるかなどと検討することは無意味なこととなる．賃金が年功的であるかそうでないかを明らかにするためには，昇給配分の方法，手続きが，年功的かどうかを見極めなければならない．

日本の企業を調べてみても，昇給の方法はまちまちであり，各社それぞれ特徴を持っている．また，北米企業にあっても状況は同じであり，現場での管理手続きの詳細をみつめることは，実態調査をするとき大切なことである．

②実態把握の方法

実態を明らかにする手段として，いくつかの方法を多面的に駆使することが必要である．本研究で用いた方法は次のとおりである．

・文献研究

他の研究者の発表文献，専門雑誌，調査統計資料などの諸文献についての研究．

・アンケート調査

従業員に対する意識調査，人事スタッフに対するHRMシステム調査，人事スタッフおよび学者，コンサルタントに対する未来予測調査など多くの文書による質問調査を行っている．しかし，文書によるアンケートは，コミュニケーションの深さと詳細さの点において弱点を有している．

・ヒヤリング，ディスカッション

面接・討議であるが，アンケートと異なり，状況に応じた調査，分析が可能となる優れた実態把握の方法である．特に，専門スタッフとのディスカッションは，調査側の目的以上のものを引き出しうることのできる有効な手段である．

・観察，実査

観察は，仕事をしているところを主として眼で分析することである．また実査は，実務処理のプロセスを観察，質疑によって明らかにすることである．コンサルティングの手法は，この観察，実査によることが多く，実務面を把握するのには有効な方法である．

以上の実態把握方法により，本研究は行われたが，得られた情報の処理は，筆者個人の経験的分析（(財）日本生産性本部時代の10年余にわたるコンサルティング経験を主としている．）ならびに統計的方法によって行った．

また，本研究は，1980年から約15年間の集約であり，日本型労務管理特質としての生涯雇用慣行，年功序列制の過去，現在，未来に関し調査，分析し，これに基づいて仮説を構築し，これを実証した点に特色を置いている[36)]．

5　生涯雇用慣行

わが国経営特質の主たるものとして，①生涯雇用慣行，②年功序列制，③企業別労働組合の3つがあると，一般的にいわれている．こうした点に関する日本型経営論は活発に論議され，また，多くの論文，著書が発表されてきた．しかしながら，生涯雇用慣行に関しては，多くの論著がある中で，言葉の厳密な定義，内容につき，なお一層の吟味を加えなければならない点があるのではないかと感じられる．生涯雇用慣行は，一般的にいわれているように「日本型経営特質の1つとして，1つの企業に入社から定年まで永続勤務する．」という定義では，不充分な点があると考える．

生涯雇用慣行についての概念が初めて認識されたのは，James C. Abegglenによって書かれた*The Japanese Factory : Aspects of its Social Organization*の中においてであるといわれている．アベグレンは，この著書の第2章The Critical Difference：A Lifetime Commitmentの中で，いわゆるわが国において，今日，終身雇用とか生涯雇用といわれている語源であるlifetime commitmentを用いたのである[37].

この中で，アベグレンは，「どのような水準にある日本の工場組織にあっても，労働者は入社に際して，残りの生涯をすべて，その会社で過ごすことを暗黙の了解として会社に帰属する．会社は，会社が危機の状態以外は，決して労働者の解雇は行わない．労働者もまた，会社をやめて他の会社に行くこともない．日本における労働者は，アメリカにおける家族や友好団体や他の私的な愛好会の一員であるのに，見方によればよく似たかたちで，企業の一員となっている．」[38] とし，a lifetime commitmentの説明に入っている．

このアベグレンの著書は，1958年占部都美によって翻訳されている[39]．この中で占部は，a lifetime commitmentを「終身関係」と訳しており，このときから「終身……」「終身雇用」という言葉が用いられてきたのである．終身雇用は，英語の表現としてa lifetime employment, a longtime employmentという表現でも用いられているようである．どちらがよいかという議論はここでは差し控えるが，a lifetime commitmentを終身雇用と訳すか，commitmentのニュアンスからみて生涯雇用と訳すか，であるが，筆者は，生涯雇用のほうが長期企業参加としての実態を日本語として表現しているのではないかと感じている．英語の場合，a lifetime employmentとした場合，この中にはan employment contract，あるいはa labor contractという雇用契約（労働契約）[40] の意味が込められ，わが国の採用時の慣行であるいわゆる契約観念のない雇用慣行に適合しないものである．アベグレンの用いたcommitmentのほうが，生涯を企業に捧げることを意味した雇用を表現している適切な表現であると考える．

本書においては，筆者の意見部分は「生涯雇用慣行」を用い「終身雇用」を使用しなかった．また引用・参考文献は，論者の使用している表現をそのまま用いている．

(1) 生涯雇用慣行の一般的定義

生涯雇用慣行について，これまでどのような定義および概念の確立がされてきたか，以下いくつかの文献を列挙し，検討を加えてみる．

A　尾高邦雄の見解[41)]

尾高は，アベグレンのみる終身雇用は，誇張や誤解を含んでいると指摘している．すなわち，「実質的にはたんに勤続年数が比較的長く労働移動が比較的少ないことを意味するにすぎないこの慣行は，アベグレンやその他の外国人学者によって，徳川時代から受けつがれた封建遺制の一つであると考えられている.」とし，アベグレンの指摘を全くあたらないことではないが誇張が強いとし，第1次大戦以前にはかなりな労働移動があり，終身雇用慣行が江戸時代からの遺制だといえないとしている．また彼は，「日本では一般に――したがって，企業規模の大小や業種のいかんにかかわらず――労働移動がきわめて少ないという断定も，しばしばおこなわれているが，誤りである．というのは，大企業のばあいはともかく，日本の中小企業における労働移動率は，以前から，西洋諸国なみに高かったのである．……」とし，「以上から，日本の企業では，一般的に従業員は会社に対して，『終身的で改変しえぬ所属関係をもつ』と主張することが，いかに誇張的であるかは，明らかであろう.」と指摘している．

彼の主張は，長期勤続は，企業側の必要から第1次大戦および第2次大戦以後の政策から生じてきたものであるとしている．

以上のことから，生涯雇用に対する尾高の見解は，「生涯雇用とは，一つの企業に長期勤続し，労働移動が少ない状況をいう.」ということが骨子となっていると考えて差し支えないであろう．

B　アベグレンの見解[42)]

アベグレンは，日本独特の雇用システムとして，新規学卒採用の特徴を強調していた．

「日本の大企業は，原則として全従業員を新卒時より直接採用している．彼らは，特定の技術のためや特定の仕事を担当させるために雇用されるというよりは，むしろその人々の社会的背景，特色および教育が企業にとって望ましく，役だつためである．同様に進入社員は，特定の地位や給料に魅力を感じて仕事の提供者を選択するのではなく，企業が自分の参加する集団として望ましいからである.」

そして彼は，わが国企業の退職状況の分析を行い，次のような結論を出している.「日本では終身雇用という根本原則は10年前と同じ程度で行われているが，非常事態のもとでは一種の発作的反応が生じても，この原則は一時的に放棄されることがわかる.」すなわち，アベグレンもまた生涯雇用とは，退職率の少ない永続勤務状況であると認識している.

C　松島静雄の見解[43]

松島は，「……企業と個人との関係がより長期的な永続的な結合で結ばれると考えられがちで，個人は入社に際して働ける残りの『全生涯を会社に委託する』形で入職する．そして最高経営層から末端に至るまで，企業内がかかる人々を基軸として経営されることを理想的なモデルとして諸施策を行うのであり，これが俗に終身雇用とか生涯雇用とかいわれる事柄である.」としており，入社したら，労働生涯を1つの企業に委託する理想モデルと認識し，ただ単に長期勤続することが生涯雇用であるという以外のニュアンスを含めている.

D　萬成　博の見解[44]

萬成は，ロバート, M. マーシュとの共同研究のなかで，Robert E. Cole[45]，R. P. Dore[46]，P. F. Drucker[47] の見解を掲げ，こうした見解を参考にしながら，「われわれは日本の雇用関係の特質は，文化的伝統や国民性に由来するという考え方を再検討しなければならないと思う．日本の企業に高い定着性があるのは，文化的伝統以外にも終身雇用の制度を支えている構造的・機能的要因がはたらいていると考えるからである.」とし，アベグレンが主張する日本人労働者の企業に対する道徳的な忠誠心の強調を否定し，1969年から1970年にかけての調査[48] により，「従業員が1つの会社にとどまる（役割行動）のは，会社への長期勤続につれて，給与の増加，ボーナス，給与外の支給，昇進など，経済的・社会的地位の安定と向上によって酬いられるという仮定」を実証している[49].

萬成は，日本の終身雇用の存続している理由の中心は，終身雇用システムが，企業および従業員の両者にとってメリットがあるからであるとしている．彼もまた雇用の安定と長期勤続を中心として生涯雇用を認識している.

E　津田真澂の見解[50]

津田は，終身雇用慣行を擁護する立場から，終身雇用は，労働協約や就業規則のような制度，規範ではなく，日本的経営風土の上に明治末期から昭和初期という長い期間をかけて形成されてきたものであるとし，終身雇用を制度でなく慣行であるとしている．

F　占部都美の見解[51)]

占部の見解の特徴は，「終身雇用制を日本に固有の経営社会制度の特質をあらわす全体的概念である.」とし，「会社と従業員との雇用関係がほとんど終身的であるという前提の上にきずかれ，またそのような雇用関係を補強するようなもろもろの経営管理制度をさしている.」といい，ただ単に，労働者の長期勤続の雇用形態ではないとしている．

終身雇用の下では，離職率が低いばかりでなく，企業意識が強く，企業への忠誠心が強いことが日本型経営の特色であり，終身雇用は終身雇用制を形づくる中心の要素であり，その周りには年功昇進制，年功賃金制，集団主義，福利厚生主義などの相互にからみ合う要素があるとしている．

G　亀田速穂の見解[52)]

亀田は，次のように述べている.「わが国では，学校を卒業すると同時に，特定の会社に入社し，そのままそこで定年まで勤め上げるという永続的雇用関係を維持するのに容易な雇用の方式がとられており，この点は日本の雇用慣行の重要な特質となっている.」そして，同書の中で，離職率の国際比較，転職回数の日英比較を引用して，終身雇用の特質を述べている．

(2)　生涯雇用慣行についての私見

以上述べてきた以外にも，生涯雇用慣行についての文献は数多く見ることができる．各人の生涯雇用慣行についての共通認識点は，同一企業に長期勤続する状況として説明されている．以下，筆者の生涯雇用慣行についての定義を行うために，内容をいくつかに区分しながら整理する．

A　結果としての永年勤続

生涯雇用慣行とは，永年勤続する状況，すなわち，定着率が高く退職率が低い現象をいうことはもちろんのことである．わが国労働者が他企業への転職，いわゆる横の労働移動を好まない点については，統計数字の上でも数多くの発表がなされている．ただし，この永年勤続も，景気動向，労働需要の動向，絶対的労働人口の増減など環境の変化によって，いくぶんの動きが見受けられる．また，労働省の雇用動向調査をみると，離職率は企業規模別に大きく差がでているが，わが国の定着率が，全般的に諸外国より高いことはデータが示しているところである[53]．

しかし，小池和男は，「欧米にも厚い長勤続層」として，勤続年数を西欧と比較し図表Ⅷ - 2により「長勤続層はわが国に劣らず，ECにも存在する．わ

図表Ⅷ - 2　長勤続者の割合（EC・日本，製造業，男）

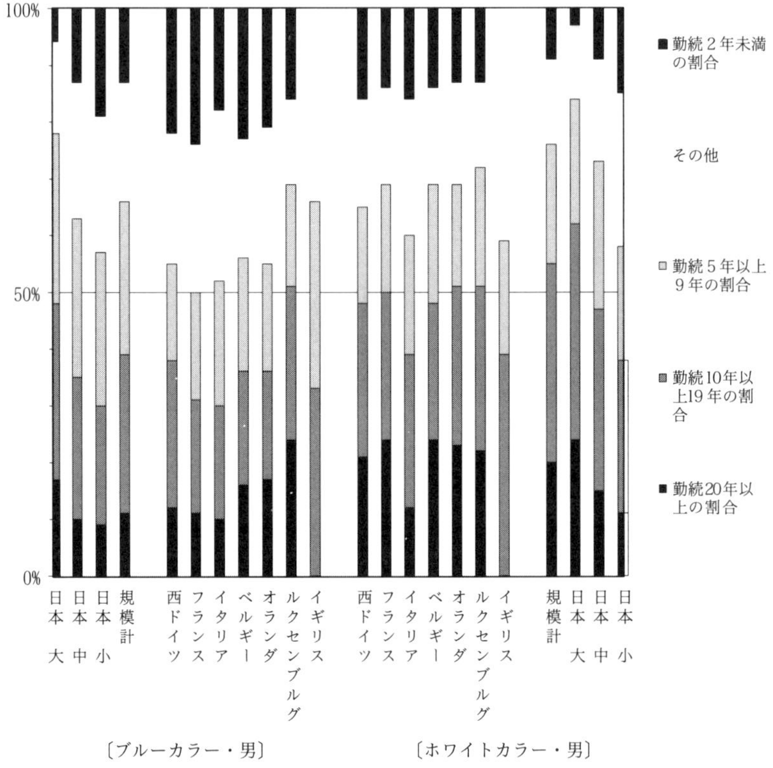

（出所）EC, *Structure of Earnings in Industry,* 1972, 13vols.
　　　　日本，労働省[昭和51年賃金構造基本統計調査」

（注）　日本，大・1,000人～，中・100～900人，小・10～99人（企業規模）．
　　　　EC，事業所規模10人以上．

が国で定着的にみえるのは，一つにはどこの国にもある流動層が，西欧において，より大きいからである．もうひとつの理由は，わが国大企業のブルーカラーの定着度がとくに高いからだが，それとても日本特有とはいえず，西欧ホワイトカラーの定着度に近い．そして，ここにもかの『ホワイトカラー化』が認められてる.」としている．また，図表Ⅷ-3により次のように日米間の勤続年数を比較し，「アメリカには極度に流動的な層が大量に存在する一方，わが国以上の長勤続層がある．定年がわが国より遅いから，これをもってすぐさまわが国より定着的とはいえまいが，長勤続層は明かにわが国より厚い.」と述べている[54]．筆者が参加したADAMS調査の結果でも，米国exemptの永年勤続希望が日本より強いことを確認している．

図表Ⅷ-3　勤続年数の日米比較
（勤続年数階級別男子労働者の分布）

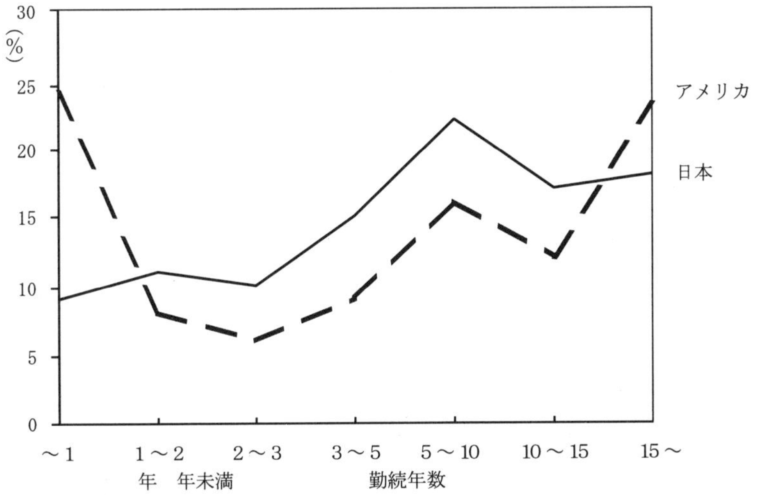

（出所）日本「就業構造基本調査」
アメリカ，"Job Tenure Survey", *Monthly Labor Review*, Jan. 1967.
（注）1. 日本，1962年時点．この年にしか，勤続年数は調査されていない．アメリカは1966年時点．
2. 日本は非農林雇用労働者，アメリカは就業者である．アメリカの雇用労働者についての集計は年齢区分が粗い．また，自営業者の割合が低いため，雇用労働者と就業者の数値はあまりちがわない．

（財）社会経済生産性本部の新入社員「働くことの意識調査」（図表Ⅷ - 4）をみると，「状況次第で会社をかわる」が50%近くを示し，「とりあえずこの会社で働く」は20%を超え，この2項目を加えると約4分の3の新入社員が，生涯1つの企業で働こうとする意志は，入社時からもっていないことを表している．これは筆者が大学で，授業で得るデータより少し低く，授業での学生の回答は95%が，生涯を1つの企業で過ごそうとは思っておらず，いくつかの企業経験をしたいという意志を示しており，この点が，日本における生涯雇用慣行は修正を強く受けつつあるといっても差し支えないであろう．しかし，core worker（核労働力）を確保することが企業の成長を組織的に支える重要因子であるとするなら，企業側からこうした新入社員意識を長期勤続

図表Ⅷ - 4　会社にいつまで働くかについての新入社員の意識

（単位　%）

年	定年まで働きたい	とりあえずこの会社で働く	状況次第でかわる	わからない
1971年	21	19	37	23
72	22	20	34	23
73	21	20	36	23
74	21	18	38	23
75	22	20	35	23
76	24	19	35	22
77	23	21	37	18
78	22	21	37	20
79	23	19	37	21
80	22	21	39	18
81	24	20	39	17
82	28	20	35	16
83	26	21	37	16
84	24	22	38	15
85	23	24	37	16
86	25	23	38	15
87	24	24	38	15
88	22	25	38	15
89	19	26	40	16
90	16	26	43	15
91	15	28	43	14
92	16	30	41	13
93	17	28	40	15
94	22	27	37	13
95	20	26	42	12
96	18	25	43	13
97	18	24	45	13
98	18	22	47	12

資料出所（財）社会経済生産性本部「働くことの意識調査」
1998年『労働白書』p.353から引用

意識に変える努力が迫られているではなかろうか．

企業経営の上で，組織総合力を高く維持することは重要な管理ポイントである．このためには，長期雇用によって成し遂げられる職務経験を積み上げる職能の蓄積は，組織力強化のための中心となる優れた方策であるといえる．「結果としての永年勤続」とは，企業が人事基本方針として，長期勤続を望み，従業員もまた，長期勤続による給付見返りを期待することにより，結果的に長期勤続が達成されている状態をいう．こうした状態は，決して日本独特の特性とは言いがたく，欧米にも多くみられる事実である．しかし，日本と諸外国の離職率を比較すると，日本の離職率は，全体的に低いとみられる．

B　勤務継続意思確認慣習の欠如

従業員の採用，配置，異動システムに関し，諸外国とわが国の間では大きな差異がある．特に，アメリカのシステムとわが国のシステムとの間の大きな相違点は，わが国にあっては従業員と経営側双方とも「職務を中心として雇用契約を結ぶ習慣」の希薄なことである．ここでいうアメリカにおける雇用契約とは，①雇用契約書を企業および従業員が交換するもの，②M. B. O.(management by objectives) systemによって目標設定をし，この達成を義務づけ，達成不可能のときは解雇要件となるもの，③雇用契約書は特に交わさないが，年1回，処遇条件を含み職務を継続するか，離職するかを見直すもの，これらを含めて雇用契約という表現をここでは使用する．

アメリカにおける雇用契約に関し，藤田至孝は次のように述べている．「雇用契約とは会社に出てきて，一定の仕事量を一定の時間に行い，それに対して一定の報酬を与えられる契約」であるとしている．そして，管理・監督者にあっては，「一定の仕事量」は「一定の利益額」に変わると述べている．

また，わが国の雇用契約については，「会社に出てくること」までで，その先の仕事量や業績結果を問わないとし，日米の差異を強調し説明を加えている[55)]．

アメリカにおける採用・配置・異動・昇進は，職務（job）定員にもとづきコントロールされるものである．すなわち，各職位（position）は職務記述書（job description）によって，職位の職務内容，職務遂行要件，責任・権限が定まっており，この職位を充足するのに必要な人員数を定め，遂行能力を持ったものを採用し，配置し，異動もしくは昇進することによって，職務を遂行するのである．

職務（job）によって待遇が決定するシステムであるので，職務に要求される目標が達成できないとき，あるいは，より能力を発揮できる高い職務が外部にあるときは，直ちに他の企業に替わるという慣行・システムがあるといえる．また，実際面でも退職の際の事前予告（notice）は，工員は5日前，職員は10日前とする企業が一般的であり，実際には，3時間前に退職届を出してやめてしまうというようなケースもよく見うけられるようである．

このような雇用をめぐる諸状況がアメリカにおいて一般的に行われていることは，わが国の経営慣行からみるとかなりの相違もあるように感ぜられる．しかし，最近のわが国の離職ケースをみると，アメリカと大差のない状況も多々あるようである．

こうした職務中心に労働異動が行われる現実は，わが国にも大きく流れているといえる．

わが国にあって，一般的に常用労働者において雇用契約的なものがいつ行われるかを考えてみると，入社時1回だけのものであろう．その内容も，企業，従業員間で明確な労働契約書を交わすだけでもなく，また，職務内容，労働諸条件を明確に話し合うわけでもなく，ただ単に形式的保証人を付した身元保証書，誓約書などを提出するのである．

入社時にあっても，以上のような慣行であるので，アメリカのように1年ごとに，個人別に勤務継続の意思の確認と労働諸条件（職務，賃金など）についての確認を行うようなことは，わが国では行われていないといえるが，最近の目標管理導入，コンピテンス管理システムの導入は，アメリカと全く同一の契約概念が入りこんできている企業群をみることができる．しかし，未だ一般的認識としては，わが国の従業員（経営者層を含めてであるが）は，特に雇用継続意思有無の確認をすることなく，長期勤続することが当たり前のこととして，永年勤続するのである．

C　日本人の特性と生涯雇用慣行

生涯雇用慣行は，日本型経営の特質の1つとして，わが国の文化的背景の上に形成されているという見解が多くみられる．筆者は，この文化背景論を全面的に支持するものではない．なぜならば，文化背景と日本型経営特質との脈絡を立証することも，また実証することも困難だからである．しかし，だからといって，文化背景と日本型経営特質との繋がりを全面的に否定することもできない．以下に述べるごとく，生涯雇用慣行と日本型特性との関係が存在するともいえるからである．

「日本人の行動特性のベースにあるものとしての主要な要素の1つは，家概念である．企業自体を1つの家としてとらえ，この家に入るのを何かの縁とし，強い一体感と帰属意識が醸成される．職務を担当するために企業の一員になるというよりは，企業（家）の一員になるために入社し，『ウチ』の会社のために働くのである．また，日本人は，安定志向性が強く，いくつも企業を変えることは，軽薄であると考える定着性と変化を好まない保守性をもっている．生涯雇用慣行は，ウチ意識，安定志向，定着性，保守性といった要素によって支えられている．また，生涯雇用慣行は，強い閉鎖性に裏付けられたものである．すなわち，生涯雇用慣行は，正規従業員にのみ認められる慣行であって，臨時従業員には適用されていない．この閉鎖性も日本人の重要な特性であるが，このことが一体感や，勤勉性，奉公意識，忠誠心を担保する作用をしている．」「生涯雇用慣行は，日本人がもっているこうした特性を，企業自体に向けて良い面をより発揮させるためのものとなっている．特に，わが国経営者が，長期安定雇用のもたらす経営上の利点に目を向け，積極的に生涯雇用の維持，強化をはかる労務管理政策を施行してきたことが，わが国組織成員の生活感に適合していたとみることができる．」

以上の「　」内文章は花岡著『日本の労務管理』初版（1983年）のものである．筆者は，この段階では，日本人の文化的特性と生涯雇用慣行との関係を全面的に否定していなかったが，どうも文化と経営特質とを結びつけて「日本型経営は」というように普遍的理論を述べていた点に問題があったのではなかろうか．もちろん，各国の文化的特性は特殊性の強いものであり，従業員の就業態度，行動に何らの影響を与えている点を否定するものではない．「　」内後段に記述したごとく，経営者，従業員双方が長期的安定雇用が経営に与えるメリットを支持した結果が日本の生涯雇用慣行として特徴づけられたというべきではなかろうか，今日，(2001年）のごとく厳しい経営環境のもとで競争に企業生存を懸けねばならない中では，生涯雇用慣行を大きく修正することにより組織競争力を拡大，充実する努力をせねばならない状況下に企業は置かれているのである．

D　無解雇の方針

採用した人材は，特別な事情がない限り解雇しないという方針が生涯雇用概念規定の構成要素の1つとして存在する．

この「特別な事情がない限り」の内容が問題となる．経済景気の好況期であれば，人手不足が与件であるので「就業規則の解雇条項に触れたとき」という悪いことをしたときのみという内容に解釈されるであろう．しかし，今日のように不況期といわれる経済状況の中では，企業側としては，余剰労働力について対策を講じることにより赤字経営から脱却するために，何らかの雇用調整を行わなければならない窮地に追い込まれている．この場合，企業活動を継続するためには，「特別な事情がない限り」の内容として，解雇を実施することが該当する企業も出ている．

以上のように，無解雇とは，個別企業の置かれた状況により幅広く適用される要件であるということができる．

無解雇方針は，解雇は絶対にしないというものではなく，特別な経営上の悪い状況がでない限り「解雇はしないという基本的考え方」を経営側が持っていると理解したほうがより現実に合致していると思える．

E　慣行か制度か

生涯雇用は，解雇権を制限する制度なのか，そうでなく，雇用慣行なのであろうか．この点に関し津田は[56]，解雇権につき，「試用期間中の解雇や結婚強制退職についての無効判決など，個別人事の領域に関する終身雇用慣行の認識による判例はつぎつぎにあらわれはじめ，外国よりは解雇制限の判例が多いとはいえるけれども，不況，事業不振，合理化など事業上の都合による大量人員整理に関しては，企業の解雇制限の自由がつらぬかれており，この場合に終身雇用の慣行の蓄積を『社会的制約』と『信義』の1つとして企業の解雇権を制限することは，少なくとも法律や判例ではほとんどおこなわれてこなかったということができよう.」と記述している．これによれば，わが国の生涯雇用は，法律，判例で支えられているものでなく，わが国経営風土の上に築かれてきた慣行である，と理解できる．

また，この「慣行か制度か」に関する考え方をロベール・J.バロン[57]は，「社会規範としての終身雇用制」とし，「戦後の日本の終身雇用は実際の慣行というよりは社会的な規範である.」と述べている．バロンは，慣行と規範の定義を明確にしているわけではないが，規範が，「集団の中での共通の価値基準であると同じに，一度成立したら規範は，所与のものであり守らなければならない行為基準である.」とすれば，生涯雇用は，バロンのように規範とせず，日本的雇用状況を表現するもので，守らないから罰を受けるものではなく，しきたり，ならわしとしての慣行として生涯雇用を理解しておくほうが正しいと考える．

F　生涯雇用慣行の定義

以上のA～Fをもとにし，以下，筆者の定義をしてみる．

「生涯雇用とは，経営側，従業員側双方共が，入社したからにはできる限り長く継続勤務することを基本的考え方として組織参加する雇用形態である．そして，この継続勤務は毎年相互に確認することなく，無意識のうちに了解し合い継続されるものである．また，特別な経営上の悪い状況がでない限り解雇という問題は発生させないという双方間に暗黙の了解関係が存在する雇用関係をいう．そして，この生涯雇用は，守らなければならない制度ではなく内部人材活用を円滑に運営するための経営管理上の慣行である.」となる．

6　年功序列制

年功序列について多くの著書，論文が発表されているが，その内容についてはさまざまなものがある．年功序列制の成立時期についても，また，年功序列制の概念についても，見解は分かれており，確たる論が形成されているとはいえない．

1980年代からのわが国経営の躍動が，先進諸国の中でも，特に注目をあびている点の1つは，固有な日本型経営特質にあるといわれ，年功序列もその中の主要な一研究課題であった．本項の中で，特に年功序列制の概念と，年功序列制の存続可能性もしくは修正の必然性について記述する．

(1) 年功序列制の成立時期

年功序列制が，いつ頃から成立したかについての見解は分かれており，成立時期は年功序列制の内容をどこに置くかによって異なる．年功序列に関する議論には，2つのものがうかがわれる．1つは，年功賃金に関するものであり，他の1つは，年功制あるいは年功システムとするものである．

年功賃金がわが国に成立した時期について，関谷幸三は[58]，一般的には第1次大戦後から昭和恐慌期にかけてであるとしている．また間　宏[59]は，経営社会秩序における身分制（年功制）および身分的賃金につき[60]，経営家族主義の形成過程の中で述べ，やはり第1次大戦後に年功問題が登場したと論じている．これに対し，坂本藤良は[61]，「現代のわが国企業の雇用の特質は，年功システムにあるということは，だれも否定しえない．わたしは明治期の実力システムについて強調したが，その時期においてすら，年功システムの要素を見出すことは決して困難ではないのである．

年功システムは，第1次大戦後に突如として形成されたものではない．それを形成させた要因のいくつかは，明治維新の革命のあり方，日本資本主義の誕生のプロセスのなかに，すでに存在している．」とし，年功序列制生成時期については明確にしていないが，第1次大戦後に限定すべきでないという見解を持っているとみてよいであろう．また，野田信夫は[62]，「……そして，何が日本的経営の特性かを分析してみた結果，終身雇用と年功制とが特に目立つ特性ということにだいたい異論はなさそうである．

しかし，これらの特性が経営におけるわが国の独自性の中核であることを認識しても，その由来・源泉については，はっきり突きとめてないようである．私は，これらの日本経営の特性も，徳川260年の鎖国期間に花咲いた日本の農耕文化のオリジナル品にほかならないことを告げたいのである．」そして，この後，丁稚→手代→番頭の商家コースと職員系，そして徒弟と親方との職人関係と職工系統の2系統の年功序列制をあげ，「きわめて自然に，終身雇用・年功制に移行した．誰がこれを工夫したものでも，制度化したものでもなく，前の時代に慣熟した習慣を引き継いだまでで，これ以外のことを考える必要もなく，またこれ以外の方式も存在しなかった．……ただ，明治以後企業の規模が大きくなるにつれて，人事管理上，次第に制度化されて今日に至ったわけである．……」としている．野田も，年功序列制の発生時期は明確にしてはいないが，第1次大戦以前にあるとする見解を述べている．

筆者は，年功序列制の成立時期は，年功序列制の概念をどう規定するかによって異なるものであると考える．年功序列制発生の起因を歴史的に求めていけば，江戸時代，あるいはそれ以前に遡らざるをえないであろうし，年功賃金に論点を置けば，第1次大戦後であるとする見解もでてくるのである．年功序列は，一般社会における生活の上で，価値評価の尺度として作用しているものであると，筆者は理解している．それが，経営組織のなかで働くとき，経営における年功序列管理システムが形成されていると考える．このように一般社会における生活の上での価値評価尺度として理解していくと，いつ年功序列制が成立したかを，立証することは困難になるのである．それゆえ，年功序列制の成立時期については，年功序列制の内容ごとに，その成立時期を吟味していくことが必要であると考える．

(2)　年功序列制の概念

年功序列制の本質は何か，経営面における年功序列基盤の現象はどのようなものかについては，多くの議論がなされている．例えば，隅谷三喜男は，日本的労使関係論の再検討の中で年功序列制を取り上げた最初の論文としては，氏原正治郎の「大工場労働者の性格」（日本人文科学会編『社会緊張の関係』1949年）である[63]とし，年功的労使関係を論じている．また大河内一男は，年功賃金につき，生涯雇用との関係に注目して次のように述べている．「そこで，『生涯雇用』を支える労働条件としてみれば，日本の『年功賃銀』的賃銀が最も中枢的地位を占めているだろう．……勤続年数にほぼスライドして上昇するこの種の賃銀が，『生涯雇用』を支える条件になっていることは疑いを容れない．……」[64] すなわち，年功賃金は，生涯雇用を支えるサブ・システムであるとしている．そして，また「……年功といっても，それはある学歴身分に勤続年数を掛け合せたものにすぎない．……」とし，年功の内容は，学歴身分別勤続年数による序列基準であるとしている[65]．

そして，森　五郎は，戦前の日本労務管理体制の中で，その特徴を基盤としての年功序列につき，次のように述べている.「……そして一度生涯雇用慣行が形成されれば，技術発展の停滞していた時期では職務能力は経験的に高められるのが一般であったし，また当時の儒教的思想から長幼の序の擬制と勤続期間の長短による経営への貢献度の格差という意識とが，『年功序列』を生むことになった. ……経営組織における職務序列の未熟さを代位補充するための経営社会の太い柱となり，またそのうえ全待遇制度を年功的秩序に見合うような年功的生涯給制度（年功漸増的な定期昇給制度と逓増的退職金制度）として定着させた. ……」[66]

大河内・森とも，生涯雇用(終身雇用)と年功序列賃金との関係に注目し，日本的労使関係の観点から年功序列制を論じている. 以下，年功序列制の意義，年功序列制の内容につき，諸氏の見解を整理したうえで，筆者の意見を述べてみる.

A　年功の意義

占部都美は,「年功主義は，決して年齢や勤続年数と同義語ではない. アベグレンは，年功昇進制を『年齢と勤続年数にもとづく昇進制度（promotion system based on age and length of service)』と定義しているが，それは日本の年功主義の真意にたいして重大な誤解を招いたきらいがある. ……年功とは，たんなる年齢や勤続年数を意味するのでなく，勤続年数とともにそれにともなう熟練，職務知識，人間関係能力，リーダーシップ能力，忠誠心や責任感などの成熟度を仮定しているのである. ……年功制には，過去の業績に報いるという意味も含まれている. ……」[67] とし，年功は単に年齢と勤続と同義語ではないとしている. また，松島静雄も同じ見解を述べている.「……『年功』という言葉が何を意味しているかということである. わが国の労働問題研究者の間にも二つの考え方がある. 一つは年功を単純に『勤続年数』と見るものであり，今一つは勤続によって企業に貢献した『功績』の累積と見るものである. かなり多くの人々は比較的単純に前者と見ているようであるが，私は『年功』という語からいっても，まだ若干の労働者の人々との話し合いを通じて感じたところからも，後者が妥当であると考えている. ……」[68]

間　宏は，経営社会秩序における身分制（あるいは年功制）の中で,「経営家族主義企業でも，その組織原理として機能合理性をもっており，経営社会秩序としてある程度職務序列が存在した．しかし，それだけでなく，これとからみあって，身分的関係が顕著だといえる．……とくに職員と工員との身分差――両者は従事する職務の差による区分であると同じに身分差でもある――は厳重であり，企業内での待遇のあらゆる面にその差がみられた．……職員と工員との区別は，だいたい学歴の差にもとづいていたが，身分制は，さらにそれぞれの身分のなかにも及びそれぞれが細分されていた．そして，このさいの差別の基準は，年功におかれた．（なおここで，間は，年功につき〔注〕をつけ興味深い見解を述べている．『「年功」という言葉は今日しばしば用いられているが，ほとんど勤続年数と区別なしに使われている場合が多い．しかし，年功は，勤続年数のように客観的なものでなく，そこに経営者の立場からする主観的評価が入っている場合にかぎって用いるのが適当ではなかろうか．だから，年功型賃金といった場合には，一応勤続年数に応じて上昇するものの，その昇給率は経営者の評価による個人差がある．現在の公務員給与のようにそれが一律ではたんなる勤続給である．』）一家のなかでも子供同士の間に長幼の序列が尊重されたように，同じ工員の間でも勤続年数による序列，いわゆる年功序列が厳重に守られていた．」[69]

以上，いくつかの説をみても，年功序列はただ単に勤続基準の序列を示すものではなく，そこに功績とか身分といった他の価値尺度が混在するものであるとしている．

B　年功序列制の内容

年功序列は，①年功昇進と②年功賃金の2つの形をとっているという説が多くみられる．例えば松島静雄は，「終身雇用性を基礎として形成され，また逆に終身雇用性を支える役目を持っている『年功序列』は，わが国における『伝統的労務慣行』の第二の重要な慣行であるが，この『年功序列』は①年功昇進と②年功賃金の二つの形をとって，労務管理の社会的および価値的背景の役を演じている．」[70] としており，年功序列価値基準が働いている代表的な管理システムとしての昇進と賃金を，年功序列の内容としている．

これに対し，別の見解は，昇進と賃金だけでなく，この2つに何かを加え，年功序列の内容を広げている見解である．

坂本藤良は，年功賃金と年功昇進と「先任権」に触れ，「その意味からわたしは，年功システムという用語を使う場合，単純な年功給与，年功昇進だけでなく，それとはなれがたく結合した終身雇用性や温情主義思想を含めて，その全体像をさしているのである.」[71] また，大橋靖雄は，年功的労務管理の特質として，昇給・昇進，賃金，福利厚生施設の利用をあげ，なお，これだけに限定せず，他の労務管理システムについても，年功的特質があることを指摘している．それらは，①採用における縁故採用，②経営内教育，③感情的な情緒的理解と融和を基調とする特異な人間関係[72] などである．

年功序列制の内容は，年功昇進と年功賃金の2つだけでなく，他の労務管理サブ・システムにも年功序列制があると考えられる．以下，その内容について検討する．

(A)　年功昇進

昇進とは，「職務序列または資格序列間の上昇を言う.」[73] となっているが，わが国における昇進とは，職務序列ではなく役職位序列の上昇といえるものである．昇進とは，管理，監督職[74] が，役職位を上がることをいい，組織長の地位につくことである．それゆえ，専門職が資格職である場合には，専門職資格が上昇しても昇進といわず，これは後出の昇格になる．

昇進は，肩書社会といわれるわが国社会の序列制度の中で，最も尊敬の欲求（esteem needs，自分自身に対する誇りや面目を保とうとしたり，他人から自分の存在を認めてもらいたいという欲求であり，前者の自己尊敬の欲求は，成就・権力・独立・自由の希求という形であらわれ，後者の他人からの尊敬に対する欲求は，名声・威光・注目・評価の形で求められる.）[75] を刺激するものである．それは階層意識に関する欲求であり，わが国の階層意識は，年功序列階層に対するものとなってくる．例えば，日本の従業員が管理職志向をする動因は，「①年功序列出世の階段に乗りたい．②社会的信用が得たい．③家族周囲の面子を保ちたい．④序列決定権を持つトップ・マネジメントに近づきたい.」[76] にある点をみても，昇進への執着は強いことがうかがえる．

西田耕三は，次のように述べている．「昇進とは偉くなること」[77] であるとし，「偉くなるということは，しかつめらしくいえば，社会——全体社会であれ部分社会であれ——のなかの威光序列，偉さの序列のなかでのランクが上がること意味している．……人は，自分がいる組織体が社会をなしていると感じるとき，またそう感じる程度が強いほど，昇進したときに自分は偉くなったと考えるのである．したがって，日本人にとって昇進が偉くなることを意味しているのは，日本人にとって，所属している組織体が，自分の住んでいる一つの社会——小社会であれ——として知覚されているからだといえる.」

生涯慣行のものでは，意識・行動面で，より強い所属企業での序列社会形成が行われるとみてよい．それだけに，組織の中での序列の上昇に執着心が強くなるのである．

中根千枝は，従業員のわが国企業への参加は，「資格（一定の個人を他から区別しうる質的な基準のいずれかを使うことによって，集団が構成されている)」と「場（一定の地域とか，所属機関などのように，資格の相違を問わず，一定の枠によって，一定の個人が集団を構成している)」[78] の2面をあげ，わが国社会の資格でない場の強さを強調している．すなわち「場」による集団構成にあっては，どちらかというと，役割不明確な参加形態であるので，序列づけの必要性が生じ，これが年功昇進を強いてくるのである．

この年功昇進につき，William G. Ouchiは，日本での調査の中から次のように述べている[79]．「……同期の社員をとにかく正式に考課するのは十年（入社後）経ってからである．それまでは，だれがだれよりも早く，高く昇進するといったことはない．……日本の会社でも，やる気のある若い社員にとっては，このプロセスは時には苦痛なほどのろい感じがすることがある．しかしこのシステムによれば，ほんとうに仕事をしている人は結局は正当に認められるという可能性が高いので，協力・業績・評価に対する非常にオープンな態度が促進されるのである.」として，組織人として，長期的視点に立ち，行動していかねばならない日本人の状況を説明している．確かにそうかどうか疑問ではあるが，われわれ日本人があまり気がつかない点を外国人の眼をもって分析し，日本の昇進に関し，次のような面白い分析をしている．「日本での折衝から帰ってくる多くのアメリカ人が，日本の会社では公式の肩書と実際の権限とはマッチしないことがしばしばあるといっている．事実，古参の社員が部長の肩書を持っていても，仕事を実際に指揮しているのは部長よりはずっと年下の肩書のない人だったりする.

ゆっくりした評価と昇進のシステムから起こる潜在的な危険性をおさえているのが，このように公式の肩書と実際の権限を分離しているやり方である．能力のある人は容易にしかも早く権限を得るが，正式の昇進はもっと完全に自分の力を証明したときに実現する.」

W. Ouchiの観察した点は，筆者にとり大いに疑問のあることであるが，わが国における仕事の分担が，小集団を形成し，この中で職務の確立をせず，柔軟に協働する点を以上のように表現したと理解している.

(B)　年功昇格

昇格とは，「資格昇進制度は担当する職務内容や責任・権限とは無関係に，従業員の身分，学歴，年齢，勤続年数，勤務状況等の個人的な資格要件または各人の有する潜在的能力や将来性にもとづいて昇進を決定する制度である.」[80] となっている．この定義の中でも取り上げている身分，学歴，年齢，勤続年数は，年功序列の尺度であり，また潜在能力や将来性は，わが国特有の資格決定の含み要件である.

昇格は，資格制度[81] において等級が上昇することを意味する．昇進は，上位に役職位の空席がないかぎり行えないが，昇格は，①ステイタス（集団の序列のなかにおける位置付け，一定の位置に遇されるための必要条件）と，②職務遂行の期待可能性能力（何かの仕事をすることが期待されている能力，何かの仕事をなすにあたって必要とされる能力要件）を満たすことによって行われるものであり，職務契約意識が薄く，役割責任が不明確な中でとられるものである.

資格制度は，資格付与の内容により①身分的資格制度，②年功的資格制度，③能力的資格制度，④職能的資格制度，⑤多様型資格制度（最近のコンピテンスに基づく役割分類制度もこの中に加わり，これからますます多様性は高まってくる.）の5つに分類することができる．そして，昇格に対する年功序列運営の強さは，①の身分的資格制度が最も強く，順次，弱まってくると考えられる．それゆえ，わが国の資格制度は，④の職能的資格制度から環境要因の多様化に対応できる⑤の多様型資格制度へと移行を始めているので，この点からいうと，昇格の年功序列運営は弱まり，能力主義管理に移行しているということもできる．しかし，職能的資格制度であっても，その目的とするものは，①昇格の頭打ち対策，②年功者の救済，③管理職と専門職区分の明確化，④専門職の優遇措置であり，①，②は組織成員の年功序列運営への期待に応えるための対策となり，形を変えた年功序列管理といえる．昇格の運営実態面をみても，年功序列管理から能力主義管理への移行を目的とし，職能資格制度を何年も運営してきた企業が，従業員の職能等級の再評価，管理職再評価といった，年功序列的運営結果の修正をしなければならない現状を考えると，まだ，わが国の昇格は，年功序列的性格が残っているといえる．

なお，一般に導入検討がされている管理職再評価あるいは全従業員の再評価制度の目的と内容は，以下のとおりである．

① 昇格システムの厳正運用（現在の資格等級を白紙にして再評価）
② 管理職・専門職としての適性把握（降格，配置転換，退職勧奨）
③ 管理職・専門職の育成，効率的活用（教育，進路相談）
④ 能力主義賃金管理の強化（減給等を含めた賃金額修正）

以上の4対策は，日本型昇進・昇格の修正をねらいとしたものであるが，今日では，企業生き残りのため全組織成員を再評価し，役割基準による運営により年功脱出を行っている企業がみられる．

(C)　年功賃金

賃金とは，「労働の対価である．」[82] とする見解と，「労働力商品の売買価格である．」[83] という2つの考え方があるが，賃金を「労働の対価」として考えていく場合，労働力の提供に対しての対価をどう決定していくかは，労働力の価値（質・量）の把握と価値一単位に対する賃率（水準）決定の問題となる．この賃金決定基準が年功賃金形成の源となるのである．また，賃金を「労働力商品の売買価格」とすると，北米で現実に行われている労働市場競争関係の中での賃金決定基準と同じ作用が働くと考えることができるが，わが国の場合は，学歴，年齢，男女等の年功基準を労働力商品の売買価格決定基準とする労働市場形成が強くなされていたとみてよいのではなかろうか．昨今，労働市場の自由化が促進され，労働者派遣法の改正，改正職業安定法による人材紹介会社の事業により，市場の自由化は急速に進んでいる．特にIT化の進展は，IT分野での優秀人材獲得が世界規模で展開されており，war for talentなどといった言葉が出てきている．

年功賃金制が成立した基盤につき，関谷幸三は，次のように述べている[84)]．「年功賃金制を有効たらしめてきた条件――成立基盤――としては，①初任給が低かったこと，②当時（第1次大戦後，〔筆者加筆〕）の熟練が年功とともに熟達する面をもっていたこと，③学歴別身分制がとられ，従業員の学歴構成がピラミッド型で身分構成と対応していたこと，④所得の積極的安定性を提供することによって，従業員の企業に対する忠誠心を獲得できたこと」としている．この成立基盤は，①初任給の大幅上昇，②オートメーション化による未熟練労働の機械化，③高学歴化による学歴差の縮小，④所得水準の向上にともなう安定性の確保といった要因により崩れつつあり，年功序列賃金も変化をしているといえる．しかし，職務契約にもとづく職務給をとっている北米と異なり，わが国の場合には現在では，多くの企業が賃金決定基準として資格制度を採用している．それゆえ，賃金決定基準としての資格制度が，年功序列的運営がなされているので，年功序列傾向のない賃金はないといえる．亀田速穂[85)]も「わが国のばあい，職務と賃率との関連が年功要素によって一応切り離されており，間接的である．賃金額の大半を構成する基本給は仕事が変わらなくても勤続によって定期昇給するのであり，たとえ職務給制度が採用されていても年功的修正が加えられた範囲職務給が，日本型職務給として定着している.」としている．すなわち，わが国の賃金は，どのような呼称を使っていても，定期昇給制度を中心とする年功的色彩の加わったものになっているのが実態である．別言すれば，年功序列を加味した能力主義賃金は職務給でなく，職能給形態をとっているのである．日本型職務給といわれるのは，賃金体系の上では，基本給の一部を構成しているにすぎないといえる．

小池和男は，『日本の熟練』[86)]の中で年功賃金の吟味とし，日本の年功賃金と一般にいわれている特徴を欧米と国際比較し，貴重な指摘をしている．

その主要点は，次のとおりである．

「①ブルーカラー男子では日本のみ年功賃金
②西欧ホワイトカラーも年功的
③イギリスのホワイトカラー男子賃金も年齢別賃金とさしてかわらない

④日米比較

・ブルーカラー男子の賃金は，日本よりややゆるやかであっても，EC諸国とくらべたら，ずっとわが国に近いだろう．

・ホワイトカラー男子の賃金はむしろ日本に近く，ヨーロッパのホワイトカラーと同じく，年功的上昇といわねばなるまい．

・高年層の下落は，年齢の区分が粗いためはっきりといえないが，なお日本よりずっと少ないようだ．」

また，小池は，年功制や終身雇用に対する概念につき，感覚的規定でなく実証的規定が大切であるとし，次のようにも述べている．

「わが国の労働問題を考えるとき，さけて通れない関門がある．かの『日本的労働慣行』である．たとえば，中高年男子の雇用問題をとりあげよう．おそらく，高年者の雇用継続――それまで長年働いてきた企業になお働きつづけることが，きわめて大切であろう．ところが，『年功賃金』が障害となるから，なんとかそれを改めなくてはならない，と必ず議論される．あるいは，これからの「低成長」下，これまでのような『年功制』や『終身雇用』は維持しがたく，その動揺は避けがたい．それにいかに対処するか，といった議論が行なわれる．すなわち，多くの議論は，かの『日本的労働慣行』を，すでにあまりにも明らかな事実として前提としている．

しかし，あくまで前提にすぎず，少なくともわたくしの知るかぎり，確かな資料によって裏付けられたことはない．いや，この前提を採る見解が確かな資料を求めて吟味にのりだしたことすら乏しいというべきであろう．逆に，この前提に疑いをもつ人々こそ，丹念に統計資料をさぐりつづけてきた．」

筆者は，小池がいう賃金実態分布比較による日本型賃金特性の指摘でなく，個別賃金決定の決定方法がどう異なるかを比較することにより，年功賃金であるかどうかを判断する基準とすることができると考えている．

個別賃金の上昇は，わが国にあっては，ベース・アップと定期昇給によって行われている．年功賃金を分析する場合は，このうちの定期昇給部分のみの昇給方法をみればよい．

定期昇給とは，ここの従業員のもつ能力の向上（1年1回）に応じて，定期的に現在の賃金テーブルを上昇していくことである．賃金テーブルを上昇させ，前任者に追いつかせることにより，昇給基準線を維持するのである．定期昇給は，基本給形態が職能給であっても，年功給であっても行われている仕組である．定期昇給は賃金形態に応じ，次のように分類することができる．

①自動昇給

年齢，勤続の増加につれ，自動的に賃金テーブルの上で昇給されるものであり，年齢給，勤続給などの年功給の定期昇給である．

②個別昇給

個人の職務遂行能力程度など賃金決定要素の内容を評価し，この変化を昇給に結びつけた昇給をいう．すなわち，職能の変化に応じて個別に，職能給が上昇する場合をいう．また，米国のホワイトカラーの賃金の形態であるといわれる職務給には，定期昇給制度はないと理解されているようであるが，一部の企業にあっては，職務給で定期昇給を実施しているところもあり，これは，職務給と呼称するより職能給と呼ぶほうが妥当である．

個別昇給は，賃金テーブルに従って毎年の昇給を積み上げ，範囲給の型をとるのは一般的である．この方式は，北米の一部企業にあっても同一方式をとっている会社も見受けられる．こうした方式を年功賃金といってよいかどうか疑問を感じるが，世の中の賃金カーブ，小池が言う「上がり方」は，どの国をとっても，勤続(年齢)を横軸，縦軸に賃金額をとった場合，大方は，右上がりのいわゆる年功賃金のカーブといわれる型と同じような型をとることは当然のことである．

(D)　その他の労務管理サブ・システム

昇進・昇格，賃金が年功序列制の主題として取り上げられる理由は，労務管理システムの中でも，特に評価に直結しているシステムであるからである．しかし，労務管理システムは，資格制度（アメリカでは，job classification systemが一般的であるようにいっているが，Weyerhaeuser Companyのように，こうした分類制度をtraditional grade systemとして過去のものとし，labor market pricingという職務の賃金市場の概念を導入している企業もでているのである．）を中心システムとして，数多くのサブ·システムを統合化しているトータル・システムであるので[87]，昇格の項で述べたごとく，資格制度が年功序列であれば，当然，他のサブ・システムも年功序列を支える動きをするのである．例えば，人事考課システムによって，評価結果を出すときであっても，1人が，良い成績を継続してとり過ぎたとき，賃金が他とのバランスで崩れないよう注意を払い，調整をしていくなど，相対評価により，それも，対人比較によるバランスの維持といった運営がなされているのである．

稟議制度をみても，意思決定に参加しなくてもよいものまで，儀礼的に合議，回議させる点も年功序列的運営といえる．稟議と同じように，会議，委員会の構成メンバーについてみても，参加しても役割を期待されないものまで，人的バランスの上から参加依頼をしていくなども，多くみられる現象である．また，研修の中でのグループ討議をみても，グループのリーダーは年功で決定し，年功者（年長もしくは先輩）から順次発言をしていくなど，よく見受けられる光景である．このように一部のサブ・システムの運営実態をみていくと，わが国のHRMシステムがいかに年功序列的運営に影響されていたかがわかる．しかし，この年功序列的運営も，HRMシステムを取り囲む環境の変化によって修正を受けていることは既に周知のこととなっている．

C　年功序列概念についての私見

年功序列制は，日本の経営の特質として議論されてきた．それゆえ，英語での表現についても適当な単語がなく，アメリカの先任権（seniority rule）を日本の年功に置き換えているものも多くある．しかし，先任権制度が確立された背景も，また内容も，日本の年功序列とは全く異なるものであるので[88] 語のseniorityを用いることは誤解を招くことになる．津田真澂は英語の論文の中で[89]，「The ranking of workers described above is called Nenkoh (Nen means year and Koh is total experiences), and the Nenkoh of a worker is represented by his length of company services. This ranking system is called Nenkoh Seido, which is the basic system of labor relation in Japan.」とし，Nenkoh Seidoとしている．

筆者は，The Japanese seniority system（‘Nenkojoretsusei’, not to be confused with the American seniority system）として表現している．以上を踏まえ，年功序列制を定義づけると，次のごとくである．「年功序列は，ただ単に勤続，学歴，年齢，性別のみを評価基準とするものでなく，評価基準の中に，人的バランス，集団の団結を維持するためなど相対的評価を評価基準とするものである．

この評価基準によって，労務管理システムのメイン・システムである資格制度，および昇進・昇格，賃金，その他の労務管理サブ・システムが，年功運営されることを年功序列制とする.」それゆえ，年功序列の実態を研究するには，評価基準すなわち評価の方法，運営を研究対象とすればよいということができる．

7　HRMの収斂論

(1)　実態調査による仮説構築

A　経営と文化との関係

日本型経営特質が，日本的文化背景（風土，食住，歴史，宗教，言語……などの特性）から強い影響を受けているとする文化論主張に対し，文化の影響をそれほどHRMシステムは受けているとはいえない．また，各国のHRMシステム間には，それほど大きな差異は認められず，今後，同一特性を持ったHRMシステムに国際的に収斂していくという見解を明らかにしていく．筆者は，この収斂論を実証するために過去数年にわたり，実証研究を重ねてきた．データなどの詳細については，花岡著『日本型労務管理特質に関する実証研究―収斂論仮説構築と実証―』1995年，大東文化大学大学院経済学研究科博士論文を参照されたい．「日本，アメリカ，中華民国（台湾）の従業員の仕事に関する意識について」では，東洋文化を背景とし，文化的背景としては，国際比較の観点からすると日本，米国との関係よりもかなり共通性のある中華民国と日本との比較，そして日本の経営学のリーダーであるアメリカとの比較を試みた．この結果，次のような調査結果を得ることができる．

(A)　仕事について

仕事について，日本人はworkaholicであるとされ日本人の仕事に対する考え方は特殊であると思い込んでいたことは，間違いを含んでいることがわかった．

また，この調査によって，日本とアメリカの会社の中での個人の仕事は，アメリカは個人別に職務が確立されており，日本はそうでないとする．いわゆる米国レンが，日本石垣論の常識にも疑問が出てきた．この調査時点でも，日本型組織の特徴といわれる組織の小集団形態は，日本的なものとはいえず，アメリカにも共通して受け入れられるものであった．

(B) 人間関係について

日本人は，人間関係，いわゆる，人と人との出会い，和を大切にする民族であり，これが家族主義経営を支えているという思いが強かった[90]．しかし，三国比較では，アメリカ人が人間関係の大切さを軽視してはいないことが分かった．合理的に物事を考えるアメリカ人でも，日本人と同じように人間関係をよくし和を保つことの重要性を支持している．

(C) 生涯雇用慣行について

アメリカ人は，1つの会社に長期勤続せず，次々といくつかの企業を転職するという先入観をわれわれは持っていたが，アメリカ人の勤続希望はできるだけ1つの会社に長く勤務したい意向を有している．

(D) 年功序列制について

儒教思想からの長幼の序が，わが国年功序列形成の源であるとするなら，台湾と日本は同じ回答傾向を示すとみられるが，日台間には大きな差が認められ，日米間には大きな差はないという結果が出ている．こうした結果を踏まえると年功序列についても，単純に文化の影響で説明することには疑問が生じる．

以上の結果を見るかぎり，調査前に設定した日本と台湾の従業員の仕事に対する意識は，アメリカの従業員と日本のそれよりも近い関係にある数値を示すはずであるという仮定は，成立しなかったといえる．その結果，日本型経営の特質が，日本的文化もしくは東洋的文化の影響を受けて形成されているという論説に疑問をはさむことになる．

B　管理制度の実態認識

日本型HRM特質とされる生涯雇用慣行，年功序列制が，経営活動に表されるのは管理システムを通してである．すなわち，管理システムの仕組と運用をみることによって，HRMシステムが生涯雇用慣行，年功序列を醸し出しているかどうかを判別することができる．それゆえ，わが国のHRMシステムの実態認識を正確にすることがHRM特質研究にとって欠かすことのできない要件となる.

筆者の「日本の労務管理システム特性」を調査した結果では，日本型HRM特質を管理制度面から明らかにし，日本のHRMシステムが，欧米の管理システムと比較し，真に異質なのかどうなのかを検証するための基礎情報とした.

(A) 仮定が成立しなかった事項

調査以前に筆者が多分こうであろうと認識していた事項（これを仮定とした.）に間違いがあった設問事項は，次のとおりであった.

①（仮定13）職務手当てと職務給との関係

②（仮定15）定期昇給の考課配分と年功バランス

③（仮定16）賞与支給基準決定と企業業績との関係

④（仮定17）福利厚生の重視度

⑤（仮定19）稟議における決裁参加者の多さ

以上5つの仮定で筆者の予想と反する結果が出たが，われわれが事実はこうであると思っていることが意外に正しくないことが多いのである．このことは，管理システムが，状況適応のシステムとして，状況の変化に応じて，修正・変化をしている点を見逃しているとみることができるのである．それゆえ仮定が成立しなかった原因の1つは，筆者の状況変化の読みが浅かったということにもなる.

(B) 生涯雇用慣行・年功序列制について

本調査によって年功序列制に結びついている管理システムの中で仮定13～17の主として金銭的処遇面に関する仮定は，不成立と判定されている．これは年功序列制に関係する管理システムに何らかの変化が起こっており，年功序列制に修正が現れているとみることができる．すなわち，管理システムおよび運営実態にも年功的色彩が薄くなってきていると考えることができる．これに対し生涯雇用慣行は，とくに変化はみられない.

以上のように，管理システムは，状況適応のため常に変化をしている．そして，調査結果の個別企業別差異を見るかぎり，管理システムの違いは，個別企業のHRM政策により独自の特色ある管理システムとなっていることが分析できる．すなわち，日本全体が1つのHRMシステムをとっているわけではなく，企業間較差は，個別企業のHRM理念・政策の差により分散していることが分かる．

C　日米管理職行動の比較

1980－1981年にかけて実施した「日本，アメリカ，台湾の従業員の仕事に関する意識についての調査」の当初の目的は，米国経営特質と異なるとされる日本型HRM特質を闡明にすることにあった．しかし，いくつかの調査データが示した結果は，3国間の差異の確認ではなく，共通性の発見となった．

ここで，日本型特質と一般的に考えられていることが，真に日本型であるのかどうかを再度観察し直すために，1983年「日米管理職行動比較研究調査」（ADAMS調査）として日米間の管理職に対して管理行動についての意識調査を行った．この調査の結果特徴的であった点は，次の点である．

ADAMS調査で41の質問を行い多くの情報を得ることができたが，そのなかで，両国間に当初の予測以上に差がなかった点は，次のとおりであった．

① 会社方針と人生観の一致

② 人間関係への配慮

③ 根回し

④ 永年勤続希望

⑤ 規程化，文章化

以上の5つの事項では，調査前に抱いていた認識が崩れた．このことが収斂論仮説構築のきっかけとなったのである．

ADAMSの調査は，質問紙法であったので，1985年に渡米し，数社を訪問し人事担当スタッフとのヒヤリングによって，調査結果についての適正度をチェックし，また内容補足をした．そして，調査結果発表のセミナーを米国企業の人事スタッフを参加者として開催し，その反応を見たが，調査データは，アメリカの人事スタッフにとっても容認のできる結果であるとの感触を得た．

(2) 仮説の設定

以上の実態調査の結果，日本と米国（諸外国）のHRM特質の収斂化モデルの仮説構築を試みた．この仮説は，次のような全体フレームワークの中で研究対象の範囲を定めることにより行われた．

A 仮説構築のための全体フレームワーク

本書では，日本型HRM特質のうち，生涯雇用慣行，年功序列性の2つの国際間収斂化を説明することを目的として研究した．こうのようなとき研究の対象と範囲をどのように位置づけるかを明らかにすることが必要となる．本研究では，研究対象につき2つの軸によって区分した．軸の1つは従属性と自律性であり，他の1つの軸は分散性と収斂性である．この2つの軸によって区分される4つの象限によって研究対象を説明する基準とし，図表Ⅷ - 5「仮説構築のためのフレームワーク」を作成した．このモデルの意味する中では，象限1つ1つが完全に他の象限と関係なく独立しているのではなく，4つの象限がそれぞれ相互に関係し合っていると理解すべきである．本研究では，

図表Ⅷ - 5 仮説構築のためのフレームワーク

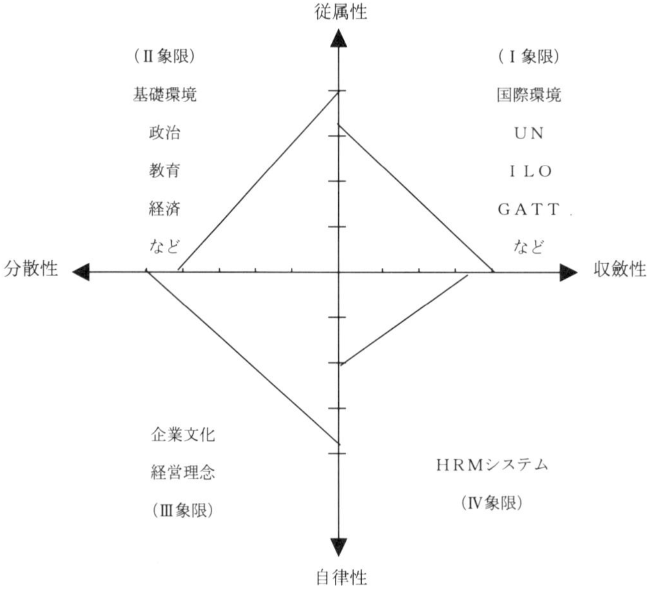

特に第4象限のHRMシステムに焦点を絞った．以下，図表に示す4つのサブ・モデルで全体フレームを説明することにする．

図表は，縦軸に従属性と自律性をとった．従属性は，環境に従わなければならない度合いであり，非独自性とも言い換えられる．自律性は，企業独自の理念，方針を示す度合いであり，非従属性とも言い換えられる．自律性が高く，かつ，従属性が低くなればなるほど企業の個性が強く出され，また自由な競争条件が醸成されるとみることができる．

横軸には，分散性と収斂性をとった．分散性は，異質性，特殊性といった国別あるいは企業別の差異の度合いを表す軸である．収斂性は，同質性，普遍性を表す軸であり共通性の度合いを示すということもできる．

以上2つの軸によって区分される象限をそれぞれ，第Ⅰ象限（従属，収斂，国際環境），第Ⅱ象限（従属・分散，基礎環境），第Ⅲ象限（自律・分散，企業文化），第Ⅳ象限（自律・収斂，HRMシステム）の4つの象限によって説明することにする．

①国際環境に影響されるフレームワーク

例えば図表Ⅷ - 5，第Ⅰ象限に示すように，UN，ILO，GATTなど条例，決定などは，世界的な強制力の強い環境要因であり，個別企業はこの避けることの困難な環境に対応しなければならない．この結果，第Ⅰ象限の力が強くなればなるほど経営特質と管理システムは，国際環境の影響力を強く受けるようになり，収斂化の方向を辿る．

②基礎環境に影響されるフレームワーク

第Ⅱ象限に該当するフレームワークであり，自然，文化，社会，政治，軍事，教育，技術，経済，法規制のような環境因子を外部環境とする企業の側面である．伊丹敬之は，企業の国際比較のフレームワーク論述の中で，「基礎環境」としてこれらの環境因子を扱っている[91)]．個別企業にとっては，避けることの困難な外部影響因子と考えられる．これらの環境要因は，国際間の企業の管理システムにとっては，国別特質として分散化方向をとる力となる．

③個別企業の文化形成フレームワーク

第Ⅲ象限個別企業の独自性を創出する部分であり，トップ・マネジメントを中心とする組織総合力により，企業特性を形成する．このcorporate cultureは，内部環境として，未来の企業文化形成の影響要因となる．これらの環境要因は，一企業の特質として分散化の方向をとる力となる．

④HRM特質の収斂化のフレームワーク

第Ⅳ象限に該当するフレームワークであり，生涯雇用慣行，年功序列制に関し，経営の管理水準が上がることにより，国際間で収斂化していくという仮設部分であり，収斂論の主題としている象限である．

B　各サブ・フレームワークの説明

(A)　国際環境に影響されるフレームワーク

オープン・システムは，そのシステムを取り囲む外界とシステムとが相互作用として影響し合うものである．企業もまた，オープン・システム[92]であり，常に企業を取り囲む環境との関係にさらされている．一般的に経営環境とは，企業を取り囲む外界といわれているが，ここでは，次のように定義をしておく．

「あるシステムを明確にすること，すなわち，そのシステムとは何かを明らかにするには，システム自体の目的を明らかにし，システム本体とそのシステムを取り巻く周囲システムを区別しなければならない．この周囲システムを環境という．」[93]

一国の外界を国際環境ということができる．国際化，グローバリゼーションという言葉が既に一般化してきている．第Ⅰ象限で問題にする国際環境とは，山之内昭夫がグローバリゼーションの概念規定でいう「内なる国際化・外なる国際化」のうちどちらかというと内なる国際化の部分である．彼は，「内なる国際化とは，奈良･平安時代から戦後のアメリカナイジングまで，連綿として継続されてきた国際化であり，海外から日本に文明・文化・制度等を受け入れる形式の国際化である．日本を中心にとらえ，日本の近代化等を強く念頭においた国際化といえる．これに対して，現在問題になりつつあるのは外なる国際化である．この外なる国際化は，日本が経験したことのない初めての課題といってもよい．海外諸国を中心に捉えて，海外諸国の人々を強く念頭においた日本から海外への情報発信型の国際化の在り方こそが，グローバリゼーション問題の重要な視点であろう．」と述べている[94]．

内なる国際化のうち，海外から日本に外部制約条件として働きかけてくる環境要因によって，企業活動が影響を受ける関係を，国際環境として第Ⅰ象限では考えている．例えば，GATT・ウルグアイ・ラウンドの中で関税を相互撤廃すること，またILO条約による労働時間規制なども，このよい例である．

以上のように，国際環境の中で特に，経済活動の規制要因となる環境に対しては，個別企業は，従属せざるを得ないし，またこのことにより，関係する管理システムに対しては，国際的収斂化の圧力となる．

(B) 基礎環境に影響されるフレームワーク

第Ⅱ象限の基礎環境は，自然，文化，社会，政治，軍事，教育，技術，経済などの環境要因によって構成されており，これらの個別企業への影響は，企業にとって避けることのできない外部環境要因となる．例えば，今日，わが国経済が抱えている問題の1つである日米貿易摩擦に対して政府がとる規制緩和策が，ある企業にとっては，重大な影響因子となるのも1つの例である．基礎環境が経済・経営発展の支えとなる役割をしているかどうかについて考えてみると，経済の国際間競争を強いられている現代企業にとっては，大きな影響要因であることは間違いない．

この基礎環境について企業が一層注視しなければならない大きな理由が生じている．それは，次のような環境要因の特質傾向が強くなってきているからである．

①環境変化のスピードの加速化

先端技術の開発，創造的新製品開発が企業競争激化の中での勝ち残り戦略として不可欠である．技術革新のスピードの加速化，商品ライフサイクルの短縮化，情報伝達処理スピードの高速化，特に情報ネット・ワーク化が，環境変化のスピードの加速化をもたらしている．

②環境変化の方向，内容の多様化

環境変化の拡がりの多様化であり，グローバル化（外なる国際化）がそのうちの1つでもある．国際化（internationalization, globalization, global internetting）は，現代企業に課せられた避けられない課題である．政治，経済，文化など諸方面に他国との関係を保たなければ，国とし，また企業として存続できないことは，すでに周知のことである．世界各国とのつながりは，1つには，経営資源である人，物，金，情報，技術の獲得と提供である．特に，最近では，資金，原材料よりも，むしろ，人的資源，情報資源の交換のほうが，その重要度を示すようになってきている．

社会における年齢構成の成熟化，いわゆる高齢化現象と高，中，若年齢層間の価値観の多様化もまた，環境要因の多様化の原因となっている．現代社会では，社会の構成員の目的・行動が，複雑に分散化してきており，ものごとを処理するのに1つの原理，原則で処理することが不可能となっている．いくつかの原理，原則を考え，これにより対処する必要性が高まってきている．

③環境変化の不連続的変化

環境変化は，通常過去の趨勢として予測することができた．しかし，今日は，過去の経験の上に乗って思考することが当てはまらないケースが増加しているのである．例えば，医療関係で過去，ラジオアイソトープ技術による診断をしていたものが技術開発によりバイオテクノロジー技術応用の診断に変革し，過去のものが壊滅的打撃を受けることなども一例である．また，業界における競争関係が，突然の企業買収（M&A）によって競争関係の地図が一夜にして変化してしまい，全く経験的分析が用をなさなくなったなどもまた一例である．

④環境変化の連鎖化

変化が生ずる状態をみていると，1つの環境要因変化が，他の要因に次々と変化を生じさせる状態，すなわち，連鎖的に変化が生じ複雑に絡み合ってくる環境変化がみられる．

例えば，韓国に加工工場を進出させ，安い労賃で低コスト商品製造を行っていた企業が，韓国における労賃アップ，労働組合活動の活発化によるコスト・アップに耐えられず韓国から引き上げ，インドに工場移転をしてしまう．今度は，インドの労賃が上昇し，韓国と同じような状況が形成されつつあることなども，環境変化の連鎖化の一例である．

以上のように，複雑な基礎環境は，個別企業にとっては避けることが困難な環境因子である．それゆえ，この国別の基礎環境の違い，優劣は，国際間でみるならば，国別に分散化する部分となる．各国が，自国企業の経営管理システム水準を上げようとするならば，国際間経済競争に勝ち得るような環境整備をすることが要求される．

(C) 個別企業の文化形成フレームワーク

企業が，他企業と競争し生き残っていくためには，企業独自の強さを保有しなければならない．すなわち，企業の個性の形成の問題となる．第Ⅲ象限企業文化の課題である．この部分については，本書第Ⅲ章「企業文化・経営環境とHRM」で記述してあるので省略する．

(D) HRM特質の収斂化のフレームワーク

第Ⅳ象限のHRMシステムのフレームワークが本研究の主題となっている．HRMシステムとは，「経営活動に対し，マン・パワー供給を適切に行うために，種々のサブ・システムを統合化するトータル・システムをいう.」とすることができる．

経営活動は，経営目的・経営基本方針を達成するためのものである．HRMは，この経営活動に対して，戦略的，効率的なマン・パワー供給を行うことを機能としている．経営活動に対し，マン・パワー供給を行うためには，まず，HRM戦略の経営戦略に対する援助の力が働かねばならない．そして，人的能力の確保システム，能力開発システム，職務開発システム，人的費用管理システムなど，いくつものサブ・システムがHRM戦略推進のため同期的に機能しなければならない．

HRMのサブ・システムは，①職務，②マン・パワー，③マン・パワー・コストの3つに分類することができる．

①職務サブ・システム

ここでいう職務という言葉は，職務分析で規定する職務概念のみをいうのではなく，一般的に仕事および組織といわれているものを含んでいる．仕事の単位は，要素業務，課業，職位，職務，職種，職群，職掌などに区分され，HRM上も管理目的に合った区分対象として用いる．組織もまた，2人以上のものが，共通の目的をもって協働する仕事であり，静態的組織といわれる組織図から動態的組織といわれるマトリックス組織，インフラ型組織[95] 等々が含まれる．

②マン・パワー・サブ・システム

人的能力を管理するサブ･システム群である．この中には，マン･パワーについての①確保，②把握（評価システムを含む.），③育成・開発，④保全，⑤モーラル・アップの5つの機能に区分できる．

③マン・パワー・コスト・サブ・システム

人的費用を管理するサブ・システムで構成されている．このマン・パワー・コスト・システムは，職務システムとマン・パワー・システムによってつくられる職務能力システムの影響を受けて成り立つことになる．

以上のようなHRMサブ･システムは，企業活動を人的側面から管理する制度である．この管埋制度により，日本型HRMの特徴とされる生涯雇用慣行と年功序列性などの特質が形成，維持されているのである．それゆえ，HRM制度の歴史的な変化の研究，現状分析と環境適応の実態分析を行うこと，そしてこれらを国際比較をすることにより，日本のHRM特質の実態を明らかにすることが可能となる．

C　仮説

本研究における仮説は，4つの象限の内第4象限の中での仮説設定である．

仮説1　「優れた企業のHRMシステムは，国を越えて収斂化方向を目指す.」

図表Ⅷ - 6「国際間HRMシステムの収斂化モデル」が，この仮説の図示である．

仮説2　「経営制度に対する文化の影響度は経営管理レベルに反比例する.」

図表Ⅷ - 7「経営管理レベルと文化の影響との関係」が，この仮説の図示である．

図表Ⅷ - 6　国際間HRMシステムの収斂化モデル

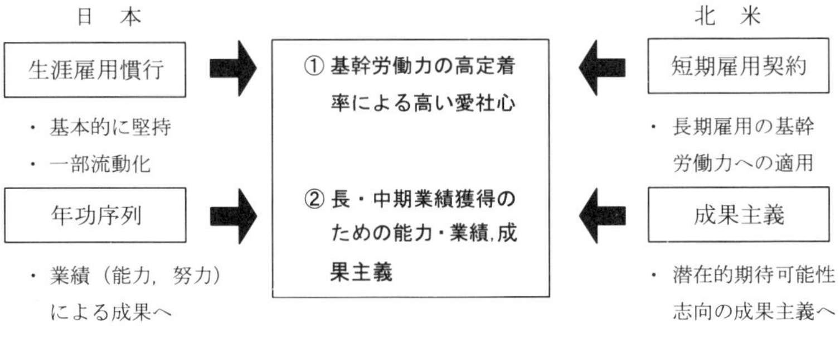

図表Ⅷ - 7　経営管理レベルと文化の影響との関係

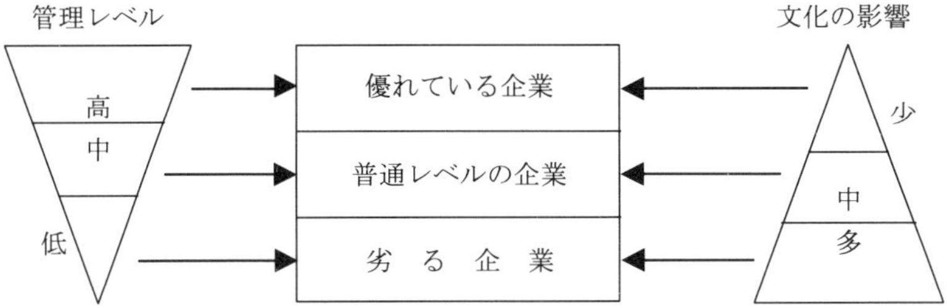

図表Ⅷ - 8　経営の見方

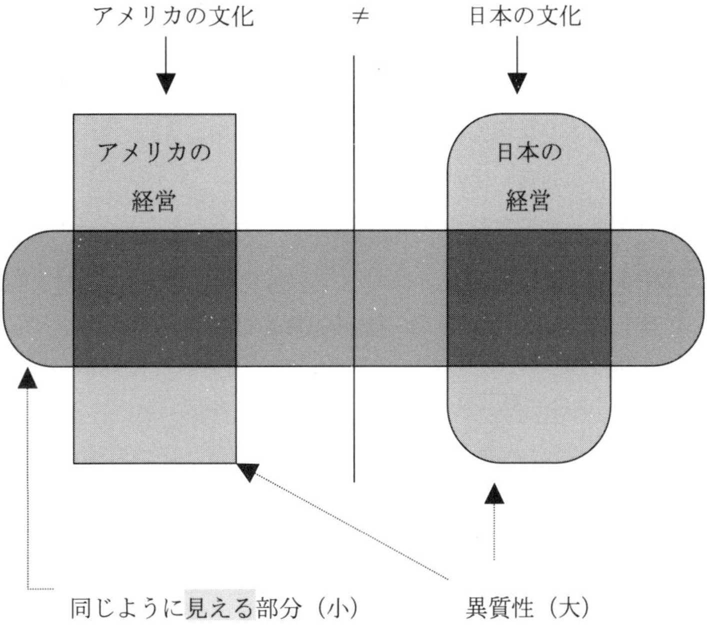

ADAMS調査の結果，得られた成果は，日米管理職行動には共通部分が大変多いということであった．また，管理制度面をみても，収斂化の方向にあることも観察できる．

今まで，われわれは，何の疑念を持たず経営に関することがらを経営ではなく文化というモノサシで見過ぎたのではなかろうか．その状況は，図表Ⅷ-8「経営の見方」のように図示できる．

文化の側面からみるならば，日米両国間には大きな差があることは当然のことであり，この差異を長方形と楕円という異なる型で表示してみた．すなわち，文化の影響度の差異が経営の型の違いとなり，この異質性を大きく取り上げているのが，いわゆる文化論的説明ということができる．しかし，ADAMS調査の結果をみてもわかるとおり，わが国経営の，異質性を誇張したいがためあまりにも強い文化というフィルターで見過ぎたともいえる．

国際間経営比較では，まず，共通のモノサシで観察することが必要である．経営という尺度でみれば，共通点が実に多いことに気がつくのである．

もともと経営は，経済合理性を追求する企業の論理の上に成り立っているものであり，この企業の論理は，国際間共通のものである．図表Ⅷ-9に示すように，経営制度は，企業存続を図るため，必要な改革，改善を試み，他企業，他国の経営システムを研究，吸収の努力を積み重ねており，ここに企業間管理レベルの差異が生ずるものと思われる．

経営管理制度に影響を与える経営環境に何が入るかについても，多くの見解が発表されている[96]．筆者が経営環境を点線で経営管理レベルに関係付

図表Ⅷ-9　経営制度形成の説明

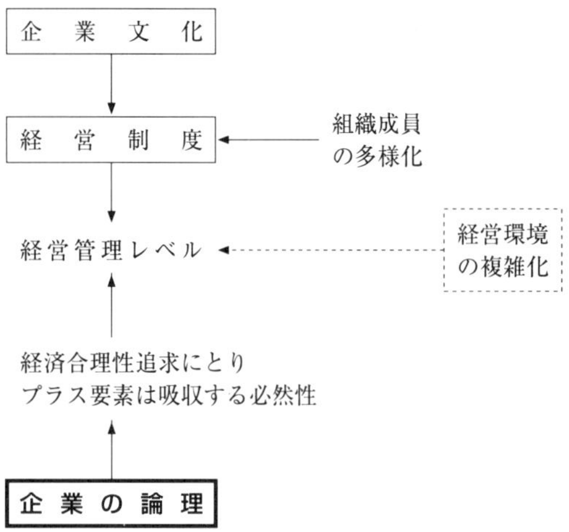

けたのは，経営管理レベルが，経営環境に強く影響されるからである．この経営環境の主要因子に，経営理念，経営方針を形成するトップ・マネジメントをリーダーとして経済合理性を追求する経営姿勢があると考える．どう経営を方向づけるかという意思（大河内暁男が唱える経営構想力）こそ経営にとっては大きな環境因子となるのである．

経営制度は，組織成員によって運営され，組織成員の行動・意識は経営制度と相互関係の状態にあるとみることができる．以上のような経営制度形成のフレームワークについては，西田耕三らも理論展開をしている[97]．

筆者は，経営管理レベルによって経営制度に差異が出るのであり，このことは，国を越えていえることであると考える．すなわち，「優れている経営」は国際的に収斂化する方向に動いていると言い換えることもできる．当然のことではあるが「優れた経営」とは何かが問題になる．ただ，優れた経営とはただ単に，高い業績を上げているのみでなく，「マッキンゼーの七つのS」[98]とされる機構（structure），戦略（strategy），ひと（people），経営の型（management style），体系と手順（system & procedures），指標となる概念（guiding principles），企業文化ともいうべき共通の価値観（shared values），企業の強さあるいは技術（present and hoped for corporate strengths or skills）のような諸要素に優越性を持つことである．

山之内昭夫は，「優れた経営につき，企業評価の4つの類型」とし，『新・技術経営論』のなかで次のように説明している[99]．

「『いい会社』とはどういう会社なのであろうか．経営指標の優れた会社——売上が伸び，市場シェアも高く，収益性もよく，経営の安定している会

図表Ⅷ-10　企業評価の類型

＜先　進　性＞
↑
対外軸
↓
＜環境適応性＞

Ⅰ エキサイティング型	Ⅱ プログレッシブ型
Ⅳ トラディショナル型	Ⅲ ステーブル型

＜社員重視＞←対内軸→＜会社重視＞

社――つまり，収益性を中心として，徹底した経営の効率化を図る会社が一般に『いい会社』としてこれまで経済界で話題の中心となってきた．21世紀へ向けて，これからも経営指標のみが『いい会社』の評価基準なのであろうか．

著者らは，1990年度，企業の研究開発ポテンシャル評価を中心とする企業評価研究を，上場企業225社からの調査回答を基礎に実施したが，この調査研究にあたって，企業評価に関する類型的仮説を設定した（図表Ⅷ-10）．

企業評価を対外軸と対内軸の2つの軸で捉えることとした．

・先進性……社会に新たなコンセプトを提案して，変化を起こし，先駆けて新しいフロンティアを切り開き，世界の人々から共感をもって迎え入れられる．

・環境適応性……社会の変化に追随し，環境変化に受動的に対応していくことを大切にする．

・社員重視……企業中心社会のわが国の中で，社員のやり甲斐を重視し，社員のパーソナル・ライフを大切にする．

・会社重視……社員のやり甲斐などより，企業全体として経営効率や業績を重視する．

このように両軸を設定した上で以下の4つに類型を設定した．

Ⅰ　エキサイティング企業……先進性かつ社員重視型

Ⅱ　プログレッシブ企業………先進性かつ会社重視型

Ⅲ　ステーブル企業……………適応性かつ会社重視型

Ⅳ　トラディショナル企業……適応性かつ社員重視型

調査研究結果は報告書に譲るとして，著者らの問題意識の中には，『商品性能・品質は優れ，かつ価格も適切で国際競争力も高い商品群を保有する企業が，高い業績目標を掲げて，次々と世界市場に商品を送り出す，しかしその企業の幹部や社員は，激しい企業間競争の中で悲壮ともいえるほど頑張っているが，彼等の人生は，決してジョイフル・ライフとはいえない』といった企業への素朴な疑問が存在していた．しかし，エキサイティング企業のみが優良企業ともいえないし，エキサイティングであっても業績の低迷することもあり得る．このような意識が企業類型仮説となっているが，ここでは『いい会社』の基準軸と，それによる累計の一つの提案と理解していただきたい．企業が，イノベーションをいずれの類型を目指して推進するか，選択肢はいくつかある．」

「優れている経営」の概念規定は，難しい内容を含んでおり，多くの説が唱えられている．

筆者は，管理システムの水準が高いこと，特にここではHRMシステムの水準が高い経営を「優れている経営」と本書では限定して考えることにする．

このような管理レベルで企業を層別したとき，仮説1は，日本型HRM特質であるといわれている2つの特徴およびこれに対する北米の特徴を，図表Ⅷ-6に示すように，収斂化方向にあるとまとめることができる．収斂化の目標は，①基幹労働力（core worker）の高定着率による高い愛社心，②長・中期業績獲得のための能力・業績，成果主義に置かれ，この結果，長期的企業成長と高いモチベーションを持つ組織力による企業発展を目指していると仮定することができる．

仮説2は，文化の影響度と管理レベルとの関係を図表Ⅷ-7のように描くことができる．

この図表は，「経営制度に対する文化の影響度は経営管理レベルに反比例する」という仮説を図示したものである．

管理レベルの高い優れた企業の経営管理制度が受ける文化の影響度は非常に小さく，これに対し，管理レベルの低い企業では，文化の影響度は非常に大きいということである．この場合，優れている企業とは，企業規模の大小，利益額の大小によって決まるものではない．中小企業の中にも，高い管理レベルで，文化の影響度の少ない優れた企業もある．また，この逆も当然存在する．

以上のような管理レベルと文化の影響度との関係は，日本，アメリカ，あるいはその他どこの国内においても適用できるものであることを仮設したのである．

(3) 仮説の実証

A 仮説の実証方法

実証をどのような方法によって行うかは，大変難しい問題である．多変量解析などの数学的，統計的数値処理による実証方法を用いることも多く採用されている．今回筆者がとった方法は，非数学的実証方法である．国際間経営管理システムの収斂化モデルの実証のための比較対象は，HRMシステムである．主として，日本と北米企業のHRMシステムを比較し，その相違点と共通点を明らかにすることに目的を設定した．特に日本にあってはHRMシステムと生涯雇用慣行と年功序列制度の関係の変化実態を把握すること，そして未来の像を画くことにより，変化の未来予測を試みた．以上の2つ，すなわち，実態分析と未来像予測を行うことにより，日，北米企業間に共通性が高ければ，HRMシステムは収斂化の方向にあるということができる．

経営管理レベルと文化の影響との関係仮説の実証方法については，次のような考え方に立った．わが国企業のHRMシステムの第2次世界大戦後の改善，革新過程を明らかにすることにより，各企業の改善方向が同一方向にあるならば，個別企業に対する文化影響度は少なくなっていると判断する．ここでいう文化とは，前出の基礎環境要因とした自然，文化，社会，政治，軍事，教育，技術，経済などである．これらの要因は，企業にとって避けることが難しい環境要因であるが，個別企業が経営管理システムの水準を上げるためには，これらの環境要因を排除もしくは弱化することが要求される．例えば，インドネシアの就業規則の中に，イスラム教の影響がどの程度入っているかは，同じインドネシアの企業でも大きな差がある．ある企業では，就業時間中にメッカに向かっての礼拝を工場の機械を停止して許しているところもある．また，他の企業では，工場内での礼拝を一切許さず，金曜の礼拝のみを工場の一隅に建てた礼拝所で行うことを許可しているのも見受けられる．こうした現象は，経営の効率化を高めることを目標にした管理水準向上があったと考察することができる．個別企業独自の方針で自国文化の影響力を排除したとも分析できる．こうしたことは国際的に見るならば，管理システムの収斂化が行われると考えられる．

それゆえ，経営管理水準が上がれば上がるほど，言い換えれば，管理システムの収斂化が進めば進むほど，文化の影響は小さくなってくると判断することができる．

(4) 結語

総括的結論としては，本章の課題である「日本型HRM収斂論仮説構築・実証」は，成立したと考える．

すなわち，「優れている経営の管理システムは，国際的に収斂化方向をとる.」，「経営制度に対する文化の影響度は経営管理レベルに反比例する.」という2つの仮説が実証されたのである．

図表Ⅷ - 5で示した「仮説構築のためのフレームワーク」に基づく仮説が実証されたとすると，次ページの図表Ⅷ - 11「企業競争力の向上」によって，今後の企業存続競争の諸条件を描くことができる．

図表に示す三角形と矢印との関係は，次のことを表している．

・実線で囲われる三角形は現在の状況を表している．

・実線から点線へ向かっての矢印は，各象限の状況の未来の到達方向を示している．点線に対する方向は，状況がそうなるだろうし，また経済・経営が発展するためには，そうならねばならない方向といえる．

・従属性・自律性・分散性・収斂性の2軸に付してある目盛りは，尺度を表すものではない．状況の変化の度合いを2軸によって示すものとして印した．例えば第Ⅱ象限の基礎環境についてみると，ある国の政治状況の分散性（特殊状況）の薄らぎ度合いと先進国の政治的影響力への従属度合いの弱まりの程度（スピード）には差があると考えると，実線から点線への移行は平行移行ではない．

例えば第Ⅳ象限HRMシステムによってみると，ある企業の自律度（独自性の度合い）と収斂度（優れた企業に共有される管理システムの導入度合い）の現状を実線の三角形は示している．そして将来の両軸の方向は自律度，収斂度ともスピードはそれぞれ異なるが外への方向をとることが優れたHRMシステムを持つ企業になるための方向付けといえるのである．

グローバルな経済環境の中で，競争性の高い企業の総合力形成を4つの象限で，次のように説明できる．

図表Ⅷ - 11　企業競争力の向上

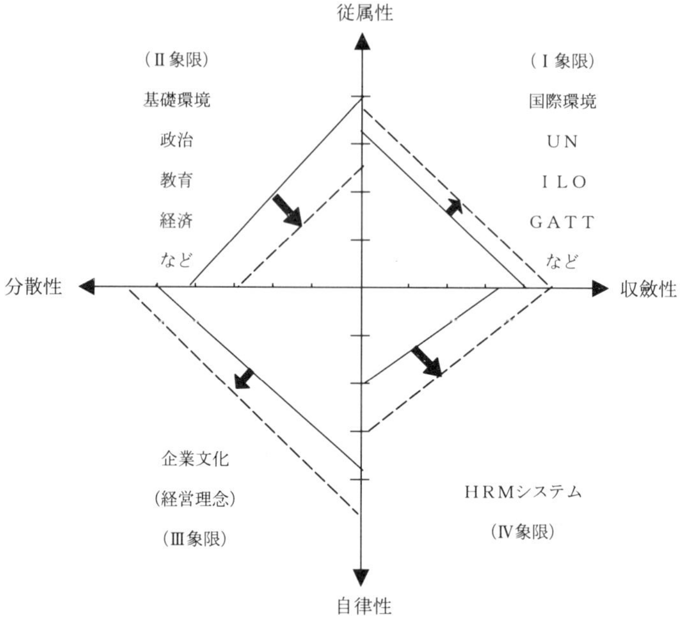

①国際環境（第Ⅰ象限）

国にとっては，地球規模での協調関係が要求され，また個別企業にとっては，避けることのできない環境であるので，積極的に環境適応する努力が必要である．これに逆らえば，世界的レベルでの制裁，企業成長マイナス要因の増加など，企業競争力は弱まることになる．

将来的には，点線の方向に向かって世界的な諸規制は増加せざるをえないであろう．経済の自由競争化ではできるだけ自由な競争条件が望ましいとはいいながら，世界全体の経済発展を統制していくためには，ある程度の規制が必要になることは，否定できない．

②基礎環境（第Ⅱ象限）

国別の環境であり，個別企業にとっては避けられない環境である．わが国のように，株式会社日本とまでいわれた政府先行経済の下では，個別企業に対する規制は強く，貿易摩擦など多くの国際的問題発生の原因となっている．国家レベルの規制緩和により実線から点線の方向に国の方針・努力により経済自由競争のマイナスとなる基礎環境因子を弱めることが望まれる．

③企業文化（第Ⅲ象限）

企業独自のカラーを自力で築き上げ企業競争力を強める部分である．個別企業が，企業競争に勝つためには，不可欠，かつ，最重点の戦略的ポイントである．すなわち，自社の特徴形成が，今後の企業経営にとって最重要課題であると言い換えることもできる．実線から点線の方向に広げることが，企業経営上必要になる．

④HRMシステム（第Ⅳ象限）

本章においては，HRMシステムのみを管理システムとして取り扱っているが，経営資源の物，金，技術，そして情報に関わる管理システムもここに含まれる．管理システムは，企業文化の影響を受け高い自律性（独自性）を持つが，優れた管理システムは，他社に学習され，その後各企業に共通する普遍化の方向に動く．

企業競争力の向上にとっては，第Ⅲ，第Ⅳ象限の点線で囲まれる三角形部分のベクトルをできる限り外へ伸ばしていくこと，言い換えれば，第Ⅲ象限での企業の独自性の拡大と質的高度化，そして第Ⅳ象限での管理水準を高めた経営システムの確保が必要となる．そして第Ⅱ象限を国の力で，できるだけ小さくすることが，国際間経済競争の中での公正な国家経済方針として，世界の中で評価されるのである．

第Ⅳ象限（管理システム）については，収斂論仮説・実証で求めた2つの特質からも国際的に共通の事象である．すなわち，「優れている経営の管理システムは，国際的に収斂化方向をとる.」は，第Ⅳ象限にあって，普遍化した管理システムとしてエクセレント・カンパニーに受け入れられてくるであろう．また「経営制度に対する文化の影響度は，経営管理レベルに反比例する.」は，第Ⅲ象限にあっては，第Ⅱ象限の基礎環境から離れ，企業発展のための個別企業独自の文化を形成することになる．この結果，第Ⅲ象限の企業文化は，第Ⅳ象限の管理システムに影響を与え，個別企業独自の管理システム創出を生起することとなる．収斂論は，総括的にいうと，優れた企業経営の管理システムは，1つの方向を辿るということになる．しかるに，個別企業のレベルでいうと，全く同じ管理システムをとっている企業は，1つもなく，それぞれ個別企業のもつ特殊的個別企業文化特質に応じた管理システムとして運営されているのである．

以上，本章においては，日本のHRMシステムの特質論の研究をしてきたが，その中では，“日本の企業は”というひとまとめの取り扱いをしてきた．しかし，実践面での企業経営をみるならば，第Ⅲ象限企業文化のHRM特質形成への影響力が最も強いと考えられる．このことは，今後経営の国際比較を行うときには，研究対象とした個別企業の文化に多くの配意をすることが望まれるのではなかろうか．

【注】

1) 倉田良樹稿「日本的経営論の展開」津田真澂編『現代の日本的経営』有斐閣，1982年，pp. 119-121.

2) James C. Abegglen, *The Japanese Factory: Aspects of its Social Organization, The Massachusetts Institute of Technology,* 1958.（占部都美訳『日本の経営』ダイヤモンド社，1958年.

James C. Abegglen, *Management and Worker: The Japanese Solution*, Sophia University, 1973.（占部都美監訳『日本の経営から何を学ぶか―新版日本の経営学―』ダイヤモンド社，1974年）.

James C. Abegglen and George Stalk, Jr., *KAISHA*, Basic Books, Inc., 1985.（植山周一郎訳『カイシャ』講談社，1986年）.

3) 『日本の経営』p. 159.

4) 『日本の経営から何を学ぶか』p. 4.

5) 同上書，p.4, pp. 19-20.

6) 『カイシャ』講談社文庫，1990年，pp. 401-402.

7) 同上書，p. 321から引用.

8) Ronald P. Dore, *British Factory－Japanese Factory：The Origins of National Diversity in Industrial Relations*, 1973.（山之内靖・永易浩一訳『イギリスの工場・日本の工場』ちくま学芸文庫，1993年）訳書（下），p.66から引用.

9) 同上訳書（下），pp. 174-197.

10) 同上訳書（下），pp. 67-68.

11) 同上訳書（下），pp. 61-63.

12) William G. Ouchi, *Theory Z：How American Business Can Meet the Japanese Challenge,*

Addison Wesley Publishing Company, Inc., 1981.（徳山二郎監訳『セオリーZ』CBSソニー出版，1981年）.

13）同上訳書，p. 21.

14）同上訳書，p. 23.

15）同上訳書，p. 24.

16）同上訳書，pp. 104-106.

17）同上訳書，p. 74.

18）（財）日本生産性本部調査『日米管理職行動比較研究調査報告書』（財）日本生産性本部，1984年.

19）Ezra F. Vogel, *Japan as Number One : Lessons for America*, Harvard University Press, 1979.（広中和歌子・木本彰子訳『ジャパン アズ ナンバーワン』TBSブリタニカ，1979年）.

20）同上訳書，pp. 21-25.

21）Hans-Peter Merz, "Sand im Getriebe Aus dem Alltag der Aarbeitsbeziehungen in japanischen Auslandsniederlassungen, "*Japanisches Management in der Bundesrepublik*／Sung-Jo Park（Hg.）. -Frankfurt（Main）; New York ; Campus Verlag, 1991.

22）石田英夫稿「日本型ヒューマン・リソース・マネジメント－過程と構造－」『日本労働協会雑誌』285号，1982年，12月号，pp. 13, 22.

23）石田英夫稿「日本型人的資源管理の国際的適応性」『日本労働協会雑誌』301号，1984年6月号，pp. 48-57.

24）奥田健二『日本型経営の未来』TBSブリタニカ，1990年，p. 14.

25）同上書，pp. 33-34.

26）同上書，p. 156.

27）同上書，p. 159.

28）小池和男『日本の雇用システム』東洋経済新報社，1994年，はしがきから引用.

29）同上書，p. 237から引用.

30）同上書，はしがき.

31）同上書，p. 5.

32）同上書，p. 10.

33）同上書，p. 25.

34）同上書，p. 41.

35）同上書，p. 161.

36）本章の課題の考察のために，花岡著『日本型労務管理特質に関する実証的研究―収斂論仮説構築と実証―』1995年，大東文化大学大学院経済学研究科博士論文に全部または一部を収録した既発表の論文は，次のとおりである.

序章　日本型労務管理研究の視角

［1］新規

［2］ 新規

［3］ 新規

第Ⅰ部 収斂論仮説の構築・実証研究

第1章

第1節

「我が国従業員の仕事に関する意識についての実証的研究」（1981年3月，『経済論集』第31号）

第2節

「日本の労務管理システム特性の実証的研究」（1982年9月，『経済論集』第34号）

第3節

「日米管理職行動比較研究調査報告書」（1984年6月，（財）日本生産性本部刊）

「労務管理特質に関する仮説構築」（1986年1月，近畿大学労働問題研究20周年論文集）

第2章

第1節

「デルファイ法による我が国労務管理システムの未来像予測」（1991年3月，『経済論集』第52号）

第2節

「北米における人的資源管理－面接実態調査－」（1994年1月，『経済論集』第59号）

“Integrating American Managers into Japanese Companies." *East Asia, Volume 6,* 1993年，*Westview Press*）（共著者，Tomasz Mroczkowski, Richard Linowes）

第3節

「環境激変下における人的側面からみたわが国企業行動」（1983年9月，『経済論集』第36号）

“Continuity and Change in Japanese Management”（1983年3月，*California Management Review,* Winter）

「中高年齢化問題とわが国の労務管理特質」（1995年3月，『経営革新の日本的態様』大東文化大学経営研究所研究叢書12）

第Ⅱ部 日本型労務管理特質の個別的考察

第3章

第1節

「我が国における生涯慣行に関する一考察」（1980年2月，『経済論集』第30号）

第2節

「生涯雇用慣行と雇用調整」（1994年4月，『経済論集』第60号）

第4章

第1節

「年功序列制についての一考察」(1982年3月，『経済論集』第33号)

第2節

「資格制度の歴史的変遷と環境適応性について」(1985年9月，『経済論集』第40号)

「我が国評価制度と年功序列制についての一考察」(1987年10月，『経済論集』第44号)

第3節

「Fuzzy理論による人事評価システムの設計」(1989年2月，『経済論集』第47号)(共著者：天笠　美知夫，Tomasz Mroczkowski)

終章　総括的結論

新規

37) James C. Abegglen, *The Japanese Factory: Aspects of its Social Organization*, 1958, p.11.

38) 同上書，p.11.

39) J.C.アベグレン著，占部都美訳『日本の経営』ダイヤモンド社，1958年.

40) 雇用契約と労働契約とはその内容が異なり，雇用契約から労働契約へと変化をしているという使用区分があるが，ここでは，一応雇用契約という表現を用いていきたい．藤田岩雄著『労働問題入門』ダイヤモンド社，1975年，p.53参照.

41) 尾高邦雄著『日本の経営』中央公論社，1965年，pp.18-27.

42) J.C.アベグレン著『日本経営の探求』東洋経済新報社，1979年，p.45, pp.56-57.

43) 森　五郎・松島静雄著『日本労務管理の現代化』東京大学出版会，1977年，p.94.

44) 萬成　博編著『新しい労働者の研究－産業構造の変革と労働問題－』白桃書房，1973年，p.11.

45) Robert E. Cole, “Permanent Employment in Japan：Facts and Fantasies" アメリカ・アジア学会，1971年次大会報告.

46) R.P. Dore「コミットメント：何に，誰の，なぜ」『日本労働協会雑誌』1971年11月号.

47) Peter F. Drucker, “What We Can Learn From Japanese Management," *Harvard Business Review* (March-April, 1971).

48) 萬成　博編著，前掲書，p.100参照.

49) 同上書，p.113.

50) 津田真澂著『日本的経営の擁護』東洋経済新報社，1976年，pp.61, 70, 71.

51) 占部都美著『日本的経営を考える』中央経済社，1978年，pp.8-10.

52) 伊藤淳巳編著『日本的経営の現状と展望』白桃書房，1979年，p.154.

53) わが国と他国の転職率，離職率などの国際比較の文献は，多くのものがある．隅谷三喜男編著『労使関係の国際比較』東京大学出版会，1978年.
間　宏著『イギリスの社会と労使関係』日本労働協会，1974年，など.

54) 小池和男著『日本の熟練』有斐閣，1981年，pp.13-16.
55) 藤田至孝他編，*American Business: Its Human Aspects*, Time Inc., 1972年，第 3 章，pp.207, 208.
56) 前掲『日本的経営の擁護』p.71から引用.
57) ロベール・J.バロン著『日本型ビジネスの研究』プレジデント社，1978年，p.37.
58) 高田・細井編『日本的経営の特質』第3章，関谷幸三稿，ダイヤモンド社，1974年，p.61参照.
59) 間　宏著『日本労務管理史研究』ダイヤモンド社，1959年，pp.15-21参照.
60) 同上，p.21参照.
61) 坂本藤良著『日本雇用史（下)』中央経済社，1977年，p.204参照.
62) 野田信夫編著『日本の経営100年』ダイヤモンド社，1978年，pp.7-8参照.
63) 隅谷三喜男稿「年功的労使関係論の再検討（上）－年功制の論理をめぐって－」『日本労働協会雑誌』No.185，日本労働協会，p.2参照.
64)『大河内一男集　第三巻労使関係論』労働旬報社，1980年，p.177から一部抜粋.
65) 同上，p.316から引用.
66) 森　五郎著『新訂労務管理概論』泉文堂，1977年，pp.334-335から引用.
67) 占部都美著『日本的経営を考える』中央経済社，1978年，pp.70-71から一部引用.
68) 森　五郎・松島静雄共著『日本労務管理の現代化』東京大学出版会，1977年，p.98から一部引用.
69) 前掲（59)，pp.18-24参照.
70) 前掲（68)，p.98参照.
71) 前掲（61)，p.205参照.
72) 大橋靖雄著『現代労務管理論』高文堂出版社，1979年，pp.295-304参照.
73)『新版 体系経営学辞典』ダイヤモンド社，1968年，p.913参照.
74) 花岡正夫稿「わが国管理職についての一考察」『大東文化大学経済論集』第32号，1981年，参照.
75) 花岡正夫・向　摯共著『職能開発人事管理』白桃書房，1973年，p.27参照.
76) 前掲（74)，p.6参照.
77) 西田耕三著『日本的経営と働きがい』日本経済新聞社，1978年，p.118から一部引用.
78) 中根千枝著『タテ社会の人間関係』講談社，1967年，p.34参照.
79) William G. Ouchi著，徳山二郎監訳『セオリーZ』CBS・ソニー出版，1981年，pp.49-51参照.
80) 山城　章編著『経営学小辞典』中央経済社，1969年，p.225から引用.
81) 花岡正夫・勝山英司共著『現代人事管理』白桃書房，1972年，pp.51-54参照.
資格制度の詳細については，花岡正夫著『日本の労務管理　2訂版』白桃書房，1983年，pp.12-28参照.

82) 掛谷力太郎著『賃金管理本質論』白桃書房，1975年，pp. 10-11参照.
83) 隅谷三喜男著『労働経済論』筑摩書房，1976年，p. 176参照.
84) 大須賀政夫編著『日本的経営の解明』第3部第2章　関谷幸三稿，pp. 109, 111から引用.
85) 伊藤淳巳編『日本的経営の現状と展望』第Ⅱ部第5章　亀田速穂稿，白桃書房，1979年，p. 161から引用.
86) 小池和男著『日本の熟練』有斐閣，1981年，pp. 47-71参照.
87) 前掲（75），pp. 53-55参照.
88) 前掲（67），p. 74参照.
89) 津田真澂稿「The Basic Structure of Japanese Labor Relations」『武蔵大学論集』第12巻6号，p. 16から引用.
90) 間　宏著『日本的経営の系譜』文眞堂，p. 284.
91) 伊丹敬之著『日本的経営論を超えて』東洋経済新報社，1982年，pp. 171-179.
92) 花岡正夫・丸山啓輔著『経営学総論』白桃書房，1990年，p. 39.
93) 同上書，pp. 42-44.
94) 山之内昭夫著『新・技術経営論』日本経済新聞社，1992年，p. 264.
95) 太田　肇著『仕事人（しごとじん）と組織』有斐閣，1999年，にインフラ型組織につき詳細に考察しているので参照されたい.
96) 伊丹敬之著『日本的経営論を超えて』東洋経済新報社，1982年，pp. 171-179参照．拙著『戦略的企業行動』白桃書房，pp. 183-192参照.
97) 西田耕三著『日本社会と日本的経営』文眞堂，1982年，p. 85で次のように岩田龍子と西田耕三のフレームワークの相違を説明している.

日本的経営説明フレームワークの違い

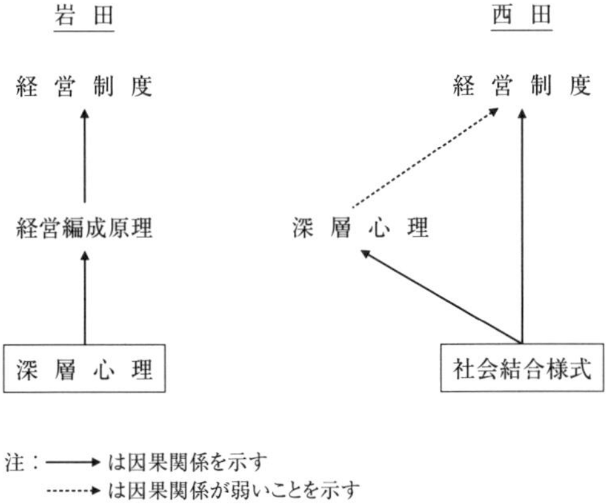

98) ピーターズ，ウォータマン著，大前研一訳『エクセレント・カンパニー』講談社，1983年，p. 40から引用．

99) 山之内昭夫著『新・技術経営論』日本経済新聞社，1992年，pp. 329-331から引用．

索　引

【サ行】

【タ行】

【マ行】

【ヤ行】

【ラ行】

【ワ行】

■著者紹介

花岡正夫（はなおか　まさお）

1935年　東京都に生まれる
1957年　中央大学法学部法律学科卒業
1959年　同大学商学部卒業
㈱明電舎，関東自動車工業㈱，㈶日本生産性本部主任　経営コンサルタントを経て
1978年～2005年　大東文化大学経営学部専任講師―教授
1998年～2005年　大東文化大学経済学研究科ならびに経営学研究科委員長
経済学博士（大東文化大学）
1992年3月から約1年間ブリティッシュ・コロンビア大学（カナダ）にVisiting Scholarとして滞在
現　在　大東文化大学名誉教授
主要著書　『職能開発人事管理』（共著）白桃書房，1973年
『日本的能力主義賃金の展開』白桃書房，1975年
『戦略的企業行動』（共著）白桃書房，1977年
『日本の労務管理（2訂版）』白桃書房，1987年
『経営学総論』（共著）白桃書房，1990年
『日本型労務管理の特質』白桃書房，1994年

■執筆協力者紹介

Darren McDonald（ダレン・マクドナルド）
オーストラリア，クインズランド州生まれ
現　在　大東文化大学経営学部企業システム学科准教授
執筆協力した章（第Ⅱ，Ⅲ，Ⅳ章）

林　琍玲（Lin Li Ling）
台湾，台北市生まれ
2005年　大東文化大学大学院経済学研究科経営学専攻後期課程単位取得
現　在　日本橋学館大学専任講師　経営学博士（大東文化大学）
執筆協力した章（第Ⅴ，Ⅵ，Ⅶ章）

■	人的資源管理論	〈検印省略〉

■ 発行日	──2001年5月26日　初版第1刷発行
	2007年11月26日　初版第4刷発行

■ 著　者──	花岡正夫
■ 発行者──	大矢栄一郎
■ 発行所──	株式会社　白桃書房

〒101-0021　東京都千代田区外神田5-1-15
☎03-3836-4781　📠03-3836-9370　振替00100-4-20192
http://www.hakutou.co.jp/

■ 印刷／製本──藤原印刷／榎本製本

Ⓒ Masao Hanaoka 2001　Printed in Japan　ISBN978-4-561-23343-5 C3034

Ⓡ〈日本複写権センター委託出版物〉

本書の全部または一部を無断で複写複製(コピー)することは、著作権法上での例外を除き、禁じられています。本書からの複写を希望される場合は、日本複写権センター(03-3401-2382)にご連絡ください。

落丁本・乱丁本はおとりかえいたします。